Luise von Toscana

LUISE VON TOSCANA

MEIN LEBEN

VERLAG DER KUNST DRESDEN

Vorwort

Ich bin verschiedentlich aufgefordert worden, die vielen Erklärungen und Berichte, die seit nahezu zehn Jahren über mein Leben im Umlauf sind, zu widerlegen. Bis heute habe ich geschwiegen, da ich mich nicht dazu hergeben wollte, auf jene beleidigenden Beschuldigungen zu antworten. Es ist mir jedoch nahegelegt worden, daß, da meine Söhne demnächst das Alter erreichen, in dem ihnen möglicherweise jene lügenhaften Beschuldigungen mitgeteilt werden könnten, es meine Pflicht ist, die Gründe zu veröffentlichen, die mich veranlaßten, Dresden zu verlassen, und die zu meiner Verbannung aus Sachsen führten. Dieses ist der Hauptgrund, daß ich meine Darstellung der Tatsachen bekannt mache. Gleichzeitig wünsche ich, daß künftige Geschichtsschreiber des sächsischen und des habsburgischen Hauses keine Irrtümer veröffentlichen, die infolge meines Stillschweigens sich einschleichen könnten. Bei dieser Gelegenheit will ich auch gegen das Gerücht protestieren, daß ich die Verfasserin der »Bekenntnisse einer Prinzessin« bin. Ich habe das Werk weder geschrieben noch direkt oder indirekt irgendwelches Material geliefert. Und mir selbst ist es unverständlich, wie überhaupt eine Frau als Verfasserin eines derartigen Berichtes ihrer Liebschaften angesehen werden kann. Zum Schlusse danke ich Mrs. Maud Mary Chester ffoulkes, die in so liebevoller selbstloser Weise half, mein Buch für den Druck vorzubereiten.

Luise von Toscana,
frühere Kronprinzessin von Sachsen

1. Kapitel

Meine Geburt und Verwandtschaft: Die Großherzöge von Toskana. Wie eine Prinzessin die Schwiegermutter ihrer eigenen Schwester wurde. Meines Vaters Kindheit. Palazzo Pitti. Düstere Größe. Für die Liebe ist keine Mauer zu hoch, kein Graben zu tief. Meines Vaters erste Vermählung, der Tod seiner Gemahlin. Die Großherzogliche Familie verläßt Florenz. Der letzte sehnsüchtige Blick auf verlassene Mauern. Meines Vaters zweite Vermählung. Meine Mutter und ihre Familie.

Ich bin am 2. September 1870 in dem kaiserlichen Residenzschloß zu Salzburg geboren. Mein Vater war Ferdinand IV. Großherzog von Toskana und meine Mutter Alix Prinzessin von Parma. Genealogische Einzelheiten sind gewöhnlich so langweilig und ermüdend, daß ich mir vorgenommen habe, nur das Allernötigste und Interessanteste über meine Ahnen und Familiegeschichte in mein Buch aufzunehmen. Die Habsburgisch-Lothringischen Ahnen meines Vaters regierten seit Gian Gastones Tode 1737, des letzten der Mediceer Großherzöge, in Toskana. Franz von Lothringen und seine Gemahlin, die spätere Kaiserin Maria Theresia, kamen als erstes großherzogliches Paar nach Florenz, mußten aber, da nach einigen Monaten Kaiser Karl VI. starb, als österreichisches Herrscherpaar nach Wien zurückkehren und überließen ihren zweiten Sohn Pietro Leopoldo (später Leopold II. Kaiser von Österreich) die Regierung in Toskana. Pietro Leopoldos Sohn Ferdinand erbte nach dem Regierungsantritt seines Vaters in Wien die großherzogliche Krone und zog mit seiner jungen Gemahlin Luisa Maria Amalia von Neapel nach Florenz. Die politischen Wirren zwangen Ferdinand, sich dem allmächtigen Willen Napoleons zu fügen und auf sieben Jahre das Toskanische Großherzogtum mit dem Würzburgs zu tauschen, er kehrte jedoch 1814 wieder nach Toskana zurück und starb 1824, worauf sein Sohn Leopold II. die Regierung übernahm. Dieser war mein Großvater väterlicher Seite.

Da Leopold von zarter Konstitution war, wünschte sein Vater, daß er jung heiraten sollte, um Nachkommen zu sichern, und somit wurde Maria Anna Carolina als seine künftige Gemahlin ausersehen, und nach abgeschlossenen Vereinbarungen wurde die Vermählung per Prokuration im Jahre 1817 in Dresden abgeschlossen. Der jugendlichen Braut war der Gedanke, ganz allein in das Land ihres künftigen Gatten, den sie nicht einmal kannte, zu ziehen, so furchtbar, daß sie sich weigerte abzureisen, wenn sie nicht ihre jüngere Schwester begleiten durfte, an der sie mit anbetender Liebe hing. Weder Versprechungen noch Tröstungen vermochten etwas über Maria Anna. Sie blieb bei ihrer Forderung, und der Vater ließ die beiden Schwestern endlich ziehen. Nach dem feierlichen Einzug der jugendlichen Braut und ihrer Schwester ereignete sich ein unerwarteter, überraschender Fall. Großherzog Ferdinand III., ein neunundsechzigjähriger Witwer, verliebte sich in die reizende Prinzessin-Begleiterin und heiratete sie nach wenigen Wochen. Somit wurde die jüngere Schwester der Erbgroßherzogin ihre Schwiegermutter.

Zwei Töchter wurden meinem Großvater aus dieser ersten Ehe geboren; die eine starb mit sechzehn Jahren, die andere, Prinzessin Augusta, wurde des jetzt noch lebenden neunzigjährigen Luitpolds, Prinz-Regenten von Bayern, Gemahlin.

1833 ging mein Großvater eine zweite Ehe ein. Diesmal wurde Marie Antoinette, die Tochter König Ferdinands III. von Neapel, seine Lebensgefährtin, deren Mutter Caroline eine Schwester der armen, unglücklichen Königin Marie Antoinette von Frankreich war.

Das Salzburger Schloß

Das Dresdner Schloß

Ferdinand IV. von Toscana

Königin Caroline besaß alle körperlichen und geistigen Eigenschaften einer ebenso außergewöhnlichen wie originellen Persönlichkeit. Eiserne Gesundheit und Mut, gepaart mit einer männlichen Energie, ließen sie keine Ermüdung, keine Strapaze scheuen. An der Seite ihres Gatten ritt sie in den Krieg. Ihre sechzehn Kinder nährte sie alle selbst, und ihr Jüngstes erlebte alle Kampagnen mit, die die Königin zu Pferde mitmachte! Unbekümmert ob des Donners der Kanonen und des Kriegslärms um sie her, stieg Caroline von ihrem Pferde, um sich an die Straße zu setzen und ihr Kindchen an die Brust zu nehmen! Großmama erzählte oft, daß ihr jüngstes Geschwisterchen fast auf dem Pferde geboren sei.
Napoleon Bonaparte fand in dieser außergewöhnlichen Frau, die Marie Luisens Großmutter war, eine unerwartete Freundin und Helferin. Nachdem Caroline Napoleon erst als ihren besonderen Feind angesehen hatte, wurde sie nach seinem Sturz von Mitgefühl ergriffen und versuchte alles am Wiener Hofe, um seine Trennung von Marie Luise zu verhindern. Sie sagte: »Il fallais que Marie Louise attachât les draps de son lit à sa fenètre et s'échappât sous un déguisement.« (Marie Luise mußte ihre Bettlaken an ihr Fenster knüpfen und verkleidet entfliehen.)
Meine Großmutter Marie Antoinette hatte zehn Kinder, wovon mein Vater das älteste ist. Ich erinnere mich wohl ihrer, jedoch glich sie ihrer außergewöhnlichen Mutter weder an Körper noch Geist. Sie war steif und kalt, von unnahbarer Etikette und eine bigotte Katholikin, vollkommen in Händen der Kirche und ihrer Diener. Trotzdem war sie geistvoll. Ich erinnere mich wohl unserer Angst, wenn wir sie besuchen mußten, und da sie sehr geizig war, bekamen wir fast gar nichts zu essen. Sie starb in Gmunden bei Salzburg, eine Einsame, Weniggeliebte, und die mächtige Vererbung in unserer Familie gab ihren Kindern die kraftvolle Persönlichkeit, die ihr versagt geblieben.

Der Hof meines Großvaters war düster und steif wie der Palazzo Pitti selbst, und mein Vater und seine Geschwister wurden streng nach der Etikette erzogen. Um fünf Uhr morgens mußten die Kinder den Eltern »Guten Morgen« sagen, und zwar mit besonderem Zeremoniell. Von den Erziehern und Erzieherinnen begleitet, wurden die Prinzen und Prinzessinnen in das Vorzimmer der elterlichen Wohnung geführt, woselbst sie sich steif aufstellten. Auf der einen Seite die kleinen Prinzen, auf der anderen die Prinzessinnen, hinter ihnen die betreffenden Erzieher und Erzieherinnen. Schweigend wurde auf den Kammerdiener gewartet, der die Türe öffnen würde, um die Kinder zum feierlichen Guten-Morgen-Handkuß in den Salon der hohen Eltern einzulassen. Schlag fünf Uhr öffneten sich die Flügeltüren, und feierlich schritten die kleinen Prinzen und Prinzessinnen durch dieselben und küßten zum Guten Morgen den Eltern die Hand. Nach dieser steifen und schweigenden Begrüßung wurde ein ebenso steifes und schweigendes Frühstück eingenommen, das in Milch, Kaffee und Butterbrot bestand. Nach dieser Mahlzeit kehrten mit derselben schweigenden Etikette die Kinder denselben Weg zurück in ihre Wohnung, woselbst die Unterrichtsstunden begannen. Um zehn Uhr wurde das zweite Frühstück eingenommen, woselbst alle Familienmitglieder und Suite teilnahmen. Bei dieser Gelegenheit war die Schwester des Großvaters, die »Zia Luisa«, immer besonders der Mittelpunkt allen heimlichen Spottes und Belustigung. Sie war ein häßlicher Zwerg, in dem eine häßliche Seele wohnte. Ihre langen, affenartigen Arme spielten eine besondere Rolle; wenn sie ärgerlich war, schwang sie dieselben wie die Flügel einer Windmühle, und zwar mit Absicht gerade in der Nähe ihrer Hofdamen, so daß dieselben oft eine unerwartete Ohrfeige bekamen, die sie mit etikettenmäßiger Höflichkeit, weil sie von einer Prinzessin kam, hinnehmen mußten. Der Zwerg haßte alles Junge und Hübsche und wurde in-

folgedessen von allem Jungen und Hübschen herzlich gehaßt, ebenso wie von ihrer Familie.
Nach dem zweiten Frühstück spielten die Kinder in den Boboli-Gärten, die zur damaligen Zeit besser denn jetzt gehalten wurden. Ich werde nie vergessen, wie enttäuscht eine englische Freundin von mir war, als ich sie zum ersten Male durch den Boboli führte. Ihre feine, zum Romantischen hinneigende Natur erwartete einen überwältigenden Eindruck von diesen weltberühmten Gärten. Sie war ganz fassungslos, als sie die verwilderten Hecken und das von der Sonne verbrannte spärliche Gras auf ganz ungepflegten Wiesen sah.
Um acht Uhr war »diner de cérémonie«, auf welches sich mein Vater immer ganz besonders freute, da von zehn Uhr vormittags an die Kinder bis zu dieser späten Stunde nichts zu essen bekamen und sie vor Hunger oft kaum mehr ordentlich bei den Stunden zuhören konnten.
Papa war ein hübscher, junger Mann mit lockigem, schwarzem Haar, braunen, lustigen Augen und dem liebenswürdigsten Lächeln, das alle – besonders die Frauen – bezauberte. Er war mittelgroß, schlank und gut gebaut, war voller Energie und hatte die allerbesten Herzens- und Geistesanlagen. Er war außerordentlich begabt und gescheit und leistete Vorzügliches in seinen Studien, die er glänzend vollendete und in allem sich mustergültig auf seine schweren Pflichten als Herrscher vorbereitete. Wie fast alle Habsburger wurde auch Papa von Frauenschönheit und -geist angezogen und verliebte sich ebenso rasch, wie er den Gegenstand seiner heißen Liebe wieder vergaß. Mit achtzehn Jahren lernte er ein reizendes kleines Bürgermädchen kennen, an das er sein Herz verlor und da die Kleine auf der Piazza Pitti, dem Schlosse gerade gegenüber, wohnte, wurde das Herzensgeheimnis Papas bald entdeckt, und der verliebte Verbrecher wurde von Großpapa auf vierzehn Tage in Arrest gesteckt. Doch Liebe macht erfinderisch, und Papa fand einen Ausweg,

um mit dem Mädchen seines Herzens wenigstens aus der Ferne verkehren zu können. Er nahm ein großes Stück Karton, aus dem er geschickt die Buchstaben des Alphabets ausschnitt und rückwärts mit durchsichtigem Glanzpapier beklebte. Wenn es dunkel wurde, stellte Papa die Kartons vor das offene Fenster, ein Licht dahinter, und nun begann ein rasches Zusammensetzen der Buchstaben zu Worten, die dem geliebten Mädchen die qualvolle Lage und heiße Liebe des armen Gefangenen erklärten, während der Gegenstand seiner Liebe mit hochklopfendem Herzen am Fenster seines Stübchens hinter den geschlossenen Läden stand und die geheime Schrift entzifferte.

Papa war einundzwanzig, als er die Tochter des Königs Johann von Sachsen (des unter dem Namen »Philaletes« bekannten genialen Danteübersetzers), Prinzessin Anna, heiratete. Diese Ehe war ein wahrer Liebesbund und eine Liebesheirat Papas, und niemand ahnte, wie kurz dieses unsagbar große Glück dauern sollte.

Annas Mutter, Königin Amalia von Sachsen, war eine Tochter des Prinzen Maximilian von Bayern und ein Zwilling aus zwei Paar Zwillingen. Amalias echte Zwillingsschwester Elisabeth heiratete Friedrich Wilhelm IV. König von Preußen, die anderen Zwillinge, Sophie und Marie, vermählten sich mit Erzherzog Franz Karl von Österreich (Vater des jetzigen Kaisers Franz Josef) und Friedrich August II. König von Sachsen. So wurden merkwürdigerweise zwei Schwestern nacheinander Königinnen in demselben Lande.

Prinzessin Anna gewann alle Herzen im Sturm, als sie in Florenz einzog, und als sie an den Folgen des Typhus in Neapel starb, den sie sich durch Austernvergiftung zuzog, war die Trauer allgemein, und Anna wurde von Hoch und Niedrig beweint. Bei ihrem Tode hinterließ sie ein einjähriges Töchterchen Marie Antoinette, das Papa nach Sachsen zu den Großeltern brachte, woselbst es bis zu seinem vierzehnten Jahre, bis zu Papas zweiter Vermählung, verblieb. Meine Stiefschwester war ein selten begabtes Mädchen mit reizendem Dichtertalent. Leider starb sie in den Jahren der schönsten Jugend an der Schwindsucht in Cannes.

Jede Hoffnung auf eine Rückkehr nach Toskana wurde nach der Niederlage der Österreicher bei Solferino vernichtet. Der Friedensvertrag von Villafranca zwang den Kaiser von Österreich, die Lombardei an Victor Emanuel abzutreten und Toskana der »Nuova Italia« zu überlassen.

Da mein Großvater mit ganzem Herzen ein Österreicher war, konnte er sich nicht entschließen, ein Dekret zu unterschreiben, das ihn zum konstitutionellen Herrscher Toskanas ernannte. Die politische Stellung meines Großvaters war der Grund der raschen, unvorbereiteten, fluchtartigen Abreise der großherzoglichen Familie, die am 27. April 1859 ausgeführt wurde. Die Flüchtlinge waren außer meinen Großeltern mein Vater, der damals ein erst Vierundzwanzigjähriger und Witwer war, sein einjähriges Töchterchen, meine Tanten und Onkel. Der 27. April war ein prachtvoller, heißer Tag. Die Sonne schien von einem klaren, wolkenlosen blauen Himmel auf die Abreisenden, die mit wehem Herzen durch die Straßen von Florenz fuhren. Vom Palazzo Pitti aus umwogte eine dichte Volksmenge die Wagen und begleitete den scheidenden Großherzog; öfters wurde der Ausruf »Addio, Babbo Leopoldo« laut, der meinem Großvater bewies, mit welch gemütlicher Gleichgültigkeit seine Florentiner ihn ziehen ließen. Die Reisewagen ließen rasch Florenz hinter sich zurück, und dichte Staubwolken kündeten den Nachsehenden die Richtung an, die von den flüchtigen Reisenden genommen wurde.

Die Lage der großherzoglichen Familie war keine beneidenswerte, zudem die Abreise so unerwartet und rasch beschlossen wurde, daß alles, selbst das Allernötigste, zurückgelassen werden mußte, sogar die Kinderwäsche für die kleine Prinzessin Marie Antoinette mußte unterwegs angeschafft werden.

Die einzigschönen, herrlichen Gobelins, seltene Bilder großer Meister, der Hausschmuck, Emails, Gold- und Silberservice, Schätze von unnennbarem Wert wurden in dem Palazzo Pitti zurückgelassen.

Als Victor Emanuel in Florenz einzog und Pitti bezog, streckte er sich eroberungsmüde und behaglich zwischen den feinen Batistbettüchern aus, unbekümmert ob der darauf gestickten Wappen der flüchtigen, dem Exil entgegenreisenden Großherzöge.

Als die unglücklichen Flüchtlinge den Fuß der Apenninen oberhalb Pistoja erreichten, hieß mein Großvater die Wagen halten, da er zum letzten Male von seinem geliebten Florenz, das wie ein Traum zwischen feinem, bläulichem Dunst herübergrüßte, Abschied nehmen wollte. Der Trennungsschmerz war so groß, daß alle Mitglieder meiner Familie in lautes Weinen ausbrachen. Sie setzten sich an den Wegrain und versuchten sich gegenseitig zu trösten. Um die Tränenspuren zu entfernen, suchte jedes nach einem Taschentuch, und man entdeckte zur allgemeinen Bestürzung, daß niemand eines besaß, was um so unangenehmer war, da die Tränen durch den Staub, den die Wagen aufgewirbelt, auf den Gesichtern lange, schmutzige Rinnen gezogen, was das Komische dem Tragischen beimischte und die Gemüter in ihrer traurigen Lage nicht gerade zum Lachen reizte. Meine Großmutter jedoch rettete einigermaßen die Lage durch einen genialen Einfall, und bei dieser Gelegenheit zeigte sie ein wenig von der ererbten Originalität ihrer Mutter Caroline. Vorsichtig hob sie ihr weites, vielfaltiges Kleid auf, und indem sie ebenso vorsichtig das eine Ende ihres ebenso weiten, vielfaltigen Spitzenunterrocks nahm, ging sie in zarter, schweigender Geschäftigkeit von dem einen ihrer Lieben zu dem anderen, um die Tränen und den Staub von

den traurigen Gesichtern vorsichtig abzuwischen, bis man weniger entstellt die Flucht weiter fortsetzen konnte.
Nachdem mein Großvater Toskana endgültig für immer verlassen hatte, kaufte er in Böhmen das Schloß Brandeis an der Elbe, und bald darauf schloß er einen anderen Kauf ab, mit dem er ein großes, altes Schloß bei Karlsbad namens Schlackenwerth erwarb.
Mein Vater lebte einige Zeit in Schönbrunn bei Wien; aber unbefriedigt, kein eignes Heim zu haben, ruhelos und unglücklich ging er nach Bayern, den Sommer in Lindau am Bodensee verbringend, wo seine Stiefschwester, Prinzessin Luitpold, eine Villa besaß. Papa entschloß sich, ein dauerndes Heim daselbst zu gründen, und baute eine Villa, die er ohne einen Baumeister, nur mit Hilfe eines Ingenieurs, allein vollendete. Mein Großvater drängte sehr gegen den Willen des Sohnes auf dessen Wiederverheiratung. Der Großherzog hoffte immer noch auf eine Rückkehr nach Toskana und überredete meinen Vater, daß er Umschau unter den heiratsfähigen Prinzessinnen halten sollte. Als gehorsamer Sohn begab sich nun mein Vater auf Brautschau, und seine Wahl fiel auf Alix von Parma, die er auf Schloß Frohsdorf bei Wien bei ihrem Onkel, dem Grafen von Chambord, kennenlernte. Prinzessin Alix war die Tochter der Herzogin Luisa von Parma, deren Mutter die Herzogin von Berry war. Der Vater meiner Mutter war Carl von Parma; der elegante und schöne, aber leichtsinnige Gatte meiner Großmutter wurde 1854, kaum vierunddreißig Jahre alt, in Parma ermordet. Es wird vermutet, aus Eifersucht eines Herrn, der seiner Gemahlin Ehre rächen wollte. Am Vorabend der Revolution floh meine junge Großmutter mit ihren vier Kinder verkleidet nach der Schweiz und lebte zwei Jahre in bescheidensten Verhältnissen in einem kleinen Häuschen am Züricher See. Nachdem sich die Verhältnisse geklärt hatten, kaufte meine Großmutter das Schloß Wartegg bei Rorschach am Bodensee. Jedoch unliebsamer Er-

innerungen halber war sie nicht gerne dort und zog nach Venedig, wo sie den herrlichen Palazzo Cavalli kaufte, um in der Nähe ihres Stiefbruders, des Herzogs delle Grazie, zu leben. Die Herzogin starb am Typhus im Alter von zweiundvierzig Jahren. Der Tod trat so rasch ein, daß sie ihre Kinder, von denen die beiden Töchter im Sacré-Coeur-Kloster zu Bregenz, die beiden Söhne im Jesuiten-Kolleg in Feldkirch erzogen wurden, nicht mehr sehen konnte. Als die Erziehung der beiden jungen Prinzessinnen beendet war, beschäftigten sich Onkel und Tante Chambord eingehend mit der rasch zu erledigenden ewigen Heiratsfrage. Die eine Prinzessin wurde die Gemahlin des verstorbenen Don Carlos, Herzogs von Madrid; Prinzessin Alix wurde meines Vaters Gemahlin. Die Trauung meiner Eltern fand am 11. Januar 1868 zu Schloß Frohsdorf statt, und am 2. Dezember desselben Jahres hielt meine Mutter den ersten Sohn, dem noch neun Geschwister folgen sollten, in ihren Armen. Meine Mutter war klein, blond, zierlich, als sie meines Vaters Frau wurde, voll Energie und Lebenslust. Sie genoß ihr freies Leben doppelt nach der klösterlichen Langeweile des Eingesperrtseins. Sie tanzte leidenschaftlich gern, ritt und jagte ebenso leidenschaftlich wie gut, nützte die freien Jahre, wo sie nicht durch das Erscheinen der rasch aufeinander sich folgenden Kinder zu Hause gefesselt war, durch Reisen und Vergnügungen aus.
Meiner Mutter Schmuck ist von außerordentlicher Schönheit. Sie besitzt die schönsten Diamanten der Welt, und, was nach meinem Geschmack alles übrige an Wert und Schönheit übertrifft, das berühmte Diamanthalsband Marie Antoinettes, auf das Böhmer seine ganze Kunst und Sorgfalt in Zeichnung und Ausführung verwandte.
Nach meines Vaters zweiter Verheiratung überließ der Kaiser von Österreich ihm einen Teil des Salzburger kaiserlichen Residenzschlosses als ständigen Wohnsitz. Dort verbrachte ich meine Kindheit und meine Mädchenjahre.

2. Kapitel

Salzburg. Das Residenzschloß. Früheste Erinnerungen. Mein Vater. Sein Organisationstalent. Die Erziehung einer Prinzessin. Ein unvorhergesehenes Bad. Stunden. Eintöniges Leben. Die Priestermacht. Schloßtyrannen.

Im Jahre 1870 starb mein Großvater, und mein Vater, Erzherzog Ferdinand, bis dahin Erbgroßherzog, wurde Großherzog von Toskana. Doch dies nur dem Namen nach, da Kaiser Franz Josef meinem Vater unter dem Versprechen, niemals nach Toskana oder Florenz, auch nur für einen kurzen Aufenthalt, zurückzukehren, gestattete, den erloschenen Titel eines Großherzogs zu tragen. Man begreift, daß politische Gründe den Kaiser leiteten, meinem Vater dies schwere Versprechen abzunehmen. Nach meines Vaters Tode sollte seinen Kindern gestattet sein, den Titel Prinz und Prinzessin von Toskana weiterzuführen, und zwar sollte dieser Titel dem des Erzherzogs und Erzherzogin von Österreich Kaiserliche und Königliche Hoheit folgen.
Der Kaiser überließ, wie ich bereits erwähnte, einen Teil des Salzburger Residenzschlosses meinem Vater zu seiner Verfügung, und daselbst verlebte ich meine Kindheit.
Salzburg ist ein herrlich schönes, malerisch gelegenes Städtchen; dreiundsiebzig Meilen von München entfernt, liegt es zwischen hohen Bergen in ein weites Tal gebettet. Jeder weiß den Stolz der Salzburger zu schätzen, da sie Mozart zu ihren Bürgern zählen dürfen, der daselbst 1756 geboren wurde.
Das kaiserliche Residenzschloß dehnt sich nach verschie-

denen Richtungen aus. Wir konnten durch Gänge und Säle in drei Kirchen gelangen, ohne über die Straße gehen zu müssen.
Es wurde von verschiedenen Erzbischöfen um 1600 erbaut; dessen Bewohner, die prunksüchtigen Kirchenfürsten, sind durch die Geschichte zu wohl als Lebemänner bekannt, um sie hier zu erwähnen! Von der prachtvollen Villa Hellbrunn, die von ihnen in der Nähe Salzburgs erbaut wurde, führte ein unterirdischer, geheimer Gang bis in das Residenzschloß, und die Kirchenfürsten begaben sich durch diesen geheimen Zugang in ihr Lustschloß, um die Zeit in angenehmer Abwechslung zu verbringen, wenn die lästigen geistlichen Würden zu ermüdend erschienen.
Meine Kindererinnerungen knüpfen sich an die dunkle, traurige Residenz, die bedrückend auf mein Kindergemüt wirkte. Großartig und vornehm, aber von unwohnlicher Steifheit und unbequemer Einteilung der Räume, entbehrte außerdem das Residenzschloß jedes künstlerischen Schmuckes sowohl von außen als von innen. In schlechtgehaltenem Zustand übernahm mein Vater die Räume, deren Wände mit vergilbtem Papier bedeckt waren, das niemals erneuert wurde. Unheimliche Erzählungen von geheimen Morden, deren Geheimnisse die alten Mauern eifersüchtig hüten, machten einen tiefen Eindruck auf unser Kindergemüt, und ich weiß mich wohl zu erinnern, mit welch geheimer Angst wir durch die kalten Säle schritten, wo an den Wänden die Ahnenbilder unserer Habsburgischen Familie hingen, deren Mitglieder wir nachts blaß und stumm aus ihren Bilderrahmen steigen und durch die dunklen Räume wandeln sahen.
Mein Vater, der mit Leib und Seele Florentiner geblieben war, umgab sich so viel ihm möglich war mit seinen italienischen Landsleuten und suchte mit Vorliebe Italiener als Dienstboten. Seine außergewöhnliche Persönlichkeit verdient von mir hier ganz besonders hervorgehoben zu wer-

den, und mit der innigsten Liebe gedenke ich des besten der Väter wie des liebenswürdigsten der Menschen. Ich hing mit anbetender Liebe an ihm. Er war unser Spielkamerad und verbrachte viele Stunden in unserer Kinderstube, ehe unsere Kinderseelen die Tretmühle des traurigen eintönigen Lebens kennenlernten, in welcher die Erziehung für unsere zukünftige Lebensstellung, die wir auszufüllen hatten, beginnen sollte.
Meine glücklichsten Erinnerungen gelten der Zeit, wo mein geliebter Vater neben mir und meinen Brüdern saß, und er uns selbsterfundene Märchen erzählte, zu denen er wunderbare Bilder zeichnete und malte, die wir mit den Augen verschlangen. Auf meinem kleinen Puppenkochherde kochte uns Papa oft allerlei Speisen zu unserer unaussprechlichen Wonne.
Leider verbrachte Papa viele Monate des Jahres auf der Jagd, woselbst er stets der Begleiter Kaiser Franz Josefs und des Kronprinzen Rudolf war, des letzteren bester Berater und Freund. Sowohl auf seinen Jagdausflügen als zu Hause war mein Vater ein rastloser, unermüdlicher Arbeiter. Er verwaltete seine toskanischen Güter (da die Großherzöge große Privatbesitze besaßen und noch besitzen), die jedoch seit meines Vaters Tode von einem durch den Kaiser besonders beauftragten Beamten verwaltet werden, der dem Kaiser genauen Bericht erstattet.
Jeden Morgen war mein Vater um vier Uhr auf und arbeitete den ganzen Tag bis am späten Nachmittag, wo er sich dann einen kurzen Spaziergang oder eine Ausfahrt als Erholung gestattete. Mein Vater hatte eine außerordentlich starke Konstitution und einen eisernen Willen; obwohl sein Temperament leicht erregbar war, hingen seine fünfundsiebzig Diener, aus denen unser Hausstand zusammengesetzt war, mit großer Liebe an ihm, da er ein gerechter, guter Herr für sie war, der sich liebevollst um ihre persönlichen Angelegenheiten kümmerte. Falscher Stolz war meinem Vater unbekannt.

Religion, wie sie an römisch-katholischen Höfen ausgeübt wird, wurde von meinem Vater aufs beste damit bezeichnet: »Religion«, sagte er stets, »ist nur Etiketten-Religion.« Er lebte in der Welt seiner eignen Ideale und war doch trotz aller phantasievollen Veranlagung außerordentlich praktisch und ein fast pedantisch ordentlicher Geschäftsmann, wie ein Bankier oder Rechtsanwalt. Papa liebte es, genau von jedem kleinsten Detail des Haushaltes unterrichtet zu sein, und die Ausschmückung der Empfangsräume wie die Einkäufe des Kochs waren ihm gleich wertvoll. Seine Hand und seine Gegenwart fühlte man überall. Innige Sympathie und tiefes Verständnis verbanden meinen Vater und mich. Ein schweigendes Übereinstimmen lag über jeder erörterten Frage. Wir machten beide nicht viel Worte, und trotzdem herrschte die größte Harmonie zwischen uns. Alles Nützliche und Praktische lernte ich von ihm.

Unsere Kinderstubenzeit endete mit sieben Jahren. Mit diesem Tage verschwand die selige Kindheitszeit, und unsere Erziehung begann.

Seitdem ich Höfe und Palais verlassen habe, belustigt mich das fast kindische Interesse und die Neugierde des Publikums, mit der jeder Schritt der Fürstlichkeiten, besonders kaiserlicher oder königlicher Kinder, verfolgt wird. Englische Zeitungen bringen spaltenlange Berichte über kleine Äußerungen königlicher Kinder, und mit atemloser Spannung werden Ponyritte, Segelfahrten und andere Unterhaltungen, die sonst nur ganz gewöhnliche Beschäftigungen guterzogener, gesunder Kinder sind, der englischen guten Mittelklasse zuliebe besonders hervorgehoben, da Königtum und Ehrenhaftigkeit die Grundlagen dieser Leute sind. Ich möchte wissen, ob das Publikum auch nur die leiseste Ahnung davon hat, was »Prinzenerziehung« bedeutet. In derselben Weise, wie das Leben eines Christen eine unausgesetzte Vorbereitung auf die Ewigkeit bedeutet, so das Leben der jungen Prinzen und

Prinzessinnen eine fortwährende Vorbereitung auf ihr künftige Stellung. An dem Tage, wo wir Abschied von unseren Kinderfrauen nahmen, nahmen wir auch Abschied von unserer kindlichen Natürlichkeit und wurden den Händen unserer Erzieher und Erzieherinnen übergeben, um zu Musterkindern jeder Art umgeformt zu werden. Geistvolle Automaten, das war das Ziel der Erziehung, nur keine individuelle Persönlichkeit, schablonenhaftes Nachplappern von Gehörtem, kein Fragen und Selbstbeantworten. Ach, wie müde wurden wir von dem ewigen: »Man darf nicht auf diese Art in den Wagen einsteigen«, oder: »Kaiserliche Hoheit, wenn Sie jemals eine Königin werden wollen, dürfen Sie niemals auf diese Weise in den Salon eintreten, dazu gehört vornehme Ruhe.« Es war immer das gleiche. Wir wurden nicht wegen unserer selbst erzogen, sondern nur für die Augen der Welt, ohne Recht auf freie Entwicklung unserer Individualität, ohne den Gefühlen freien Lauf lassen zu dürfen; mit einem Wort: Unsere jungen Leben wurden der kalten, toten Stellung geopfert, die wir später einzunehmen gezwungen waren. Wer nur das geringste Verständnis für solch eine Lage hat, wird begreifen, wie furchtbar so ein Leben ist, besonders für temperamentvolle Lebewesen, und ich denke, daß einige Habsburger, ich eingeschlossen, alle Martern und Qualen solch einer unnatürlichen, künstlichen Erziehung durchgekostet haben.

Andererseits gibt es Fürstlichkeiten, deren ruhiges, uninteressiertes Wesen alles, was ihnen auf ihrem Wege begegnet, mit größter Gelassenheit hinnimmt. Ich habe Cousinen, die mit den Lebensgefährten, die ihnen gewählt wurden, als völlig gleichgültige, uninteressierte Wesen, ganz zufrieden sind. Die königliche Tretmühle schien mir für diese Wesen mit Glück gleichbedeutend, und ohne Zweifel ist ihre Lebensanschauung in vielen Fällen gewiß den Stürmen und Leiden vorzuziehen, die über jene das Schicksal verhängt, die gewaltsam versuchen, Schloß und

Riegel zu sprengen, um den Weg zur Freiheit zu finden. »Was werden die Leute sagen?« »Was werden die Leute denken?« Das ist der papageiartige Schrei, den wir vom Morgen bis zum Abend hören müssen. Und wehe, wenn wir sagen wollten: »Der Kuckuck soll die Leute holen.« Dann wurde uns von dem grausigen Schicksal erzählt, das unkonventionelle Mitglieder von Königsfamilien ereilt, und meine unglückliche wie schöne Ahne Marie Antoinette wurde dann stets als abschreckendes Beispiel mir vor Augen gestellt. Meine Erzieherin bestand darauf, mich zu versichern, daß Marie Antoinette nie guillotiniert worden wäre, wenn sie nicht in Trianon als Pächtersfrau aufgetreten wäre. Dafür wurde immer Marie Luise als Muster für die Fügsamkeit einer Prinzessin hingestellt. Wenn sie dem Kaiser von Österreich getrotzt hätte und Napoleon ins Exil gefolgt wäre, würde sie sicher einem traurigen Los entgegengegangen sein und würde Longwood* gewiß weniger angenehm als Parma gefunden haben. Da sie jedoch ihrer Familie Vorschläge und Rat gefolgt hatte, wurde sie Herzogin von Parma, hatte über viel Geld zu verfügen, trug herrliche Kleider, und ihren verschiedenen Heiratserlebnissen mit halbbürgerlichen Gatten wurde von niemand mit Mißbilligung begegnet. Ich fühlte aber, daß ich niemals eine Marie Luise werden würde. Mein innerstes Ich versuchte stets die Oberhand über Äußerlichkeiten und Zeremoniell zu erreichen, und mein Vater, der die einzige Persönlichkeit war, der ich mein vollstes Vertrauen schenkte, konnte doch trotz seiner weiten, freien Ideen und Anschauungen durch die gewohnte, durch Überlieferung angeerbte Lebensweise mich nicht verstehen. Ich erinnere mich, als ich ihn bat, mir zu gestatten, Violine spielen zu lernen, er mir hierauf antwortete: »Es ist nicht passend, daß eine Prinzessin Violine

* Meierei auf der Insel St. Helena, bekannt als letzter Aufenthaltsort Napoleons I.

spielen lernt.« Ein Glück war es jedoch für mich, daß ich bereits in jungen Jahren eine genaue Kenntnis der langweiligen gesellschaftlichen Verpflichtungen der anderen Höfe hatte, da ich bereits mit vierzehn Jahren an Hofdiners teilnehmen mußte, wo ich absichtlich neben uninteressante Menschen gesetzt wurde, damit ich gezwungen sei, eine tadellose Konversation zu führen, was für jede Fürstlichkeit von der größten Wichtigkeit ist. Das erstemal, wo ich der Autorität getrotzt habe, war, als ich einer neuen Erzieherin übergeben wurde. Ich war acht Jahre ohne Schwester geblieben und war deshalb die Spielgenossin und Freundin meiner vier Brüder, die mir stets bei jeder Spitzbüberei halfen und mich dabei unterstützten. Eines Tages war ich ganz besonders ungezogen gewesen, und als Strafe wurde mir verboten, meine gewohnte Schwimmstunde zu nehmen. Es hätte mich keine empfindlichere Strafe treffen können, da ich leidenschaftlich gern schwamm. Diesen selben Nachmittag ging ich mit meiner Erzieherin und meinen Brüdern nach einem kleinen, ganz nahe der Stadt gelegenen See spazieren, welcher der beliebteste Sommerausflugsort der eleganten Salzburger ist. Eine Unzahl kleiner Ruderboote schwamm auf dem kleinen See herum, unser Boot war auch zur Stelle, um auf uns zu warten. Meine Erzieherin setzte sich, ein Bild pompöser Verantwortlichkeit, und äußerlich waren wir die besterzogensten königlichen Kinder der Welt. Unsere Schiffahrt interessierte die uns umgebende Menge augenscheinlich sehr, und dies muß wohl hauptsächlich meinen Bruder Leopold dazu bewogen haben, mir zuzuflüstern: »Wir wollen doch etwas anstellen.« Ein vortrefflicher Gedanke durchblitzte mein Gehirn. Mich zu meiner Erzieherin wendend, sagte ich: »Darf ich baden?« – »Was, Kaiserliche Hoheit? Nein, unmöglich.« – »Darf ich hineinspringen, bitte?« bat ich wieder, indem meine Brüder beifällig kicherten und nickten. – »Nein.« – Ich verlor keine Zeit, stand auf und sprang in das Wasser, völlig angezogen, wie ich war, und schwamm zum großen Erstaunen der zusehenden Menge, die am Ufer stand, umher, während meine würdige Erzieherin wütend schrie: »Machen Sie, daß Sie herauskommen, Sie ungezogenes Kind!« Und zu meinen Brüdern gewendet, zankte sie dieselben aus, die selig und mit unverhohlener Freude zusahen. Ohne Zwischenfall, aber trotzig kehrte ich mit meiner Erzieherin nach Hause zurück. Als ich die große Sandsteintreppe hinaufstieg, begegnete mir der Bruder des Kaisers, Erzherzog Ludwig Victor, der mich erstaunt anstarrte und zuletzt in fröhliches Lachen ausbrach. »Nun, Luisa«, sagte er, »was um des Himmels willen hast du denn angestellt?« – »Ich habe gebadet«, antwortete ich einfach. – »Das sieht mir so aus«, meinte er, stets lächelnd, während seine Augen über mich hinglitten und das Wasser von meinen durchnäßten Kleidern kleine Seen auf dem Treppenabsatz bildete. »Und es scheint mir, als wenn du stets das machen wirst, was dir gerade gefällt.« Damit patschte er gutmütig mit der Hand auf meine nasse Schulter und ging die Treppe hinab. Als ich in mein Schlafzimmer gelangte, hatte ich eine äußerst unangenehme Begegnung mit meiner Mama. Auch sie sah mich mit unverhohlenem Erstaunen an; als sie schließlich Worte fand, sagte sie trocken: »Nur eine Sache ist möglich, Luisa, und das ist, daß ich sofort nach einem Irrenarzt senden werde, da du verrückt geworden sein mußt.« Als ich mit meiner Erzieherin allein gelassen war, sagte ich mit Überlegenheit: »Sehen Sie, was Ihre Strafe für Folgen gehabt hat! Es ist unnütz, und Sie müssen nie mehr versuchen, mir meine Schwimmstunden zu verbieten.«

Meine Erziehung war wirklich eine anstrengende Arbeit. Ich hatte neun Stunden am Tag still zu sitzen und zu lernen und bildete mich wie zu einem regelrechten Universitätskursus aus. Jedes Jahr hatte ich Prüfungen zu bestehen, und ich erinnere mich genau an eine besondere Geschichtsprüfung, als ich vierzehn Jahre alt war. Ich wurde über Maria Theresia, die große Kaiserin, ausgefragt, und zu jedermanns Erstaunen sagte ich laut und energisch: »Maria Theresia tat sehr recht, sich einen Gatten aus Liebe zu wählen und sich nicht zwingen zu lassen, irgendeinen x-beliebigen zu heiraten, was eine namenlose Dummheit ist.« Aber ich wurde in meinem Redefluß plötzlich unterbrochen, als ich das Erstaunen und Mißbilligen auf den Gesichtern der prüfenden Professoren sah und das jähe Erbleichen meines Lehrers, der eine unverdiente, peinliche Auseinandersetzung von seiten meiner Eltern erwartete, wenn dieselben von meiner freimütigen Behauptung hörten.

Nur Fernstehende können nicht begreifen, wie ereignis- und freudlos die Jahre meiner Kindheit und meine Mädchenzeit verliefen.

Salzburg selbst ist eine tote, langweilige Stadt, und die kaiserliche Residenz ist noch langweiliger und öder als eine Woche englischer Sonntage. Eine moderne, leichte Literatur zu lesen wurde uns nicht erlaubt. Wir sahen von Zeitungen nichts außer den katholischen Blättern und Missionszeitungen. Wir gingen nie in Kunstausstellungen, und selten wurden wir ins Theater oder in Konzerte geführt.

Dieses eintönige, konventionelle Leben wurde durch priesterliche Elemente unausgesetzt erfüllt, während unsere Sammlung von Rosenkränzen und Gebetbüchern eines ekklesiastischen Museums würdig gewesen wäre. Die ganze Atmosphäre war von Religion und Jesuiten erfüllt, und letztere waren die Macht in der kaiserlichen Residenz Salzburg, wie sie das ja sonst auch meist an allen katholischen Höfen sind. Es ist unmöglich, in diesen Seiten sich ein klares Bild von dem unheimlichen Einfluß und der Macht der Priester zu machen. Sie zwingen die Familien, sie als alleinige Berater in jedweder Angelegenheit anzunehmen, und ihr Einfluß ist ebenso zu fürchten wie zu bedauern, da derselbe nicht immer als gut anzusehen ist. Ihre geistliche Stellung und ihr Name läßt leicht vergessen, daß sie doch nach allem nur Menschen sind, und wo ihr Rat oft in intimsten Dingen gesucht wird, fällt derselbe oft traurig und bedauernswert schlecht aus. Ich beabsichtige nicht, die Priester anzugreifen, trotzdem ich schwer unter ihrer Gewalt gelitten habe. Es gibt Priester, aus denen Heilige und Märtyrer werden, aber auch solche, die ihren Namen und ihre geistliche Stellung dazu gebrauchen, um Dinge zu sagen und zu tun, die völlig gegen die gute Sitte verstoßen, und nicht nur eine junge Prinzessin hat im Beichtstuhle auf Fragen antworten müssen, die niemals hätten gefragt werden sollen. Und wenn dieselbe andeutete, sie würde sich über diese unglaublichen Fragen beklagen, so würde ihr Beichtvater ihr drohen, den Eltern mitzuteilen, daß er mit Trauer ihre verderbte perverse Natur erkannt hätte, für die nur ein Kloster der geeignete Platz wäre.

Hofleben ist ein Wirrwarr kleinlicher Intrigen und Tyrannei, da ein jeder versucht, über jemand anderen zu herrschen und andere, die im Wege sind, zu unterdrücken. Die Entourage an einem Hofe scheint die Lebensaufgabe ihrer Stellung dahin aufzufassen, ihren Herren zu befehlen, und schon als Kind beobachtete ich, daß Haß, Mißgunst und Neid in Königsschlössern zu Hause seien und daß christliche Tugenden dort zu den Seltenheiten gehören.

3. Kapitel

Meine Verwandten. Meine Onkel. Herzog Carl von Parma. Seine Uhrensammlung. Ein Original. Das Gebiß, das nicht passen wollte. Herzogliche Garderobe. »Fliegende Kleider«. Besuche und Besuchen. Wien. Kaiserin Elisabeth. Wie ihr Haar gepflegt wurde. Ein langer Spaziergang. Sternkreuzordensdame. Mein letzter Besuch der Kaiserin.

Obwohl meine Großmutter väterlicher Seite keine ausgesprochen charakteristischen Eigenschaften besaß, waren mein Vater und dessen Brüder höchst interessante und ungewöhnliche Persönlichkeiten.

Mein Onkel Erzherzog Ludwig Salvator ist ein ebenso außergewöhnlich begabter und gescheiter Mann wie eine selten originelle Persönlichkeit. Sein Leben brachte er in wissenschaftlichen Studien zu, und er ist eine anerkannte Autorität auf dem Gebiete der Geographie, Naturwissenschaften und Botanik. Auf der Insel Majorca gründete er sich ein Heim und baute sich daselbst eine Villa, die er nach dem Schloß des Kaisers von Österreich Miramar nannte. Daselbst führt mein Onkel ein ideales, einfaches Leben, wie es voll und ganz seinem Geschmack entspricht und darin besteht, daß er genau das tut, was er will und mag. Er lebt wie ein Bauer, trägt nur Sandalen und weite, leinerne Hosen. Seine Hautfarbe ist von der Sonne dunkel kupferrot gebrannt. Unermüdlich arbeitet er in seinem paradiesisch schönen Garten und seinen herrlich gelegenen Weinbergen. Seine unendliche Liebe zur Natur stimmt mit seinen heidnischen Theorien überein, und ich kann ohne Scheu sagen, daß er ein Sonnenanbeter ist.

Mein Onkel Ludwig steht auf freundschaftlichem Fuße mit den Bewohnern der Insel. Fremde sind ihm jedoch

verhaßt, und er flieht sie und wird von ihnen nie gesehen. Sehr mit der verstorbenen Kaiserin Elisabeth befreundet und geistesverwandt, besuchte ihn letztere oft in seiner Bergeinsamkeit. Der Erzherzog liebt seine Jacht, die jederzeit reisebereit in dem Hafen liegt, da er sich jeden Augenblick entschließen kann, in See zu gehen. Auf einer seiner Reisen erlitt er Schiffbruch an der afrikanischen Küste, und er wie auch seine Schiffsmannschaft retteten sich mit Lebensgefahr vor einem feindlich gesinnten Volksstamm, der sie gefangennehmen wollte. In einem Buch, genannt »Schiffbruch oder Sommernachtstraum«, das aus seiner Feder bald nach diesen Erlebnissen erschien, beschreibt er seine Jacht als »den einzigen Fleck Erde, den ich meine Heimat nennen kann«.
Ich glaube, daß auch ich einiges von meines Onkels unendlicher Liebe zur Natur geerbt habe, da ich nie so glücklich bin, als wenn ich allein mit der Natur sein kann, weltvergessend selbst ein Stück Natur.
Meines Vaters erstem Bruder, Erzherzog Franz Salvator, war Hofleben und Hofzwang ebenso verhaßt wie seinem Bruder Ludwig. Seine liebste Unterhaltung bestand in Omnibus- und Trambahnfahrten, und dieser demokratische Geschmack verursachte den Sicherheitswachleuten oft viele sorgenvolle Stunden.
Mein Onkel Carl war ein außerordentlich geschickter Handwerker, und seine Schlosserarbeiten waren Meisterwerke genialer Erfindung. Sein zweiter Sohn heiratete die Erzherzogin Valerie, des Kaisers von Österreich Tochter, mein Onkel starb neun Tage, ehe sein erstes Enkeltöchterchen geboren wurde.
Erzherzog Johann, meines Vaters dritter Bruder, der unter dem Namen Johann Orth auf der ganzen Welt bekannt ist, hatte ein zu romantisches Schicksal, als daß ich nicht später ausführlich auf ihn zurückkommen müßte.
Von meines Vaters Schwestern lebt nur noch Fürstin Luisa zu Isenburg-Birstein.

Mein Urgroßvater mütterlicherseits, Herzog Carl von Parma und Lucca, war eine außerordentlich amüsante und höchst originelle Persönlichkeit. Er besaß große Güter in Sachsen, und wenn das Dresdener Hofleben ihn ermüdete und langweilte, zog er sich auf sein Lieblingsschloß bei Meißen zurück, um dort ein freies Leben zu führen. Sein Beichtvater in Dresden machte ihm einst Vorstellungen, daß er dem protestantischen Gottesdienst in Meißen beiwohnte und als Protestant dort lebte, worauf ihm mein Urgroßvater antwortete: »Wenn ich nach Konstantinopel gehe, werde ich Mohammedaner, und jedesmal, wenn ich Land wechsle, nehme ich für die Zeit meines Aufenthalts die Landesreligion an, denn ich liebe es, so viel wie möglich immer die Lokalfarbe zu tragen.«
Das unruhige Zigeunerblut in seinen Adern verriet sich oft, und so geschah es eines Tages, daß mein Urgroßvater die Einladung zu einem Frühstück annahm und versprach, in zwanzig Minuten als pünktlicher Gast da zu sein. Doch plötzlich änderte er seine Pläne, bestellte seinen Reisewagen und fuhr nach Parma zurück, ohne ein Wort der Entschuldigung oder Erklärung bei seinen Freunden zurückzulassen. Seine Dienstboten waren nie sicher, wann ihr Herr kam und ging. Alles mußte stets bereit sein, denn oft hielt der Reisewagen plötzlich vor dem Schlosse, und das war die einzige Ankündigung seiner unerwarteten Ankunft, die oft nach langer Zeit auf diese Weise erfolgte.
Meines Urgroßvaters Bewunderung für Frauenschönheit war sehr groß, und auf dem einen Fenster seines Schlosses bei Meißen zeigte man mir ungezählte Namenszüge, die zarte, schöne Hände mit einem Diamant auf das Glas zum ewigen Angedenken eingezeichnet hatten. Zwischen seiner Gemahlin und ihm bestanden nur die Beziehungen kalter, steifer Höflichkeit. Die Herzogin langweilte ihn zu Tode. Sie war übertrieben fromm und entsetzlich fade und alles andere als anziehend. Wenn mein Urgroßvater

von einem Besuch in Parma zurückkehrte, rief er gewöhnlich aus: »Il faut absolument que j'aille me retremper auprès d'une jolie femme après ce tombeau de mon illustre compagne.« (Nach dieser Grabesstimmung bei meiner erlauchten Gattin muß ich unbedingt bei einer hübschen Frau neue Kräfte schöpfen.)
Ich lernte mit zwölf Jahren meinen Urgroßvater kennen, und zwar in Nizza, wo derselbe in einer Villa wohnte. Ich kann mich ganz deutlich unseres Zusammentreffens erinnern. Als ich mit meiner Mutter in sein Haus trat, war das erste, was mir auffiel, das Ticken unzähliger Uhren. Der Herzog liebte antike Uhren über alles, von denen er eine Sammlung von gegen sechshundert besaß. Er selbst zog alle täglich sorgfältig auf, und die seltensten Stücke feinster Uhrmacherkunst gehörten dazu. Einige Uhren waren zu ständiger Verbannung und Abgeschlossenheit in wildledernen Hülsen aufbewahrt, da die emaillierten und gemalten Bildchen auf denselben künstlerisch vollendete, aber zu riskierte Proben der Louis XV.-Zeit darstellten. Ich weiß, der alte Herzog wurde oft gefragt, warum er diesen sehr »unpassenden« Uhren einen Platz in seiner Sammlung angewiesen habe, und stets antwortete er darauf: »Ich liebe die Natur, und da Natur dazu geschaffen wurde, um bewundert zu werden, warum soll ich sie nicht auf meinen Uhren bewundern?«
Mein Urgroßvater war ein eleganter, vornehm aussehender alter Mann, der fast ganz erblindet war, als ich ihm vorgestellt wurde. Zart und liebevoll strich er mit seiner Rechten über mein Gesicht und sagte: »Ah! Wie du Marie Antoinette ähnlich siehst, nur hast du einen glücklicheren Ausdruck.« Dann mit einem plötzlichen Ausbruch energischer Kraft setzte er hinzu: »Regarde-moi bien, Louise, je suis une bête rare, je suis ton arrière grand-père, qui est maintenant vieux et dégoutant.« (Sieh mich gut an, Luise, ich bin ein seltenes Tier, ich bin dein Urgroßvater, der jetzt alt und abstoßend ist.) Ich blickte ihm lange in

die edlen, feinen Züge; dann wagte ich zu sagen: »Du mußt sehr schön gewesen sein, Urgroßvater.« – »Ja, ja«, sagte er träumerisch und doch voll Leben, »und ich habe mein Leben voll und ganz genossen, und ohne Zweifel wirst du dem Beispiel deines Urgroßvaters folgen, Kleine.« Nun sprach Mama zum ersten Male, und es klang kalt, abweisend: »Ich hoffe, daß Louise nicht in Ihre Fußstapfen treten wird, Großvater.«
Der alte Mann lachte über den Verweis, der seinen jungen Jahren galt, und als wir Abschied nahmen, gab er mir ein kleines Etui mit einer reizenden Brillantnadel, die von auserlesenem Geschmack war. Ehe ich aber auf etwas anderes übergehe, will ich noch etwas von meinem originellen Urgroßvater erzählen.
Ich habe schon bemerkt, wie sehr er Frauenschönheit liebte. Eines Tages war er zu einem Diner geladen, an dem einige klassisch schöne Frauen teilnehmen sollten. Der Herzog war damals ein alter Mann und zu seinem Kummer ohne Zähne, da er niemals falsche Zähne tragen wollte. Trotzdem erfüllte ihn der Gedanke, trotz seines Alters noch Eroberungen zu machen, derart, daß er sich entschloß, zu einem Zahnarzt zu gehen und für das ereignisvolle Diner sich ein tadelloses Gebiß anzuschaffen. Alles ging prachtvoll zu Anfang, und mein Urgroßvater lächelte, indem er sich zu seinen beiden Schönen zu seiner Rechten und Linken abwechselnd neigte. Wie schön war es, so ohne Scheu lächeln zu können. Plötzlich jedoch, wider alles Erwarten, brach etwas an der Feder des Gebisses, und mein Urgroßvater konnte unmöglich den Mund wieder schließen! Für einige Sekunden blieb er in dieser sicher nicht beneidenswerten Lage, und die Gäste dachten bereits, ein Krampf hätte ihn erfaßt. Als er die Unmöglichkeit fühlte, den Mund zu schließen, riß er wütend das Gebiß aus dem Mund und schleuderte es in eine Ecke des Eßsaales, wo es bis nach Tisch verblieb und von den Dienern nachträglich weggekehrt wurde.

Mein Onkel Robert von Parma hob mit einer Art pietätvoller Liebe alle Uniformen und Zivilkleider seines ermordeten Vaters auf, die er auf Schloß Wartegg aufbewahrte; nie habe ich eine so merkwürdige Sammlung von Kleidern gesehen.
Herzog Karl, mein Großvater, war einer der elegantesten Lebemänner seiner Zeit, und seine Leidenschaft, schöne, kostbare Kleidung zu besitzen, erinnerte an die gleiche Leidenschaft der Königin Elisabeth von England. Unzählige Uniformen und die verschiedensten Anzüge für alle Gelegenheiten und die neueste, damals in England besonders für meines Großvaters schöne, schlanke, elegante Figur geschaffene extravagante Stutzerkleidung war dabei. Jedes Jahr im Sommer wurden einmal alle Kleider aus Kisten und Koffern genommen und auf Leinen im Schloßhofe und einem Teile des Gartens aufgehängt, um zu lüften. Zufälligerweise war ich damals gerade in Wartegg zu dieser Lüftungszeit, und der Anblick, der sich mir damals darbot, ist mir unvergeßlich. Ein heftiger Wind blies und blähte Hosen und Jacketts auf, so daß sie den Anblick eines Regiments schwingender Körper ohne Köpfe darboten, die eine komische Ähnlichkeit mit dem Leben hatten.
Das erstemal in meinem Leben reiste ich im Jahre 1876, als wir alle nach Paris gingen. Ich erinnere mich wohl der großen Aufregung, die mit dieser Reise verbunden war. Ich denke, wir Kinder müssen schrecklich unruhig und ermüdet gewesen sein, da wir unausgesetzt in die Netze kletterten und nur mit großer Mühe von dort herausbefördert werden konnten. Wir kamen abends in Paris an, und eine ungezählte Menge unbekannter Verwandter traf uns auf der Station. Aber das war auch der einzige Eindruck, der von Paris in meiner Kindererinnerung hängengeblieben ist.
Als ich älter wurde, begleitete ich meinen Vater viel auf seinen Jagdausflügen, und dank seiner ausgezeichneten

Anleitung wurde ich eine leidlich gute Jägerin und fehlte selten eine Gemse auf den ersten Schuß. Ich liebte das Jagdleben in der kräftigen Gebirgsluft, der völligen Freiheit und Natürlichkeit, und die Gesellschaft meines geliebten Vaters verschönte alles durch sein völliges Übereinstimmen mit meinem Empfinden. Nur ungern kehrte ich nach Salzburg zurück, wo Kirchenzwang und Beichtväter auf mich warteten.
Wir hatten keinen bestimmten Sommeraufenthalt. Öfters reisten wir nach Böhmen, dann wieder nach Lindau und seltener nach Gmunden zu meiner Großmutter, wo wir mit ihr in Villa Orth, die mein Onkel Johann für seine Mutter im italienischen Stil als pompejanische Villa erbaut hatte, wohnten. Es war eine vollendet künstlerische Schöpfung mit einem glasbedeckten Innenhof und reizvoller pompejanischer Ausmalung und Einrichtung.
Des Kaisers von Österreich Vater, Erzherzog Franz Karl, wohnte in einem anderen Teile des Salzburger Residenzschlosses, und ich erinnere mich wohl, als Kind von sechs Jahren bei Tische mit dem liebenswürdigen alten Mann gesessen und die Kaiserin Maria Anna gesehen zu haben, die Gemahlin Kaiser Ferdinands, der zugunsten seines Neffen Franz Josef 1848 dem Throne entsagte.
Die Kaiserin sah merkwürdig in ihrer Krinoline aus, mit den vielen Volants und dem sonderbaren Hut, eine Kleidung, die sie seit fast dreißig Jahren unbekümmert ob des Wechsels der Mode trug. Sie sah natürlich altmodisch aus und als wenn sie eben erwacht und aus längstvergangener Zeit zu uns herübergekommen wäre.
Ferdinand war Epileptiker und erschreckte sein junges Weib in der Hochzeitsnacht durch einen Anfall. Meine Mutter lernte ihn auf dem Schloß Hradschin kennen, als sie mit Papa von Karlsbad aus zu einem Diner nach Prag fuhr, zu dem der Kaiser sie geladen. Damals war er geisteskrank, aber harmlos, da er die Mitglieder der Familie sehen durfte. Mama wußte das und daß ihm verboten

war, von gewissen Speisen zu essen, trotzdem ihm der Form und seiner Stellung wegen bei Tisch alle gereicht wurden. Als meine Mutter einige Nüsse auf ihren Teller legte, sah der Kaiser mit gierigen Blicken auf dieselben, ließ aber die ihm servierten Nüsse unbeachtet vorübergehen. Plötzlich sagte er: »Schön, wenn es mir nicht erlaubt ist, welche zu haben, nehme ich sie mir.« Mit diesen Worten griff er mit beiden Händen in Mamas Teller und nahm alle Nüsse!

Königliche Besuche kamen öfters nach Salzburg. Ich erinnere mich, den Kronprinzen Rudolf von Österreich mit seiner kindlichen Braut Prinzessin Stephanie von Belgien gesehen zu haben, die den Großvater, Erzherzog Franz Karl, besuchten, begleitet vom König Leopold von Belgien und seiner Tochter Clementine, die damals ein kleines Mädchen war, und ich weiß noch, daß ich ihr hübsches, gesticktes Kleidchen bewunderte, das mit einem blaßrosa breiten Gürtelband gebunden war, und das prachtvolle, dunkle Haar, das lang über ihre Schultern herabfloß. Dieser Besuch war ein Fest für ganz Salzburg, das in grenzenloser Aufregung darüber war, und mit einem prachtvollen Feuerwerk schloß dieser ereignisreiche Tag.

Königin Amelie von Portugal sah ich auch einmal auf ihrer Durchreise durch Salzburg. Sie war damals ein schönes, schlankes, großes Mädchen, das ihre Mutter, die Gräfin von Paris, begleitete. Ich weiß mich noch zu erinnern, mit welch großer Begeisterung ich das schöne sympathische Wesen in dem enganliegenden Tailor-made-Kostüm bewunderte.

Der Schah von Persien, Nassr-Eddin, kam auch durch Salzburg auf seiner Europareise, und als ich ihn durch die Straßen der Stadt auf einem weißen Pferd mit rotgefärbter Mähne und Schweif reiten sah, einen Beamten zur Seite, der einen großen, roten Schirm über ihn hielt, war mein Staunen und Verwundern ohne Ende. Die Perser waren auch barbarisch schmutzig in ihren Gewohnheiten, und es entsetzte mich der Gedanke, daß sie Hammel und andere Tiere in den Marmorsälen unserer Residenz schlachteten und auf großen Spießen am offenen Feuer brieten. Alle waren herzlich froh, als die unsauberen Gäste von dannen zogen.

Ich kam zum ersten Male nach Wien mit elf Jahren, zu dem sehr prosaischen Zwecke, zum Zahnarzt zu gehen. Ich werde niemals den ersten Eindruck, den die österreichische Hauptstadt auf mich machte, vergessen. Ich war einfach überwältigt, da Salzburg weit hinter dem Fortschritt zurückblieb. Ich sah in Wien den ersten Tramwagen, das erste elektrische Licht.

Die Enthüllung des Maria-Theresia-Denkmals, meiner großen Heldin, für die ich stets eine unbegrenzte, begeisterte Bewunderung hegte, war ein großer Moment in meinem jungen Leben. Alle Mitglieder des Habsburgischen Kaiserhauses waren damals bei dieser Feier zugegen. Es war ein unvergeßlicher Anblick und eine ewige Erinnerung für mich. Oft kamen wir nach Wien und wohnten in der Hofburg, wo wir öfters die Kaiserin von weitem wie eine schöne, märchenhafte Erscheinung durch die Gänge und Säle der Hofburg gleiten sahen. Eine ganz besondere Anziehungskraft ging von ihr aus und zog mich in ihre Nähe, und es war vielleicht die unbewußte Sympathie, die zwischen ihren vergangenen Leiden und Kämpfen und meinen kommenden bestand und uns geheimnisvoll verband.

Die Kaiserin war eine wunderschöne Frau und hatte prachtvolles Haar, das, wenn aufgelöst, sie wie mit einem herrlichen Mantel einhüllte. Eine Kammerfrau war besonders dazu angestellt, ihr Haar zu pflegen und zu kämmen. Die tägliche Frisur wurde in eigentümlicher Art ausgeführt. Auf dem Fußboden des Toilettezimmers wurde ein großes, weißes Leinentuch ausgebreitet, und die Kaiserin setzte sich in der Mitte dieses weißen, improvisierten

Teppichs auf einen niederen Stuhl. Die Kammerfrau, ganz in Weiß gekleidet, begann ihre schwierige Arbeit, die sonderbar endete. Nachdem das Haar der kaiserlichen Frau lange gebürstet und gekämmt und in breite, hohe Zöpfe geflochten war, wurde der schmale Kopf der Kaiserin wie mit einer Krone dieser Zöpfe umgeben, worauf die Kammerfrau auf dem weißen Tuche wie auf dem Frisiermantel jedes einzelne Haar zusammensuchte und Kamm und Bürste genau betrachtet wurden, um keines zu vergessen. Die genaue Anzahl der ausgekämmten oder ausgefallenen Haare wurde dann von der Kammerfrau der Kaiserin mitgeteilt, und dieselbe war sehr unzufrieden, wenn es ihr schien, es seien zu viele beim Frisieren ausgekämmt worden, worauf die Kammerfrau eine unangenehme Viertelstunde erleben mußte.
Die Kaiserin hatte viele Sonderbarkeiten, die meist dem Publikum bekannt waren, und ich erinnere mich, daß man mir erzählte, daß einstmals, als die Kaiserin auf einige Zeit das Waldschloß Lainz bei Wien bewohnte, sie eine sehr anstrengende Fußtour unternahm. Da sie auf ihren täglichen Spaziergängen im Walde des Lainzer Parkes ihren griechischen Vorleser mitzunehmen und ihre Touren selten außerhalb der Mauern dieses Parks auszudehnen gewohnt war, so ging sie eines Tages wieder mit ihm die gewohnten Pfade im Walde. Sie verließ jedoch die Mauern des Parks, und da sie einen Anfall von Schweigen hatte, und ihr Begleiter deshalb gezwungen war, ebenfalls zu schweigen, so ging der nächtige, achtstündige Weg um ganz Wien herum, und die Kaiserin war so in ihre traurigen und düsteren Gedanken vertieft, daß sie erst bei Tagesgrauen merkte, daß sie und ihr Begleiter weit von dem gewohnten Wege abgeirrt waren, und letzterer geduldig ihr auf dieser weiten Tour schweigend gefolgt war.
Ich sah die Kaiserin im Mai 1889 nach der Tragödie von Meyerling, als ich zur Sternkreuzordensdame ernannt

wurde. Dieser Orden wird allen großjährigen Erzherzoginnen von der Kaiserin verliehen, und damit verbindet sich die Vorstellung bei Hofe. Ich ging mit meiner Mutter in die Hofburg und wurde von der Kaiserin in Privataudienz empfangen. Die Kaiserin war in tiefste Trauer gekleidet. Ihr blasses Angesicht, das aus den weichen Falten ihres Kreppschleiers mir noch blasser erschien, zeigte deutliche Spuren vielen Weinens. Sie hatte die nervöse Gewohnheit, die von ihrer großen Verlegenheit herkam, mit einem kleinen Taschentuch sich unausgesetzt die Mundwinkel zu wischen. Die Kaiserin war sehr lieb zu mir, und ich fühlte tief den Unterschied zwischen mir mit meiner achtzehnjährigen Jugend, da mit Verleihung des Sternkreuzordens die Türen zur Welt und zu allen Träumen der Jugend mir geöffnet wurden, und dieser armen, trauernden Mutter, für die alles für immer ein trauriges Ende genommen, was das Leben mir geheimnisvoll zu versprechen schien.

Ich sah die Kaiserin nie wieder.

Als ich bei ihrem Sarge in der kaiserlichen Gruft der Kapuzinerkirche in Wien stand, fühlte ich, daß diese arme Frau endlich glücklich war, und ich stellte sie mir in den Elysischen Gefilden vor, die ihr Geist unbehindert durchschweifen konnte, um Gedanken mit Heine auszutauschen, und wo sie ihren geliebten Sohn Rudolf stets an ihrer Seite haben konnte. Nur wenige konnten die Kaiserin wirklich verstehen, und ihr scheues Zurückhalten wurde oft für Stolz und Verstellung ausgelegt. Unverdientes Leid fiel wie Reif auf ihre Gefühle, und sie verbannte sich selbst zu einem rastlosen Leben; aber Elisabeth von Österreich war eine seltene Mutter und seltene Frau, der die Krone der Schönheit und des Geistes wie keiner neben ihr beschieden ward.

4. Kapitel

Heiratspläne. Zu viel des Guten. Don Pedro. Mein erster Besuch in Sachsen. Schloß Moritzburg. Der Koburgische Geheimbund. Tante Kaffeemühle. Eine überlaute Verständigung.

Mit Töchtern gesegnete Mütter sind auf der ganzen Welt gleich, wenn es sich darum handelt, Männer für dieselben zu finden, trotzdem bei Fürstlichkeiten die Heiratspläne größere Schwierigkeiten aufweisen als bei gewöhnlichen Sterblichen.

Zum Glück ist bei Prinzessinnen die Frage der äußerlichen Vorzüge nicht von unbedingter Wichtigkeit. Religion und festgegründete Gesundheit für künftige Mutterschaft sind die beiden Hauptfaktoren in der vorzuschlagenden Verbindung. Neigung, seelisches Übereinstimmen und Liebe sind natürlich wünschenswerte Zugaben, fehlen aber leider, wie ich aus Erfahrung weiß, meistens bei Prinzenehen.

Ich will nicht behaupten, daß eine Prinzessin gezwungen sei, die erste Werbung anzunehmen. Sie kann ihren zukünftigen Gatten in gewissen Grenzen wählen; aber da die meisten Prinzen und Könige sich im allgemeinen sehr gleichen, so ist eine entscheidende Wahl immerhin nicht schwer. Unsere Erziehung bringt es mit sich, daß wir schweigend annehmen, was uns geraten wird. Und nachdem doch jede Prinzessin darin jedem Mädchen gleicht, das von einem Märchenprinzen träumt, so wird sie ihn wohl selten finden und meist irgend jemand heiraten, der völlig verschieden von dem Helden ihrer Mädchenträume ist. Wie oft fragte ich meine verheirateten Cousinen, ob

sie je richtig verliebt gewesen wären und ob ihre Gatten zärtlich und rücksichtsvoll und hingebend im intimen Verkehr und Alleinsein wären. Ich bekam stets dieselbe Antwort: »Aber Luisa, wie kannst du fragen, auf so etwas wird man dir nie antworten.« Meine Neugierde blieb somit stets unbefriedigt. Ich hoffte und nahm es als eine ganz selbstverständliche Sache an, daß Mama und Papa für mich einen Gatten finden würden, der mir sympathisch sein würde.
Mamas Heiratskampagne begann, als ich sechzehn Jahre alt wurde. Die Kaiserin von Brasilien, meine Großtante, hatte einen Neffen, Don Pedro, und dachte, daß derselbe eine gute Partie für mich wäre und einen sehr geeigneten Gatten für mich ausmachen würde. Sie verriet ihre Pläne meiner Mama, und dieselbe verlor keinen Augenblick und reiste mit mir nach Baden-Baden, wo die Kaiserin und Don Pedro verweilten. Ich hatte keine Ahnung, warum wir meine Großtante besuchen gingen; meine Brüder jedoch quälten mich, indem sie mir sagten, daß ich bald herausfinden würde, an was für einen unbekannten Gatten ich verkauft werden würde, und ich vergoß Wuttränen über diese Zumutung.
Zu meinem Erstaunen fand ich in Don Pedro einen sehr netten, liebenswürdigen Menschen. Wir erfüllten die Erwartungen unserer Familien jedoch nicht, und die Heiratspläne fielen ins Wasser. Pedro sah in mir nur ein lustiges Kind, und wir verbrachten alle unsere Zeit, in dem Garten der Villa herumzulaufen und über Blumenbeete zu springen.
Armer Don Pedro. Drei Jahre nach unserem Begegnen wurde er geisteskrank und lebt seither in einem Schlosse in Österreich unter ärztlicher Beaufsichtigung.
Der Sommer 1887 brachte viel Abwechselung. Meine Eltern, meine beiden Brüder und ich folgten einer Einladung der sächsischen Majestäten nach Schloß Pillnitz.
Bei diesem Besuche in Sachsen sah ich zum ersten Male meinen künftigen Gatten, Prinz Friedrich August.

Meine Brüder quälten mich aufs neue, daß ich nun bald verheiratet würde. »Luisa, du wirst sehen, daß du eines Tages Sachsens Königin wirst.« Ich beschloß in meinem Innersten, mich nie zu was immer für einer Heirat zwingen zu lassen. Zugleich sagte ich mir, daß ich versuchen würde, alles aufzubieten, um genaue Kenntnis über die geheimen Pläne meiner Eltern zu gewinnen.
Königin Carola war sehr lieb und gut zu mir und gab mir zu Ehren einen Ball, der mein erster Ball sein sollte! Natürlich beschäftigte mich meine Toilette ungemein, und ich wählte eine blaßrosa Mousseline de Soie-Toilette mit kleinem Halsausschnitt und kurzen Ärmeln. Zwei lange Stunden brauchte ich zu meiner Toilette, und ich weiß, wie kindlich glücklich ich war und welch unschuldige Eitelkeit mich erfüllte, als ich mich in einem langen Spiegel betrachtete. Mein braunes Haar hatte ich wellig um meine Stirne gelegt und blaßrosa Rosen, zu einem Kranz gefügt, daraufgelegt. Einige schöne Schmuckstücke, die mir Mama für diese besondere Gelegenheit lieh, trug ich um den Hals und an dem zarten, duftigen Kleide.
Friedrich August war nur einundzwanzig Jahre alt und sah sehr hübsch und schmuck in seiner hellblauen, mit Gold verzierten Husarenuniform aus. Wir tanzten viel zusammen, und ich erinnere mich, daß ich ihm sagte, als er seine Pelzmütze auf einen Stuhl stellte: »Schau, das ist eine famose Blumenvase für meine Kotillonbukettln.«
Ich fand Friedrich August außerordentlich liebenswürdig und natürlich, und von allem, was ich in Sachsen sah, war ich entzückt. Die vielen Menschen, die ich kennenlernte, interessierten mich sehr.
Ich war begeistert von den wundervollen Schlössern des Königs von Sachsen, und besonders machte Moritzburg einen großen Eindruck auf mich. Mitten in einem Teich erbaut, umgeben es prachtvolle Tannenwälder von allen Seiten. Das Schloß, welches dem Kurfürsten August dem Starken gehörte, ist ein massiger Bau, den vier runde

Türme schmücken. Das Innere ist mit alten schönen Möbeln, Bildern und Gobelins gefüllt. Prachtvolle alte Cordova-Ledertapeten bedecken die Wände vieler Räume, der große Eßsaal ist mit den seltensten Hirschgeweihen geschmückt, deren Schönheit weltberühmt ist. Hier wird ein Trinkgefäß aufbewahrt, das aus einem Hirschgeweih angefertigt ist und seit mehr denn hundert Jahren in traditioneller Weise bei den Tafeln kredenzt wird und aus dem jeder neue Gast, der nach Moritzburg kommt, trinken muß. Das Geweih wird mit Champagner gefüllt. Aber es ist sehr schwer, aus demselben zu trinken, da die Stelle, wo man zum Trunk ansetzen muß, schwer zu finden ist. Nun ist es kaum möglich, ohne »kleine« oder »große Kaskade« zu trinken, da man sich mehr oder weniger mit dem Inhalt des Geweihs begießt, und diese kleine oder große Kaskade wird unter fröhlichem Lachen des Königs und der Gäste in ein Stammbuch eingetragen, als Kommentar zu dem von dem trinkenden Gast eingetragenen Namen. Moritzburg ist ein schöner Jagdaufenthalt. Der Park und die ihn umgebenden Wälder sind reich an Hirschen, Wildschweinen und Damwild.
Ein reizendes kleines Jagdhaus, das Kurfürst August seinem Minister und Vertrauten, Grafen Marcolini, schenkte, befindet sich auch in dem großen Park. Es ist noch genau in dem Stil des achtzehnten Jahrhunderts eingerichtet, und eines der Zimmer ist voll von ausgestopften Vögeln. Wir wurden von einem köstlich originellen Verwalter herumgeführt, der bei den ausgestopften Vögeln mit gesteigerter Ekstase stets wiederholte: »Seh'n Se hier den Fasan, da war er ganz kleene, hier is er greeßer und da is er, als se'n geschoss'n han'n.«
Ehe wir Sachsen verließen, wohnten wir den militärischen Manövern bei, bei denen wir aber Prinz Friedrich August nicht sahen, da er aus irgendeinem Grunde einen Verlegenheitsanfall hatte und sich nicht zeigte. Wir genossen unseren Aufenthalt aus vollem Herzen, wenn auch keine

Verlobung zustande kam oder auch nur die Möglichkeit einer solchen erwähnt wurde. Es vergingen vier Jahre, ehe die Frage meiner Verheiratung ernstlich ins Auge gefaßt wurde.
Im Winter 1891 ging ich mit Papa nach Wien, und es war vereinbart worden, daß ich Prinz Ferdinand von Bulgarien wiedersehen sollte. Das erste Begegnen ereignete sich, als ich, ein vierzehnjähriges Kind, bei einem Familiendiner neben ihm und seinem Bruder Philipp von Coburg zu sitzen kam. Die beiden Brüder beachteten mich gar nicht und schienen meine Gegenwart ganz zu vergessen, indem sie über mich sprachen. Ihre Konversation wurde ungarisch geführt, und da ich diese Sprache vollständig beherrschte, ward ich in Geheimnisse des intimen Privatlebens der beiden Vettern eingeweiht. Es drehte sich das Gespräch meist um Liebesgeschichten und gewagte Erzählungen, die mir völlig unpassend für Kinderohren erschienen. Trotzdem saß ich völlig teilnahmslos und stumm da, bis das Diner vorüber war. Dann drehte ich mich zu Ferdinand und sagte in fließendem Ungarisch: »Glauben Sie nicht, daß es sehr unvorsichtig ist, wenn man in einer fremden Sprache spricht, ehe man sich vorher vergewissert hat, daß Ihr Nachbar dieselbe nicht versteht?« Ferdinand blickte mich fast erschreckt an. »Seien Sie außer Sorge«, sagte ich beruhigend, »ich könnte unmöglich Ihre Geheimnisse wiederholen.« Auf diese Bemerkung brachen die beiden Brüder in ein verlegenes Lachen aus, und Philipp rief: »Bravo, sie ist ein großartiges kleines Mädel, wir müssen Freundschaft mit ihr schließen.« »Nichts ist so vorsichtig und praktisch«, erwiderte ich darauf, »als jemanden zum Freund zu haben, vor dem man sich fürchtet.« Ferdinand blickte mich mit unverhohlener Bewunderung an und sagte zu Philipp bedeutungsvoll: »Ich habe nie geahnt, daß in Salzburg solch niedliche Pflänzchen wachsen.« Bei unseren weiteren Begegnungen nannte er mich stets: »Ma petite cousine poly-

glotte«, und zeigte stets das größte Interesse an allem, was ich unternahm. Und wenn er mit seiner Mutter, der Prin zessin Clementine von Coburg, durch Salzburg kam, da er sie stets begleitete, fand er immer Zeit, mit mir allein einige Worte zu wechseln.
Mein Vater begünstigte sehr den Gedanken einer Heirat zwischen mir und dem Prinzen Ferdinand. Meine Mutter jedoch mißbilligte eine Verbindung mit der Familie Coburg, da sie dieselbe haßte. Wenn ich mich nicht zu Prinz Friedrich August hingezogen gefühlt hätte, mit dem meine Gedanken sich mehr, als es meine Eltern vermuteten, beschäftigten, so wäre ich vielleicht gar nicht so gegen eine Heirat mit Ferdinand gewesen, da er ein schöner, eleganter Mensch war, der, geistvoll und reich, eine Frau glücklich machen konnte.
Mit dem größten Interesse verfolgte ich meiner Eltern Pläne und Gegenpläne und dachte dabei, daß der Zusehende das meiste vom Spiel zu sehen bekäme.
Eines Tages sah ich, daß Papa in großer Aufregung darüber war, daß ich Prinzessin Clementine von Coburg sehen sollte, und so fragte er mich deshalb, ob ich nicht mit ihm ausfahren wollte, und im Wagen fragte er mich fast scheu: »Wie wär's Luise, wenn wir Tante Clementine besuchen würden?« »Mit größter Freude, Papa«, sagte ich, indem ich versuchte, ein Lächeln zu verstecken, das mir seine zu durchsichtige Schlauheit auf die Lippen zwang. Denn ich wußte, wie glücklich Papa war, wenn er Mama gegenüber sein Spiel gewonnen hatte.
Wir kamen unterdessen vor dem prächtigen, düsteren Coburger Palais an und warteten in einem prachtvollen, eleganten Salon, der einem Garten glich, so viel herrliche frische Blumen füllten die Vasen. Mein Vater war sehr aufgeregt, ich hingegen völlig gleichgültig und ruhig. Da kam auch schon meine Tante. Klein und umfangreich war sie, eine nicht unelegante Erscheinung, die in allem die vollendete Grande Dame verriet. Sie hatte durchdrin-

gende blaue Augen und eine große Nase, und ihr Geist und Urteil waren voll von männlicher Kraft. Leider war Tante Clementine vollkommen taub und gebrauchte ein großes Hörrohr, das wir in sehr unrespektvoller Weise »Kaffeemaschine« nannten, und deshalb wurde die Tante Clementine in unserer Familie allgemein nur »Tante Kaffeemaschine« genannt. Da sie eine außergewöhnlich böse Zunge hatte, erklärten meine Brüder, daß sie den guten Ruf der Leute in ihrer Kaffeemaschine zu Pulver mahle.

Als Prinzessin Clementine in den Salon kam, sah sie mich liebenswürdig, doch scharf an und sagte zu Papa: »Elle est bien jolie, je serai si contente de l'avoir comme fille« (Sie ist recht hübsch, ich würde mich freuen, sie zur Tochter zu haben), worauf sie Papas Arm nahm und in das anstoßende Zimmer ging, wo ein, ich kann es nicht anders benennen, Schrei-Duett begann. Papa schrie seine Hoffnungen und Zukunftsaussichten in das Hörrohr der Tante, und dieselbe verkündete meinem Papa mit lautem Geschrei ihre Heiratsideen für ihren Sohn Ferdinand, und so hörte ich ihre diplomatischen und feinen Pläne mit größter Bequemlichkeit. Papa sprach wenig und schlecht Französisch, und Prinzessin Clementine wenig Italienisch, so daß das gegenseitige Geschrei immer lauter wurde, wenn der Sinn der Gespräche nicht klar und deutlich war. Der Lärm ging mir auf die Nerven, und ich hätte am liebsten meine eigene Ansicht dazwischen geschrien, um meine aufs höchste angespannten Gefühle zu erleichtern. Aber glücklicherweise zwang ich mich zur Ruhe und begnügte mich damit, eine Vase voll Maiglöckchen zu ordnen. Auf der Heimfahrt sah ich Papa schelmisch in die Augen, der eine leise Heiserkeit durch die ungewohnte Stimmanstrengung bekommen hatte.

Er beantwortete meinen Blick mit einem Lächeln. Ich drückte seine Hand und sagte lachend: »Dein Geheimnis ist das meine geworden, und ich werde kein Wort davon

Mama sagen. Aber warum um des Himmels willen hast du nicht ein Megaphon mitgebracht, wenn du mit Tante Kaffeemaschine sprechen wolltest?«

Im Sommer 1891 ging ich mit Mama nach Wien, da dieselbe eine Wallfahrt nach Mariazell plante. Ich habe die Idee, daß sie dachte, die Muttergottes von Mariazell würde ihr einen besonderen Segen für ihre Heiratspläne erteilen.

Während wir in einem kleinen Gasthaus auf dem Weg nach Zell frühstückten, wurde Mama ein Telegramm von Papa gebracht, in welchem er ihr mitteilte, daß Prinz Georg von Sachsen und sein Sohn Prinz Friedrich August am 19. Juni nach Lindau kämen und daß Mama alles aufbieten müsse, um den Besuch bei Erzherzogin Clotilde und ihrem Bruder Ferdinand von Bulgarien rückgängig zu machen! Es war der 11. Juni, und wir hatten Eile zurückzukehren. Unsere fromme Stimmung verflog in den Wind, da weltliche Betrachtungen unsere Gedanken beschäftigten, meine ausschließlich mit den beiden Heiratsprätendenten, denen ich so bald begegnen sollte. Mama entschloß sich, rasch nach Wien zurückzukehren und einen ganz kurzen Besuch bei Erzherzogin Clotilde abzustatten, und so fuhren wir nach zwei Tagen nach Budapest und von dort nach Alcuth, einem prachtvollen Schlosse der Erzherzogin.

Ein ungarischer Viererzug mit einem in ungarische Nationaltracht gekleideten Kutscher erwartete uns an der Station. Die lange Peitsche flog über die Köpfe der Pferde, und eine wilde Fahrt begann, die zwei Stunden dauerte. Wir flogen über sandige Hügel und Felder, wo niemals ein Weg gewesen war. Niemand kann sich vorstellen, was diese Fahrt war. Doch trotz aller Stöße und allen Schüttelns des Wagens konnte ich die wilde Schönheit dieses sonderbaren Landes bewundern, wo Störche auf den Häusern ihre Nester bauten und die Bauern in ihren hübschen, bunten Kostümen auf den Feldern arbei-

teten. Es war furchtbar heiß, und wir waren froh, als wir von ferne des Alcuther Schloßparks ansichtig wurden und in zivilisierte Gegenden kamen. Ich trug ein blaßrosa Batistkleid und einen ebenso blaßrosa Strohhut, den Parmaveilchen völlig bedeckten. Erzherzogin Clotilde, die mit ihrem Gemahl und ihren Töchtern mich aufs liebenswürdigste empfing, lächelte mir bedeutungsvoll zu. Bald darauf erschien Ferdinand. Ich denke immer, daß die Theaterwelt an ihm einen großartigen Opernkönig verloren hat, da er genau so aussah, als wenn er auf der Bühne sich befände und in korrektester, bühnengerechtester Weise um eine Bühnenprinzessin werbe. Zu dieser Gelegenheit, als er um mich warb, war Ferdinand auf das ausgesuchteste gekleidet. Er trug einen tadellosen grauen Sommeranzug mit einem ultraschicken Panama. Er bewegte unausgesetzt seine tadellosen, wohlgepflegten Hände und ließ seine prachtvollen Ringe, die fast unangenehm sprühten, im besten Licht erscheinen.
Seine Stellungen waren einem Narcissus nachgeahmt, und er posierte so lange, bis er überzeugt war, daß seine schöne Gestalt genügend von mir bewundert worden war und ebenso seine Juwelen und nicht zuletzt seine eleganten, ebenso tadellosen gelben Schuhe! Endlich wurde von Ferdinand ein Spaziergang durch den Garten vorgeschlagen, und natürlich schloß ich mich ihm sofort an. Mama ging mit uns, doch bald wurde es ihr zu warm, und wir gingen ihr zu rasch, und so blieb Mama zurück und sah ärgerlich und aufgeregt aus, da sie mich allein mit dem Manne sah, den sie haßte.
Ferdinand schnitt einige Blumen ab, und als er mir einen geschmackvollen Strauß von roten und weißen Rosen gab, sagte er, auf sie deutend: »Wissen Sie, daß diese Rosen und ihre Blätter die bulgarischen Nationalfarben wiedergeben? Ist das nicht eine hübsche Zusammenstellung?«
»Ganz reizend«, erwiderte ich gleichgültig.

»Würden Sie gern Bulgarien kennenlernen, Cousine Luisa?«
»O ja, wenn es nicht ein zu unzivilisiertes Land ist.«
»Ist das alles, was Sie mir sagen können?« rief er aufgeregten Tones. »Dann will ich reden. Ich habe Sie genügend lange gekannt, um Ihre guten Eigenschaften zu schätzen. Ich bewundere Sie, ich fühle mich allein.«
»Gut, dann heiraten Sie«, sagte ich leichthin.
»Ich habe genug davon, da ich in keiner Weise einen Erfolg erzielt habe«, sagte Ferdinand. »Und das ist gut, weil ich nun weiß, daß Sie allein die Frau sind, die ich lieben kann.«
»So lassen Sie mich nur gleich sagen«, antwortete ich mit geheucheltem Ernst, »daß ich Sie weder liebe noch jemals lieben werde und deshalb als Ihre Frau nicht glücklich sein könnte!«
»O Luisa!« beschwor er. »Ich würde alles für Sie tun!«
»Es wäre unnütz«, antwortete ich.
»Aber ich liebe Sie so innig«, bestand er.
Ich verlor die Geduld. »Vetter«, sagte ich, »ein für alle Male: Ich werde Sie nie lieben können.«
»C'est la première fois, qu'une femme me dit cela!« (Das ist das erste Mal, daß eine Frau mir das sagt!) rief er aus.
»Seien Sie vernünftig, Luisa«, sagte er. »Denken Sie, was für eine Macht in meinen Händen liegt!«
»Ich weiß die Vorteile Ihrer Stellung wohl zu schätzen, aber ich weiß auch, daß Sie mir niemals ein wahres Glück zu geben vermögen. Hören Sie, Ferdinand«, sagte ich ernst, »ich bin überzeugt, daß Sie mich nur heiraten wollen, weil ich eine österreichische Erzherzogin bin, und das Wort Erzherzogin steht vor dem Wort Liebe in Ihrem Wörterbuch, und Sie haben Ihren Ministern versprochen, nicht eher nach Bulgarien zurückzukehren, als bis Sie mit einer Erzherzogin verlobt wären. Ich werde Sie niemals heiraten. Gehen Sie zum Herzog von Parma und bitten Sie um die Hand meiner Cousine Marie Luise.« Mit die-

sen Worten drehte ich mich kurz um und ließ ihn stehen, ein Bild der Verzweiflung. Sogar jetzt noch kann ich Ferdinand sehen, wie er mitten in der Sonne und zwischen Rosenbeeten stand und seine großen weißen Hände ringend ausrief: »Oh mon Dieu, mon Dieu!«
Gegen Abend bat er meine Mama, sie möge doch versuchen, meinen Sinn zu ändern; aber sie erwiderte ihm, und das mit viel Wahrheit, daß, »wenn Luisa einmal einen Entschluß gefaßt habe, weder Gott noch Teufel über sie etwas vermöchten«.
An demselben Abend beim Diner saß ich neben dem Oberhofmarschall des bulgarischen Hofes, Grafen Bourbolou, einem ganz interessanten Mann, und da Ferdinand einige junge, hübsche Offiziere in seiner Begleitung mitgebracht hatte, verging die Zeit rasch und angenehm, und ich war lustig und vergnügt.
Ferdinand war jedoch schlechter Laune, und als die Höflichkeit ihn zwang, auf mein Wohl zu trinken, stieß er das Glas auf den Tisch, als wenn er es zerbrechen wollte. Er sprach fast gar nicht und murmelte öfters unverständliche Worte in sich hinein, während er unausgesetzt nervös Brot zwischen den Fingern zerbröckelte. Ich versuchte dann ganz besonders liebenswürdig mit seinem Minister zu sein, mit dem boshaften Hintergedanken, daß der Graf begreifen sollte, was für eine reizende Prinzessin von Bulgarien ich geworden wäre.
Nach Tisch verabschiedeten wir uns und fuhren von Alcuth in derselben wilden Weise zurück, wie wir am Morgen hergefahren waren. Wir stiegen in den bereits wartenden Zug, noch ehe Ferdinand ankam, doch sandte er sofort Graf Bourbolou mit der Bitte, wir möchten ihm die Freude unserer Gesellschaft gewähren und in seinen Salonwagen kommen. Mama lehnte ab, und dieses feindliche Verhalten machte ihn vollends wütend, und ich fürchte, seine Umgebung muß seine schlechte Laune gewiß recht unangenehm gefühlt haben.

Trotzdem hörte Ferdinand auf meinen Rat und heiratete noch in demselben Jahre meine Cousine Marie Luise von Parma, die nach sechsjähriger Ehe starb.
Seine zweite Gemahlin ist Prinzessin Eleonore von Reuß, die beste und liebevollste Stiefmutter der mutterlosen Kinder meiner Cousine.

5. Kapitel

Häusliche Szenen. Die Ankunft des Prinzen Friedrich August von Sachsen. Ich entschließe mich, seine Werbung anzunehmen. Unsere Verlobung. Un cevalier sans reproche. Heiratsformalitäten. Mein Trousseau und Schmuck. Abschied von Salzburg. Die Hofburg. Der Renunziationsakt. Mein Hochzeitstag. Goldene Rosen. Mein kleiner Schleppenträger. Ein alter Aberglaube. Wie dieser zur Wahrheit wurde. Wir fahren nach Prag. Des Kaisers Privat-Luxuszug.

Bei meiner Rückkehr von Wien gingen wir nach Gmunden, meine Großmutter in Villa Orth zu besuchen. Mein Vater wartete dort auf uns, und es wurde zwischen meinen Eltern das bulgarische Fiasko ziemlich heftig debattiert, und Mama triumphierte, daß sie recht behalten hätte. Papa im Gegenteil war die ganze Angelegenheit sehr unangenehm, daß ich Prinz Ferdinands Werbung nicht angenommen hatte, da er fürchtete, eine unangenehme Stunde mit Prinzessin Clementine zu erleben, der er in keiner Weise aus dem Wege gehen konnte. Papas Befürchtungen haben sich auch erfüllt, in dem Tante Clementine, außer sich vor Ärger und Wut, in keiner Weise zu beruhigen war, als sie erfuhr, daß ich Ferdinands Werbung zurückgewiesen und auf die Ehre einer Koburgischen Verbindung verzichtet hatte. Ich fühlte mich recht unglücklich über all den Ärger, den meine Weigerung, Ferdinand zu heiraten, gezeitigt hatte. Aber meine Großmutter tröstete mich, indem sie sagte: »Laß dich niemals zu etwas zwingen, mein Kind, was dir widerstrebt. Dein anderer Bewerber wird dir gewiß besser gefallen. Ich höre, er sei ein lieber, guter Mensch.«
Ich war in großer Aufregung und sorgte mich, daß ich

fürchtete, daß ich zuletzt von meinen Eltern gezwungen würde, mich ihrer Wahl eines Gatten zu fügen, ohne mein eigenstes Gefühl und meine Neigung berücksichtigen zu können. Die gewitterschüle Stimmung zu Hause erhöhte in mir dieses beängstigende Gefühl. Zum ersten Male in meinem Leben hatte ich das schreckliche Empfinden unentrinnbaren Zwanges, den ich in meinem späteren Leben so oft ertragen mußte, und ich weinte bitterlich, als ich meine Stellung mit der anderer Mädchen verglich, die niemals, so dachte ich, zu einer überstürzten Heirat gezwungen würden, die aber freier in der Wahl ihrer Gatten sein konnten als eine arme Prinzessin.

Von Gmunden aus reisten wir nach Lindau, und am 19. Juni kam mein künftiger Gemahl, von seinem Vater und seiner Schwester begleitet, daselbst an. Prinz Friedrich August blieb nur zwei Tage in Lindau und hielt, ehe er abreiste, förmlich um meine Hand an. Als Papa mir dies mitteilte und fragte, was er für eine Antwort dem Prinzen geben sollte, zögerte ich und bat um Bedenkzeit. Ich betrachtete die Angelegenheit von allen Seiten. Ich wußte, wie sehr meine Eltern meine Verheiratung wünschten, und mein unabhängiger Geist verlangte nach einem freien, weiten Felde der Tätigkeit, was mein Salzburger Leben in keiner Weise mir zu bieten vermochte. Ich wünschte an einer Stelle zu stehen, wo ich Einfluß hatte, und der Gedanke, Königin zu werden, schmeichelte meiner ehrgeizigen Eitelkeit; trotzdem ich voll und ganz die Leere und Hohlheit einer solchen Stellung wohl erfaßte, war ich voll Romantik und dachte, daß eine Prinzessin, die ihren Namen in der Geschichte genannt haben will, es nicht schwer haben kann, sich zu einer Kraft für alles Gute umzugestalten. Meine Mädchenträume gingen dahin, die volle und ganze Liebe meiner Untertanen zu gewinnen, und das ist vielleicht der einzige Traum, der zur Wirklichkeit geworden ist, da selbst heute, einsam und verstoßen, Tausende von Herzen für mich schlagen, und

Kronprinz Friedrich August

ich meine Herrscherinmacht über die Liebe des geliebten Sachsenvolkes nie verlieren werde, das niemals mir seine Treue gebrochen und niemals vergaß, mir in meinen dunkelsten, schwersten Stunden Trost zu bringen.
Ich erklärte Papa, daß ich bereit sei, Prinz Friedrich Augusts Gemahlin zu werden, und als diese Nachricht meinem künftigen Gemahl mitgeteilt wurde, kehrte er sofort nach Lindau zurück. Mama hielt darauf, daß ich eine kleidsame Toilette für die offizielle Verlobung anziehen sollte, und so erwartete ich des Prinzen Ankunft in einem blaßblauen Seidenkleid. Ich war furchtbar aufgeregt, denn ich wußte nun, daß ich den Rubikon überschritten hatte, und wiederholte mir immer und immer wieder: »Ob ich wohl glücklich, ob ich wohl glücklich sein werde?«
Als Prinz Friedrich August in den Salon hineingeführt wurde, wo wir versammelt waren, vergaß ich meine eigene Aufregung beim Anblick seiner Verlegenheit. Er vergaß in diesem Augenblick, meinen Eltern, wie bei solchen Gelegenheiten die Eitkette erforderte, den üblichen Kuß zu geben, und ging auf mich, heftig errötend, zu und drückte einen sehr, sehr scheuen Kuß auf meine Stirne. Als die erste nervöse Spannung gewichen war und wir ruhiger und natürlicher wurden, schlossen wir uns eng aneinander. Die nähere Bekanntschaft mit meinem Bräutigam ließ mich seine vielen ausgezeichneten Herzens- und Geisteseigenschaften erkennen, und diese Entdeckungen waren die Quelle großer Freude für mich, da ich nun sicher war, daß meine Verbindung mit ihm ein Glück für mich bedeuten würde.
Friedrich August war ein hübscher, großer und wohlgebauter Mann. Sein offener Ausdruck war durch die besten und freundlichsten Augen der Welt doppelt anziehend. Ich glaube nicht, daß es einen Mann mit edlerem und besserem Herzen wie ihn auf der Welt gibt. Er schien damals, wie er es jetzt noch ist, unfähig, an Intrigen und

Bosheit zu glauben. Das Weib war in seinen Augen das Heiligste auf Erden Seine Ritterlichkeit war ohne Tadel. Seine prächtigen Charaktereigenschaften waren stets seine schlimmsten Feinde, da sein angeborener Seelenadel ihn immer daran hinderte, dem, was berechnende Menschen imstande sind, nachzudenken und zu begegnen.

Was für ein Unglück, daß kein guter Geist bei unserer Verlobung uns gewarnt hat, daß diese scheinbar ideale Verbindung nach elf Jahren durch die teuflischen Intrigen meiner Feinde gelöst wurde, in dem ich von meinem Heim verbannt und gezwungen wurde, anstatt zu versuchen, mich von einem sicheren Untergang zu retten, zu lebenslangem Leid den besten der Gatten zu verurteilen.

Jedoch ließ uns nichts einen Blick in die Zukunft werfen. Mit dem günstigen Eindruck, den Sachsen bei meinem damaligen Besuche auf mich gemacht hatte, verband ich in Gedanken die Erinnerung an Papas Gemahlin, die eine sächsische Prinzessin gewesen, und ich fühlte, daß die innigen Familienbeziehungen unserer beiden Häuser aus mir keine Fremde in der Familie meines Gatten machen würden, was sonst der Fall gewesen wäre.

So sah ich die Zukunft im rosigsten Lichte, und nach allem sagte ich mir, daß ich in keiner Weise Grund zur Sorge hätte. Mein Verlobter war jung, hübsch und betete mich an; selbst über sein scheues Wesen sah ich gern hinweg, denn es bewies mir, daß Friedrich August seine Frauenerfahrungen erst mit mir begonnen hatte und ich in keiner Weise Gespenster der Vergangenheit zu fürchten brauchte. Trotzdem meine Eltern ihre Zustimmung zu meiner Heirat gegeben, mußte die formelle Erlaubnis erst von einem Höheren noch eingeholt werden, nämlich von unserem Familienoberhaupt Kaiser Franz Josef. Mein Vater telegraphierte ihm deshalb mit folgendem Wortlaut: »Je demande à Votre Majesté la permission de donner ma fille Luisa en mariage au Prince Frédéric Auguste de

Saxe« (Ich bitte Ihre Majestät um die Erlaubnis, meine Tochter Luisa Prinz Friedrich August von Sachsen zur Frau zu geben), worauf der Kaiser (der, ehe ihm Papa diese Ankündigung sandte, bereits von allem unterrichtet war) sofort telegraphisch seine herzlichen Glückwünsche sandte, zugleich mit der Versicherung, daß er über die ihm gesandte Nachricht innig erfreut sei.
Die wichtigsten Vorbereitungen waren nun vollendet und mein Hochzeitstag für den 21. November festgesetzt. Nun kam die große Frage des Trousseaus, die das stündliche Gespräch wurde, und während mein Vater damit beschäftigt war, mit den Hofchargen die Hochzeitsformalitäten zu besprechen, staken Mama und ich tief in Toilettengeheimnissen. Ich muß gestehen, daß die Auswahl meiner Toiletten mir große Freude bereitete. Sehr verschieden als die meisten jungen Mädchen, die ihre eignen Kleider auswählen und oft genug auch die ihrer Mütter, mußte ich bisher stets mich nach anderen richten und das annehmen und tragen, was mir gegeben wurde.
Das Trousseau wurde in Wien bestellt, und ich bin überzeugt, es wird alle Frauen interessieren, daß viele schöne Juwelen mit unter der Zahl der ungezählten Hochzeitsgeschenke sich befanden.
Der Kaiser gibt jeder Erzherzogin, die mit seiner Zustimmung in die Ehe tritt, ein Geschenk von hunderttausend Gulden, und zu dieser Gabe erhielt ich außerdem noch ein reizendes Diadem aus Diamanten, Saphiren und Perlen. Mein Bräutigam gab mir prachtvollen Schmuck, der im Besitz seiner verstorbenen Mutter, der Infantin Maria Anna von Portugal war. Er bestand aus einer Riviere Diamanten, zwei Perlbraceletten, die Miniaturen des Königs und der Königin von Portugal mit Diamanten eingefaßt trugen, einer prachtvollen Brosche, ganz aus auserlesenen, großen Brillanten bestehend. Außerdem gab mir mein Bräutigam einen Ring aus Diamanten und Smaragden. König Albert von Sachsen schenkte mir eine Brillant-Ri-

viere und einen wunderbaren Hausschmuck der königlich sächsischen Familie aus Smaragden und Brillanten, Diadem, Kollier, Armbänder und Broschen. Mama öffnete großmütig ihren Schmuckschrank und gab mir reizende Geschenke.
Ich konnte mich in keiner Weise beklagen und fühlte mich wie eine Prinzessin in »Tausendundeiner Nacht«.
Die Wochen zwischen meinem Verlobungs- und Hochzeitstag vergingen rasch, und die Zeit kam heran, wo ich von Salzburg Abschied nehmen mußte. Der Tag, an dem wir nach Wien reisten, stimmte mich durch den Abschied traurig, da ich mit großer Rührung bemerkte, wie man ungern mich überall scheiden sah.
Als wir in Wien ankamen, wohnten wir, wie immer bei unseren Aufenthalten, in der kaiserlichen Hofburg. Am 20. November war meine Renunziation, eine eigenartige Zeremonie, die vor jeder Hochzeit einer österreichischen Erzherzogin abgehalten werden muß.
Nach dem salischen Gesetz, das die Berechtigung auf den Thron den weiblichen Mitgliedern nach Aussterben der männlichen Linie zuspricht, muß jede Erzherzogin vor ihrer Verheiratung ins Ausland auf ihre Rechte auf den österreichischen Thron feierlich Verzicht leisten, ebenso wie auf Erbschaftsrechte. Ein weiser Plan, um das Familienvermögen zusammenzuhalten.
Der Akt der Renunziation wird mit allem Pomp, der dem österreichischen Hof besonders charakteristisch ist, begangen.
Um elf Uhr vormittags des 20. November begleitete mich mein Vater nach dem Thronsaal in der Hofburg, wo die Zeremonie stattfand. Ich trug ein wunderschönes rosa Kleid aus mit weißen Veilchen und Maiglöckchen damasziertem Atlas, und ein Page trug meine fünf Meter lange Schleppe. Der Thronsaal war mit beiläufig vierhundert Anwesenden gefüllt. Mein Bräutigam und alle männlichen Mitglieder der Habsburgischen Familie waren zuge-

Luise von Toscana in ihrer Brauttracht als Marie Antoinette

gen, außerdem Minister, hohe Würdenträger, Generäle und die Vertreter des hohen österreichischen Adels. Es war ein imposantes Ensemble, und einen herrlichen Anblick boten die kostbaren und bunten Uniformen der Offiziere und die goldgestickten, ordenbesäten der hohen Würdenträger. Der Kaiser stand unter dem Thronhimmel. Ich stieg bis an die letzte Stufe des Thrones hinauf, und von dort aus las ich den Renunziationsakt. Eine Galatafel schloß sich dieser Zeremonie an, und der Tag verging in einem Wirbel von Aufregungen.

Am 21. November wachte ich zeitig auf, und in echt weiblicher Neugierde dachte ich sofort, ob ich wohl schönes Wetter für meinen Hochzeitstag hätte. Leider war es nebelig, und ein feiner Sprühregen fiel vom Himmel, und ich fühlte ein klein wenig abergläubische Angst, die aber rasch in der meine ganzen Gedanken beschäftigenden Aufregung der Vorbereitungen zur Trauung unterging.

Mein Brautkleid war reizend und einzig schön. Es gehörte zu der Ausstattung der Prinzessin Anne von Sachsen, und als meine Halbschwester Marie Antionette starb, hinterließ sie jeder von uns Schwestern Schmuck, Spitzen und je einen Manteau de Cour, die von ihrer Mutter herstammten. Mein Manteau und Kleid waren so schön, daß ich es von Anfang an zu meinem Hochzeitskleid bestimmte. Der weiße Moiré antique war mit goldenen Rosen und Rosenblättern in hohem Relief reich gestickt. Das Corsage war ganz glatt, mit Hofausschnitt, wie alle königlichen Bräute tragen. Die lange, schwere Schleppe war mit Girlanden von Rosen gestickt. Die vielen Jahre hatten dem Stoff einen wunderbaren Ton gegeben, und der Effekt der schimmernden Rosen war einzig schön, wenn ich mich bewegte. Auf mein gewelltes Haar war ein Myrtenkranz gelegt. Hinter demselben trug ich ein aus Diamanten angefertigtes Kornährendiadem, Mamas Geschenk, und unter dem Diadem floß der lange Tüllschleier über meine Schultern herab, der mit einer Goldspitze endigte.

Bei der Verheiratung einer Erzherzogin findet keine Ziviltrauung statt. Die nötigen Dokumente, die Trauung betreffend, die Mitgiftsakten wie der Renunziationsakt werden dem Hausministerium des Landes übergeben, welches die neue Heimat der jungen Frau wird. Nur die religiöse Trauung gilt und wird als bindend anerkannt.
Als meine Toilette vollendet war, zog ich mit feierlicher Prozession nach der kaiserlichen Hofburgkapelle. Die lange Flucht der Säle, die ich durchschreiten mußte, war mit einer dichtgedrängten Menge Neugieriger gefüllt. Hofburggendarmen bildeten Spalier.
Ein kleiner, in Rot und Gold gekleideter Page trug meine Schleppe, und ich möchte wissen, ob Graf Harrach sich noch erinnert, wie müde er wurde. Als wir die große Treppe erreichten, blickte ich um und sah das erhitzte Gesichtchen meines kleinen Schleppenträgers und daß das arme Kind, dem die große Last zu schwer geworden, dem Weinen nahe war! Ein großes Mitleid überkam mich, so daß ich stehenblieb und vorsichtig die Schleppe aus den kleinen Händchen meines Pagen nahm und sie über meinen Arm legte, was einen Verstoß gegen die Etikette bedeutete – aber ich konnte des armen Kindes Kummer nicht mitansehen. Endlich kamen wir in die Kapelle, die ein kleiner, dunkler, gotischer Bau ist, der mir aber an meinem Hochzeitstage dunkler denn jemals erschien. Die Mitglieder der toskanischen, habsburgischen wie sächsischen Familien waren bereits versammelt. Auf der linken Seite saß der Kaiser auf seinem Thron. Die Kaiserin war nicht zugegen. Der Fürstbischof von Wien las die Messe, und ehe ich das schicksalsvolle »Ja« sagte, wandte ich mich zum Kaiser mit einer tiefen Verbeugung, als wenn ich sagte wollte: »Mit Eurer Majestät Erlaubnis.« Diese selbe Verbeugung vor meinem Vater wiederholend, sagte ich mein »Ja« so laut, daß alle Anwesenden erschraken.
Kaum war der Gottesdienst vorüber, bildete sich in gleicher Weise wie beim Zug in die Kapelle der Hochzeits-

Cortège, aber da wir die letzten waren, blieben wir stehen und sprachen mit denen, die um uns herumstanden. Friedrich August trug die Uniform der österreichischen Dragoner (König von Sachsen), die ihm ausgezeichnet stand, und wenn er mich so zärtlich mit seinen lieben, guten, blauen Augen ansah, fühlte ich, daß ich sehr, sehr glücklich war!

Es dauerte sehr lange, ehe wir die Kapelle verlassen konnten, und die langen Courschleppen der Damen verhinderten das Vorwärtskommen. Drei der Erzherzöge, die ganz in meiner Nähe standen, wurden ungeduldig, und da sie sahen, daß sie keinen Weg als den über meine Schleppe nehmen konnten, entschlossen sie sich, über dieselbe zu springen. Mein Schwager Otto sah dies und sagte zu mir in sehr erregtem Tone: »Kennst du den habsburgischen Aberglauben, daß derjenige, der über die Schleppe einer Braut springt, in demselben Jahre sterben muß?« – »Nun, jetzt ist es November, so müssen sie sich eilen«, versuchte ich lächelnd zu sagen, da ich sah, wie Otto unter dem Eindruck des Gesehenen stand; ich wußte doch, daß viele Zufälle uns Habsburger in unerträglicher Weise verfolgen.

Der alte Aberglaube erwies sich als wahr. Vierzehn Tage nach meiner Hochzeit starben die Erzherzöge Sigismund und Ernst, und Ende Dezember folgte ihnen der dritte Erzherzog Carl Ludwig, der Bruder des Kaisers und Vater meines Schwagers Otto.

Nach der Trauung versammelten wir uns zu einem Familiendejeuner, das der Kaiser gab. Ich saß neben ihm, und er war außerordentlich gut aufgelegt. Und da die sämtlichen Familienmitglieder dem Beispiele des Allerhöchsten Hauptes folgten, so verschwand bald die Steifheit, und wir wurden die fröhlichste Tischgesellschaft. Ich erinnere mich, daß Erzherzog Karl Ludwig mir zuflüsterte, daß er Friedrich August beneide.

Nach dem Dejeuner ging ich in meine Wohnung und

tauschte mein Brautgewand mit einem grauen Kostüm, schwarzem Jacket und grauem Federhut.
Das Wetter war immer noch nebelig und traurig, und ein feiner Regen sprühte von einem grauen Himmel auf das graue Wien, und als wir zum Bahnhof fuhren, hatte ich die sonderbare Vorahnung von einem unabwendbaren Unglück, über die ich gar nicht hinwegkommen konnte und die ich vergebens abzuschütteln versuchte. Ich sagte mir, daß das trübe Wetter und meine überreizten Nerven daran schuld seien, doch mein instinktives Ahnen ließ es mir als Warnung gelten! Ich brach völlig nieder, als ich von meinem Papa Abschied nahm. Ich umschlang ihn fest mit meinen Armen und klammerte mich an ihn, und wir weinten beide. Erwas schien mir zu sagen, daß die glücklichen Mädchenjahre vorüber seien und daß ich mit ihnen von viel Lebensglück Abschied genommen. Der Kaiser hatte seinen Privatzug zu unserer Verfügung gestellt, um uns bis Prag zu geleiten, wo wir auf Schloß Hradschin zwei Tage zubringen sollten.
Der kaiserliche Hofzug war ein wahres Schloß auf Rädern, mit Schlafzimmer, Badezimmer, und für die Umgebung und Dienerschaft gab es besondere Räume, ein Coupé für den Koch und seine Unterstellten. Die Küche war besonders großartig und praktisch eingerichtet.
Ich war todmüde und hatte arge Kopfschmerzen vom vielen Weinen, und als der Zug sich in Bewegung setzte, legte ich mich erschöpft auf eine Chaiselongue. Friedrich August deckte mich sorgfältigst mit einem Reiseplaid zu, und fast augenblicklich schlief ich ein.
Als ich erwachte, wunderte ich mich zuerst, wo ich wäre; aber sofort wurde mir klar, daß, anstatt Luisa von Toscana zu sein, ich Luisa von Sachsen war, die auf ihrer Hochzeitsreise sich befand. Friedrich August kam und setzte sich neben mich. Wir waren in den letzten Tagen so sehr von Etikette gequält gewesen, daß es uns fast schwer wurde zu verstehen, daß wir allein waren und daß nie-

mand sich zwischen uns stellen konnte, da wir jetzt verheiratet waren. Friedrich August war immer noch scheu, aber liebevoll und voll Aufmerksamkeiten, und immer mehr fühlte ich mich zu ihm hingezogen.
Nach einem kurzen Abendessen im Zuge erreichten wir Prag um elf Uhr ...
Mein Hochzeitstag war vorüber.

6. Kapitel

Der Hradschin und seine Umgebung. Prager Ghetto. Gedanken über das auserwählte Volk. Wir fahren nach Dresden. Erwartungsvolle Ungeduld im Volk. Unser Einzug. Überall Rosen. Das Taschenberg-Palais. Rokoko-Einrichtung und überwiegender schlechter Geschmack. Der Hund, der alle biß. Aufregung und Übermüdung. Wir richten uns langsam ein. Bin fest entschlossen, mein Leben glücklich zu gestalten.

Das kaiserliche Schloß auf dem Hradschin, kurz Hradschin genannt, hat eine wundervolle Lage und überblickt von seiner Höhe Prag und die Elbe. Wir verbrachten daselbst zwei gemütliche und glückliche Tage trotz des ungünstigen Wetters, das für Ausflüge und Kunstbesichtigungen alles weniger denn geeignet war. Wir besuchten das Ghetto von Prag ebenso wie den jüdischen Friedhof, beides seit dem Mittelalter unverändert, daher hochinteressant. Der Friedhof besonders machte mir einen großen Eindruck, und ich dachte, wie sonderbar es sei, daß, obwohl unsere christliche Religion den größten Teil jüdischen Glaubens und äußerer Gebräuche in sich aufgenommen, die Israeliten mit wenig Ausnahmen verhaßt sind, trotzdem besonders in England einige von ihnen die intimsten Freunde von Mitgliedern der königlichen Familie wurden, alte englische Familiennamen annahmen und sich mit Christen verheirateten. Auch ich habe mit meiner Erziehung unwillkürlich eine Abneigung gegen die Israeliten in mich aufgenommen; erst nach meinem großen Unglück aber, und nachdem die Welt, wie sie wirklich ist, an mich heran konnte, habe ich wirklich Juden kennen – und achten gelernt. Ihre ererbte orientalische Lebensanschauung verurteilt sie freilich im gesellschaftlichen Leben zu dem bekannten Ausspruch: »Jude bleibt Jude, wie Russe stets Russe bleibt.« Mit all ihren fremdartigen Eigenschaften besitzen die Isrealiten oft große Genialität, die aus ihnen berühmte Musiker, Schauspieler, Autoren, Ärzte und Rechtsanwälte werden ließ. Das orientalische Blut, welches ihre gelegentlichen Fauxpas im Gesellschaftsleben entschuldigt, entschädigt sie dafür mit einer glühenden Phantasie und künstlerischem Empfinden, und es ist schade, daß, infolge ihrer historischen Entwicklung, Geld und nicht Kunst und Wissenschaft noch immer die Haupttriebkraft dieser Nation ist.

Am 24. November verließen wir Prag, um nach Dresden zu reisen. Dies sollte ein unvergeßlicher Tag für mich werden, der ewig in meinem Herzen fortleben wird.

Von der böhmischen Grenze bis Dresden durchfährt der Schnellzug eine Strecke von drei Stunden, und den ganzen Weg von der sächsischen Grenze bis Dresden stand die Bevölkerung in dichtgedrängten Reihen auf beiden Seiten der Bahnstrecke, um einen Blick von mir und meinem Gemahle erhaschen zu können. Tausend und abertausend Taschentücher wehten, und begeistertes Hochrufen klang uns im Vorbeifahren entgegen. Bei jeder Station hielt der königliche Extrazug, wir stiegen aus, um die Beglückwünschungen der Behörden entgegenzunehmen. Ich wurde jedesmal mit Blumen überschüttet, und kleine weißgekleidete Mädchen überreichten mir prachtvolle Rosen, indem sie Willkommensgedichte aufsagten, die aus dem Herzen des Volkes kamen und Königsliebe und Könistreue der Sachsen mir deutlich zeigten. Ich war überwältigt von soviel Liebe und Herzlichkeit, denn ich hatte niemals solch natürliche spontane Begeisterung gesehen. Ich liebkoste die herzigen Kinder glücklichen Herzens und war stolz und erfreut, wenn das Volk sich um mich drängte und versuchte, meine Hand zu fassen. Es war ein wahrer Triumphzug, dieser Einzugstag, und ich dachte bei mir, wie kindisch ich gewesen, der Vorahnung drohenden kommenden Leides geglaubt zu haben. Gewiß, dachte ich, kein Unglück kann mich in diesem Lande treffen, wo alle Herzen mir so warm entgegenschlagen. Wenn fremde Menschen mich schon lieben, wird die Familie meines Mannes mich auch lieben und ich die glücklichste Frau der Welt werden. Ich suchte mir klarzulegen, was ich Gutes meinem Sachsenvolke tun wollte, und war fest entschlossen, daß ich stets ein Tröster und Freund in Leid und Not denen sein wollte, die meine Hilfe und Liebe anriefen, selbst wenn es der ärmste, elendste Bettler auf der Straße wäre. Ich würde niemals eine unnahbare königliche Persönlichkeit sein, die nur durch andere hören und durch andere sprechen würde, niemals würde ich mich beeinflussen und zurückhalten lassen, das zu tun, wovon ich instinktiv ahnte, daß es das Richtige sei.

Getröstet und beruhigt durch diese schönen Träume, erreichte ich Dresden, berauscht von neuen, ungekannten Glücksgefühlen.

Hier erwartete uns ein ungeahnter, großartiger Empfang. Alles schien vor Freude außer sich zu sein. Die Bevölkerung erfaßte eine ungewohnte Begeisterung, und ich fühlte mich durch den enthusiastischen Empfang der Bevölkerung gehoben und konnte vor Erstaunen und Freude kaum fassen, daß all dieser Jubel mir galt.

Der Galawagen erwartete uns außerhalb des Bahnhofs. Es war eine alte, historische Staatskarosse, wie man sie damals nannte, in Vernis Martin* gemalt, die, von acht Pferden gezogen, nicht unähnlich dem Krönungswagen der englischen Monarchen war. Wir fuhren von einer Ehreneskorte der Königs-Garde-Reiter begleitet, und Überraschung folgte auf Überraschung, als wir durch die Stadt fuhren. Trotzdem es November war, sahen wir überall

* Vernis-Martin-Arbeit: eine Art japanischer Lackmalerei auf Möbeln, Kutschen etc., nach ihrem Erfinder Martin genannt.

Rosen, und die ganze Stadt schien ein blühender Garten zu sein. Die Dächer waren schwarz von Menschen, die Blumen auf uns herabwarfen, und selbst auf die Laternenpfähle waren Leute geklettert, während andere oben auf den Laternenhaltern selbst einen unbequemen Platz gefunden hatten. Die Geschäftsauslagen waren ausgeräumt, Menschen standen oder saßen Kopf an Kopf in den Fenstern, und von allen Seiten drangen Jubel- und Hochrufe zu mir. Der einzige dunkle Punkt an diesem glücklichen Tag war die häßliche Toilette, die für meinen Einzug in Dresden eigens ausgedacht und angeschafft wurde. Wenn mein Geschmack auch ein ganz leises Wort in der Wahl meiner Kleider mitreden durfte, so wurde dasselbe einfach überhört, wenn es sich um Staatskleider handelte, die bei feierlichen Gelegenheiten getragen werden sollten, und mußten. So trug ich, was meine Mama und die Schneiderin für das allein richtige Kleid für meine Ankuft im neuen Heim hielten. Es war hellblaues Tuch mit dunkelblauem Samt ausgeputzt, und dazu ein noisettefarbenes Kape, übersät mit schwarzer Jetstickerei. Es klingt jetzt gräßlich, häßlich und unkünstlerisch, und ich dachte, daß ich wie eine perlenbedeckte und behängte Wilde aussehen mußte. Gräßlich, sagte ich mir, als ich die Jetketten auf meinen Schultern fühlte, und ich verglich die Ähnlichkeit dieses engen, schweren Gewandes mit der Schwere und Beengung der Etikette, die ich so haßte. Wenn das nun wirklich Etikette wäre anstatt eines Kleides, wie beengt und bedrückt würde ich sein, dachte ich müde lächelnd.
Vor dem Rathause wurden wir von dem Oberbürgermeister und seinen Räten empfangen und mußten mehrere Anreden anhören, die stets mit brausenden Hochrufen endeten. Von dem Rathause fuhren wir in das königliche Schloß. Mit viel lästigem und lächerlichem Zeremoniell wurden wir in die großen Empfangsräume geleitet, wo die Minister, die verschiedenen Corps diplomatiques und

Hofchargen versammelt waren, die mir alle vorgestellt wurden. Trotzdem ich sehr müde war, so hoffe ich doch, jedem einzelnen etwas Liebenswürdiges und Geeignetes gesagt zu haben. Fürstliche Personen müssen Spartaner in Selbstbeherrschung und Kunst des Ertragens sein. Doch macht die Gewohnheit uns dies zur zweiten Natur, und wir lernen, in der Öffentlichkeit jede körperliche oder geistige Müdigkeit vollkommen zu verbergen.
Als der Empfang und die Vorstellungen vorüber waren, gingen wir in unser neues Heim, das Taschenbergpalais, von dem ein Teil uns überlassen worden war. Der Hofmarschall unseres Hofstaates, Herr von Reitzenstein, und seine Gemahlin, die meine Oberhofmeisterin war, begleiteten uns, ebenso meine Hofdame, Fräulein Elisa von Ende.
Maler und Dekorateure sind wie Schneider unzuverlässige Leute. Als ich nach dem Taschenbergpalais kam, fand ich, daß die letzten Arbeiten noch nicht beendet waren, und als ich in mein Boudoir trat, gingen zwei Arbeiter gerade heraus, und ohne zu wissen, wer ich war, sagte der eine ziemlich ärgerlich: »Vorsicht, wenn Se rausgäh', de Tir'n sint noch nicht trocken.« Bei näherer Betrachtung ergab es sich, daß sie es wirklich noch nicht waren, die ganze Wohnung roch entsetzlich nach Firnis und Ölfarbe, neuen Möbeln und Teppichen. In meinen Salons waren meine Bücher und Bilder aus Salzburg ohne Ordnung auf dem Boden und auf Tischen übereinandergestellt, und in jedem Raum, in den ich trat, sah es ungemütlich aus. Ich weinte fast vor Ärger, als ich die unkünstlerische Einrichtung meines Empfangssalons sah. Ich, die ich alles Antike liebe, fand im Stil Louis XVI. ausgeführte Rokokomöbel, die nichts an schlechtem Geschmack übrig ließen, da sie weiß lackiert, mit weiß und rosa Blümchen verziert waren, was den Eindruck einer mit rosa Zucker dekorierten, glacierten Torte hervorrief. Mein Boudoir war eine andere Geschmacksverirrung in Eiche mit chau-

dronfarbenen Damastbezügen. Vor allen Fenstern hingen schwere Stores, über die Damastvorhänge in plumpen Draperien und unendlich vielen Schnüren und Quasten aus Seide hingen. Es war alles zusammen gräßlich, und ich raste innerlich, als ich an den schlechten Geschmack desjenigen dachte, der solch geschmackloses Zeug ausgewählt hatte.
Mein Schlafzimmer und anstoßendes Toilettezimmer waren nicht so furchtbar, so daß meine Augen weniger beleidigt wurden. Dort wurde ich mit begeistertem Freudengebell von meinem kleinen Dachshund begrüßt, der an einen schweren Stuhl gebunden war, der mitten in meinem Schlafzimmer stand. Als ich den Grund wissen wollte, warum man das arme Tier angebunden hatte, wurde mir gesagt, es hätte seine Karriere in Dresden damit begonnen, daß es jedermann biß, der in seine Nähe kam. Mein Dachsl war so glückselig, mich zu sehen, daß er den Stuhl umriß, und mit Aufwand aller seiner Kräfte ihn mir entgegenschleppte. Armer Kerl, er fühlte sich, wie seine Herrin, fremd in der Atmosphäre des Taschenbergpalais.
Doch selbst da konnte ich nicht ruhen, denn ich mußte mich sofort zu einem Galadiner anziehen, das am Abend stattfand. Ich war halb tot, als es vorüber war.
Die nächsten vierzehn Tage waren eine fortgesetzte Anstrengung und Ermüdung. Deputationen kamen täglich von allen Seiten Sachsens. Staatsdiners folgten jeden Abend dem ermüdenden Tage; ich war völlig erschöpft und hatte nie einen Augenblick Ruhe, für mich allein zu sein. Die guten Sachsen standen stundenlang vor dem Palais, um uns ausfahren oder ausgehen zu sehen, und liefen selbst dem Wagen nach, um uns zuzujubeln. Ich war ganz wirr und abgespannt und hatte erst Mühe, den Dialekt zu verstehen, der in Sachsen gesprochen wird. Endlich konnten wir uns einrichten und nach all den Aufregungen unser Heim gemütlich gestalten. Ich versuchte erst die Art

und Weise zu finden, wie ich am besten mein Leben einrichten konnte, denn ich fühlte instinktiv, wie schwer meine Stellung sei, nachdem, bereits durch einige kleine Zufälle belehrt, ich erfaßte, daß ich nicht das ideale, glückliche Leben führen würde, von dem ich in meiner seligen Brautzeit geträumt hatte.

7. Kapitel

Eine königliche Familie. Mein Schwiegervater. Sein Fanatismus, Prinzessin Mathilde. Ihre Liebe für Bienen und Ameisen. Ihre Frömmigkeit, Kleidung und Erscheinung. Ihre Neugierde. Prinz Johann Georg. Die Lebensgeschichte der Päpste. Prinz Max. Reinlichkeit und Gottseligkeit. Gegenseitiges Nichtverstehen. »Es ist ein Unglück, daß du in unsere Familie gekommen bist.«

Zur Zeit meiner Verheiratung regierten König Albert und Königin Carola in Sachsen. Mein Schwiegervater, Prinz Georg, der Witwer, war König Alberts einziger Bruder. Der König war ausnehmend gescheit, die Güte selbst, immer sehr liebevoll und gut zu mir, und ich bin glücklich bei dem Gedanken, daß seine Liebe niemals sich mir gegenüber verändert hat. Er nannte mich scherzend »Kleinchen« oder »Kleine« und sagte stets: »Was ich an Luisa am allermeisten liebe, ist ihre gerade Offenheit.« Ich kam wenig mit ihm zusammen, trotzdem waren wir durch innigste Freundschaft verbunden. Königin Carola war eine ausgezeichnete, herzensgute und mildtätige Frau, die nur für Wohltätigkeit und Wohltun lebte. Sie begleitete ihren Gemahl während des Französisch-Preußischen Krieges und pflegte eigenhändig die Verwundeten mit großer Liebe und Geschicklichkeit. Sie war sehr schön gewesen, doch blieb sie stets scheu und zurückhaltend wie in ihrer Jugendzeit. Sie war kinderlos, was das Volk den Jesuiten zuschrieb, die, wie man in Sachsen annahm, in irgendeiner Art und Weise es verhinderten, daß die Königin Mutter würde. Ein anderer Aberglaube gilt in Sachsen, daß die Vorsehung dem jeweiligen regierenden Könige keinen Sohn schenken würde. Seit August dem Starken ist kein

direkter Erbe einem Könige von Sachsen geboren worden, und mein ältester Sohn, der voraussichtlich König wird, erblickte das Licht der Welt, als sein Vater noch nicht Kronprinz war.
Mein Schwiegervater, Prinz Georg von Sachsen, war ein merkwürdiger Mann, eine ausgesprochene Persönlichkeit. Er war groß und leicht vornüber gebeugt, ein großer, eckiger Kopf saß auf breiten Schultern, und das Bemerkenswerte und Auffallende seines Gesichts waren seine kalten, kleinen, blauen Augen, die mißtrauisch unter buschigen Brauen hervorschauten. Als ich meinen Schwiegervater kennenlernte, wurde er rasch kahl und versuchte sorgfältig mit einem »emprunt force« (einer »Zwangsanleihe«) seine spärlichen, grauen Haare von der rechten Seite über die beginnende kahle Stelle zu kämmen, jedoch ohne Erfolg. Er sah gut in Uniform aus, jedoch in Zivil war er sehr schlecht angezogen, und besonders seine häßlichen Gummizug-Halbschuhe, die viel zu viel von dicken, weißen, handgestrickten Strümpfen sehen ließen, waren immer mein Entsetzen. Prinz Georg erfüllte auf das Gewissenhafteste seine Pflichten als Schwiegervater und fühlte zugleich sich auch verpflichtet, die Rolle einer scharfen, unangenehmen Schwiegermutter zu übernehmen. Sein einziger Gedanke war die Erfüllung religiöser Pflichten, und er verstand, diesen so genau nachzukommen, daß von dem Tage meiner Ankunft in Dresden an ich wörtlich mit Frömmigkeit übersättigt wurde. Intolerant wie bigott, geistig beschränkt und engherzig, war mein Schwiegervater ein Fanatiker im reinsten Sinne des Wortes, da er wie von einer Art religiösen Wahnsinns erfaßt gewesen sein muß, um stundenlang vor dem Altar seiner Hauskapelle auf den Knien liegen zu können. Sowie er jedoch die Kapelle verließ, fiel alle Frömmigkeit von ihm ab, und er vergaß Toleranz und christliches Verzeihen, beides Eigenschaften, welche die erste Grundlage zu wahrer Religion bilden.

Prinz Georg erzog seine Kinder systematisch durch Furcht. Es dauerte nicht lange, und eine heftige Auseinandersetzung wegen Religionsansichten entstand zwischen ihm und mir. Königin Carola bat mich, sie bei Eröffnung eines Basars, der zum Besten einer protestantischen Kirche, die notwendig einen Altar brauchte, veranstaltet wurde, zu vertreten. Selbstverständlich sagte ich zu und erfüllte mit Freuden die mir besonders liebe Aufgabe. Denselben Abend war Familiendiner, und ich merkte sofort, daß mein Schwiegervater über etwas ärgerlich war. Es dauerte nicht lange, bis ich darüber aufgeklärt wurde; denn plötzlich drehte er sich zu mir und sagte, daß ich allen Tadel verdiene, da ich meine Religion verleugnete, weil ich einen Basar eröffnete, der zum Besten einer protestantischen Kirche abgehalten wurde. Er tobte, und ich sagte ruhig, daß, obwohl ich in diesem Falle im Auftrage der Königin gehandelt hätte, ich niemals zögern würde, eine ähnliche Einladung anzunehmen, wenn man mich dazu gebeten. Meine Worte gossen Öl auf das Feuer, und mein Schwiegervater arbeitete sich selbst in eine solche wütende Raserei hinein, daß er mich beim Arme faßte und vor der Dienerschaft schüttelte. Das war mehr, als ich ertragen konnte. Ich verließ die Tafel, indem ich Unwohlsein vorgab, und es bedurfte der ganzen Überredungskunst meines Gemahls, mich zu verhindern, dieselbe Nacht nach Salzburg abzureisen. Wie fast alle Tyrannen war Prinz Georg selbst das Opfer der Tyrannei, da er, völlig in den Händen der Priester, nach ihrer Pfeife tanzen mußte. Er benutzte dieselben, um mich auszuspionieren, und scheute sich nicht, einen Priester von Dresden nach unserem Landaufenthalt zu senden, um Messe zu lesen, der ihm dann genau über mein Tun und Handeln berichten mußte. Dieser versuchte auch herauszufinden, welche Art Bücher ich zu lesen liebte.

Einstmals, ich erinnere mich wohl, wurde an mich im Beichtstuhle eine sehr intime Frage gestellt, deren Beant-

König Georg von Sachsen

Prinzessin Mathilde von Sachsen

wortung ich verweigerte, da ich sagte, sie sei nur aus widerlicher Neugierde gestellt worden. Da wurde mir mitgeteilt, daß diese besondere Frage im Auftrage meines Schwiegervaters an mich gerichtet worden wäre. Bedauernswerter, bigotter, intoleranter Mann! Er lebte nicht in seiner Zeit, welche in dem Jahrhundert der Inquisition hätte sein müssen, und ich denke, die größte Freude seines Lebens hätte damals darin bestanden, jeden Tag einer Ketzerverbrennung beizuwohnen, bis der letzte Protestant Sachsens den Scheiterhaufen bestiegen hätte.
Meine Schwägerin Mathilde ist eine große Amateurkünstlerin und posiert gern als Blaustrumpf und Kunstkritikerin der Geschichte und Literatur. Sie malt im großen Stil und bedeckt Leinwand von riesigen Dimensionen mit ihren figuralen Bildern. Wenn Mathilde sich jemals entschlösse, der kleinen Genrebildermalerei sich zu widmen, würden die Geschäfte, die sie mit Farbentuben und Malmaterial versorgt hatten, jammern über die Beeinträchtigung ihrer ausgezeichneten, großen Einnahmen, da sie mit ihr die beste Klientin verlieren würden.
Mathildens Äußeres besteht in großen Linien, und vielleicht deshalb liebt sie in allem den großen Stil. Ich weiß, daß, als sie sechzehn Jahre alt war, sie für hübsch genug gefunden wurde, um als eventuelle Gemahlin des Kronprinzen Rudolf genannt zu werden; aber als letzterer Dresden besuchte, mit der Absicht, Mathilde sich anzusehen, begriff er sofort, daß ihre frischen Mädchenformen bald mit den üppigsten Rubensgestalten wetteifern würden, und er entschloß sich, Mathilde einem anderen Bewerber zu überlassen. Mein Schwägerin ist eine außergewöhnliche Frau. Wir konnten uns nie verstehen, es bestand auch nie eine große und warme Sympathie zwischen uns, da sie mich gerade nur notgedrungen zu dulden schien. Alles Weibliche fehlte ihr ganz, und sie liebte es, als ein ésprit fort zu gelten, der weit über der intellektuellen Sphäre anderer stehe. Sie kümmerte sich gar nicht

um ihre Toilette, obwohl sie stets annahm, daß allein sie die richtigen Kleider für die richtigen Gelegenheiten hatte, und ich erinnere mich, daß sie jahrelang im Theater ein himbeerfarbenes, mit winzigen, grünen Blümchen broschiertes Seidenkleid trug. Das Haar trug sie in völlig eigenartiger Weise und ebenso die Diademfrisur. Ihre Anziehzeit wurde in Minuten eingeteilt, so zwölf und dreiviertel Minuten wurden für eine Hofballtoilette berechnet, fünf und eine halbe Minute für die Dinertoilette, und die Kammerfrauen durften nicht einen Augenblick länger als die angegebene Zeit für die Toilette und Frisur Mathildens verwenden.

Zu meiner Zeit, als ich in Dresden war, suchte Mathilde in der sonderbarsten Art und Weise Stoffe für ihre Kleider aus. Muster, die ihr vorgelegt wurden, hielt sie alle erst gegen das Licht; die durchsichtigsten wurden stets ausgewählt. Ihre Hüte bedeckten gewöhnlich beides: Kopf und Ohren, und ihr Reitkostüm, das den wechselnden Einflüssen der Witterung ausgesetzt war, trug alle Farben. Mathilde ritt leidenschaftlich gern, doch mußten ihre Pferde mit besonderer Sorgfalt ausgewählt werden, damit nicht die armen Tiere unter ihrem Gewicht zusammenbrächen.

Von großer Frömmigkeit, beteiligte sich Mathilde an allen kirchlichen Festen. Ich muß immer an die Fronleichnamsprozession denken, wenn sie in der vorschriftsmäßigen, von der Etikette verlangten dekolletierten Toilette, der Rock vorne sehr kurz, damit sie bequem gehen konnte, durch das Schiff der Kirche wallte, eine riesig große Kerze in der Hand, die überall auf ihrem Wege Wachs tropfte.

Eine ihrer Leidenschaften ist Bienenzüchten, und einstmals empfing sie einen sehr vornehmen Gast in einem kurzen Rock, über den Kopf den Bienenschutzhut gestülpt und dicke Wollhandschuhe an den Händen. Sie war ganz in Bienenstudien vertieft, als der Gast kam, und sie unterhielt ihn sofort mit einer endlos scheinenden Er-

klärung über Bienenzucht und Ameisen. Mathilde sagte, daß sie keine größere Freude kenne, als durch ein Vergrößerungsglas eine Ameise zu betrachten, und man konnte nur mühsam das Lachen unterdrücken bei dem Gedanken, wie die große, starke Prinzessin und die winzige Ameise nebeneinander aussahen. Mathilde tanzte ziemlich viel, als ich nach Dresden kam. Aber sie war unsicher auf ihren Füßen, und so rutschte sie oft auf dem Parkett aus und fiel; der Stoß ihres Auffallens konnte in dem Raume überall gefühlt werden. Sie lief auch Schlittschuh, aber auch da rutschte sie und fiel so oft, daß mein Schwiegervater in seinem Privatgarten eine Eisbahn für sie herstellen ließ. Hier auch versuchte sie die Alpensports, und der Anblick von Mathilde auf den Ski war unvergeßlich. »Mir ist es völlig gleichgültig, ob ein Mann jung oder alt, häßlich oder schön ist«, bezeichnet treffend ihre völlige Gleichgültigkeit dem männlichen Geschlecht gegenüber.
Vor zwei Jahren besuchte sie Varallo bei Novarra, wo ich zufällig mich befand. Doch begegneten wir uns nicht, da ich für einige Tage mich gerade in Florenz aufhielt. Es wurde mir erzählt, daß sie den ersten Eindruck einer großen, dicken Frau machte, die auf einem winzigen Esel saß, und für eine Amerikanerin gehalten wurde. Der Kammerherr wurde von ihr beauftragt, sich gleich nach ihrer Ankunft im Hotel bei dem Direktor genau nach mir zu erkundigen und genau alles über mich zu erfahren, da sie wußte, daß ich in demselben Hotel wohnte. Der Direktor erklärte Mathildens Abgesandten, daß ich abgereist sei, und das schien ihn wütend zu machen; er ging hinauf und betrachtete genau meine Koffer, die auf dem Korridor aufgestellt waren, und versuchte das Zimmermädchen zu überreden, daß sie ihm meine Zimmer zeigen möge. Ich kann keinen Grund für dieses seltsame Benehmen angeben, außer, daß Mathilde dem Kammerherrn den Befehl dazu erteilt hatte.
Am nächsten Morgen wurden die noch schlummernden

Gäste zu ungewohnter Stunde durch lautes Rufen nach Badewasser geweckt. Ein ganzes Regiment von Krügen heißen und kalten Wassers wurde herbeigeschleppt, ebenso das größte Sitzbad, welches das Hotel mit Stolz besaß; aber »après Mathilde le déluge« (nach Mathilde die Sinflut), es brauchte einen halben Tag, um den Fußboden nach dieser Überschwemmung wieder trocken zu bekommen. Um sieben Uhr früh verließ Mathilde das Hotel, um eine Wallfahrt nach der Gnadenkapelle Unserer Lieben Frau von Varallo zu unternehmen, und als sie zurückkehrte, entstand eine heftige Debatte über gewechseltes Geld, das ihr nicht zurückgegeben worden sei. »Ich gehe nicht eher fort, als bis ich meine vierzig Centimes habe«, schrie sie ärgerlich; aber langsam beruhigte sie sich und ging, nachdem sie drei Franken als Trinkgeld hinterließ, das zwischen allen Hotelbediensteten verteilt werden sollte.
Prinz Johann Georg, meines Gemahls Bruder, liest von früh bis abend, und seine Lektüre besteht fast ausschließlich aus Lebensgeschichten der Päpste. Er fragt stets, ob man das Leben dieses oder jenes Papstes kennt, und ist erstaunt und enttäuscht, wenn jemand über dieses Thema nicht orientiert ist und kein Interesse zeigt. Von demselben Schlage wie Mathilde, ist er etwas schwer auf seinen Füßen, was seine Tänzerinnen sofort entdecken, wenn sie befohlen werden, mit ihm zu tanzen. Johann Georg ist, wie es sich für einen Päpstestudientreibenden gehört, tief religiös und von einer hohen Meinung seines Wertes erfüllt. Trotzdem er auf mich egoistisch und unsympathisch wirkt, scheint es mir mit ihm leichter auszukommen zu sein als mit Mathilde. Seine erste Gemahlin war Prinzessin Isabella von Württemberg, seine zweite ist Maria Immaculata, Tochter meiner Cousine, der Gräfin von Caserta. Ihre Schwester Christine heiratete meinen Bruder, Erzherzog Peter; beide Schwestern sind reizende Frauen, die überall Frieden stiften, wohin ihr Weg sie führt.

Mein Schwager, Prinz Max, besitzt viel von seines Vaters Fanatismus, aber er ist dabei ein wirklich guter und überzeugt frommer Mann, der seine Zeit und sein Vermögen für gute Werke der Nächstenliebe verwendet. Einstmals wurde er in Freiburg krank und mußte nach Dresden zurückkehren, da er alles den Armen gegeben und zu viel Entbehrungen und Hunger gelitten hatte. Mathilde wurde abgesandt, ihn von der Bahn zu holen. Da aber sein Vater ahnte, daß Max gewiß in einer wenig prinzlichen äußeren Verfassung ankommen würde, wurde ihm bedeutet, daß er den Zug einige Stationen vor Dresden zu verlassen habe. Max war in einem furchtbaren Aufzug, als er im Familienkreise erschien. Seine Haare und Nägel waren bis zur Unmöglichkeit gewachsen. Sein abgeschabtes priesterliches Gewand glänzte. Die Zehen guckten durch zerrissene Stiefel. Wirklich, er sah alles andere, nur nicht wie ein Prinz oder Priester aus. Ich war entsetzt und fragte ihn, ob er kein Gepäck mitgebracht hätte, worauf er harmlos antwortete: »Nein, ich habe nur eine Zahnbürste, und wenn ich meine Zähne gebürstet habe, benutze ich sie für meine Haare.«
Wir waren von Anfang an entgegengesetzte Elemente. Ich war der Kuckuck im Sperlingsnest oder das einzige künstlerische und originell veranlagte Mitglied einer würdigen Familie der guten Mittelklasse.
Ich vergaß noch zu sagen, daß »Originalität und Phantasie Sünden sind«, und von diesem Standpunkte aus betrachtet, kann ich begreifen, daß ich mich als sehr störendes Element erwiesen haben muß, da ich nicht ihre Erwartungen erfüllte, völlig damit zufrieden, Prinzessin und nicht Weib sein zu dürfen! Jede Äußerung meiner Unabhängigkeit wurde mit Mißtrauen betrachtet, und ich denke, daß alle, Friedrich August ausgenommen, mit meinem Schwiegervater einverstanden waren, als er sagte: »Es ist ein Unglück daß du in unsere Familie gekommen bist, da du niemals eine der Unseren werden wirst!«

8. Kapitel

Mein erster Besuch in Berlin. Kaiser Wilhelm. Was ich von ihm denke. Das grüne Chiffonkleid. Zeremonien und Gebräuche. Der Gespensterwagen im Königlichen Schloß in Dresden. Das Grüne Gewölbe. Kurfürst August der Starke. Seine häßliche Schwiegertochter. Eine mutige Kurfürstin. Im Ernst fortgetragen. Das Schicksal eines geübten Gespenstes. Der erschreckte Hufschmied. Wirklich ein starker Mann.

Dresden machte mir den ersten Winter einen eher trübseligen, bedrückenden Eindruck, da man selten die Sonne zu sehen bekam, und ich war froh, als wir im Januar nach Berlin gingen, um Kaiser Wilhelm einen Besuch abzustatten. Da man, der Etikette gemäß, dem Kaiser in einem seidenen Kleide vorgestellt werden muß, so reiste ich in einem anderen von Mamas Staatsgewändern mit einer häßlichen, dazu passenden Toque. Ehe ich Dresden verließ, wurde ich mit Vorschriften und Ermahnungen überfüllt, und ganz besonders wurde betont, daß ich ja nicht zu rasch aus dem Zuge steigen sollte. Als Zeichen, daß ich Gnade vor dem Kaiser gefunden, würde er mich küssen, jedoch müßte ich nicht versuchen, den Kuß zu erwidern. Ich dachte, daß all dieses Zeug lächerlich sei, da ich nicht die ehrfürchtige Scheu vor Kaisern besaß, die meines Gatten Familie auszuzeichnen schien, hatte ich doch stets einen Kaiser in unserer Familie gehabt. Trotzdem war ich neugierig, Kaiser Wilhelm zu sehen, weil ich wußte, daß ein Mann von ausgesprochenen Zuneigungen und Abneigungen und Charakterstärke mich immer anzog.

Als wir in Berlin ankamen, sah ich auf dem Perron eine Menge farbiger Uniformen, und ich dachte, wer wohl von diesen vielen Uniformträgern der Kaiser sei, da in dieser

Anzahl von Generälen die richtige Wahl schwer zu treffen gewesen wäre. »Embarras de choix« (Qual der Wahl), sagte ich mir, es ist hier zutreffend. Zwei kaiserliche Lakaien stürzten auf unseren Salonwagen zu, um teppichbelegte Stufen an unsere mittlerweile geöffnete Wagentür zu stellen. Da sah ich endlich den Kaiser, und Etikette verflog im Wind. Ich beachtete die Stufen nicht und sprang auf den Perron; sofort, als der Kaiser mich sah, umarmte er mich und küßte mich auf beide Wangen, dann erst führte er mit ritterlicher Bewegung meine Hand an seine Lippen. Ich war so erfreut, daß ich alles vergaß, was ich nicht hätte tun sollen, und erwiderte rasch den Kuß. Generäle wurden mir hierauf vorgestellt, und wir fuhren in das Schloß, wo ich die Bekanntschaft der Kaiserin und ihrer Kinder machte, worauf der Kaiser sagte, er wolle mich selbst bis in meine Wohnung begleiten. Wir gingen so rasch, daß Friedrich August hinter uns zurückblieb, und als wir die für mich bereitgehaltene Wohnung erreichten, zeigte mir der Kaiser das anstoßende Badezimmer. »Ich denke, du wirst ein schönes Badezimmer würdigen«, sagte er lächelnd zu mir. »O ja«, sagte ich erfreut, »ein Bad heißt alles bei mir!« und ich setzte impulsiv hinzu: »Du hast einen großen Eindruck auf mich gemacht, und ich finde, daß du wie das Badezimmer ganz reizend bist.« Der Kaiser lächelte freundlich und schien über meine naive Bemerkung eher erfreut. Abends saß ich neben ihm bei dem Staatsdiner und habe schöne Stunden verlebt, wenngleich die überlaute Musik mich ermüdete und meinen Ohren wehtat. Ich konnte offen mit meinem Tischnachbarn sprechen und bemerkte freudig, daß meine Offenheit ihn in keiner Weise verstimmte oder er dieselbe mißverstand. »Luisa«, sagte er ruhig, »du und ich wollen gute Freunde werden, und später will ich, daß du mein politischer Freund wirst.«
Ich fand in Kaiser Wilhelm einen außerordentlichen Menschen. Er ist genial und besitzt einen eisernen, un-

beugsamen Willen. Seines Wertes ist er sich bewußt; daß er Schmeicheleien zugänglich ist, möchte ich nicht behaupten, aber gern betont er sein unzweifelhaftes Recht, stets den ersten Platz einzunehmen, und während er fraglos eine Autorität in militärischen Dingen ist, versteht er nicht so viel von Kunst oder Musik; seine prächtigen Talente sind, da ehrlicher Rat und uneigennützige andere Meinung sich nicht an ihn herantrauen, nach meiner Ansicht nicht so hoch entwickelt, wie sie es sein könnten. Er kann je wie er will, reizend sein, aber auch das Gegenteil, und letzteres ist dann alles, nur nicht angenehm. Sein persönliches Äußeres ist einzig und auffallend. Es ist sehr elegant und gepflegt. Sein Gesichtsausdruck ist sehr sympathisch und intelligent, und seine wunderbaren Augen sind wirklich die Fenster der Seele dieses beweglichen, rastlosen, brillanten und merkwürdigen Mannes.
Ehe ich am folgenden Tag Abschied nahm, wurde ich zum Tee zur Kaiserin befohlen und sah alle Kinder. Die Kaiserin machte mir den Eindruck einer ausgezeichneten Mutter. Ihr Gesprächsthema berührte nur zwei Punkte, der erste war der unendlich große Trost, den sie in der Religion fand, der andere die Pflege der Kinder, und sie sagte mir stolz, daß sie darauf bestünde, alle ihre Kinder selbst zu nähren.
Der erste Hofball, der nach meiner Hochzeit gegeben wurde, war ein Ereignis, und das Kleid, das ich zu dieser Gelegenheit trug, machte unendliches Aufsehen. Mamas fürsorgliche Liebe hatte auch diesen Fall vorausbedacht, und ein prächtiges, steifes Gewand, das über und über mit schwerer Perlenstickerei bedeckt war, sollte meiner kindlichen, mädchenhaften Gestalt die wahre Würde geben. Ich betrachtete diese Toilette mit wachsendem Widerwillen, und troztdem ich versuchte, einiges der Perlenverzierung zu entfernen und abzutrennen, sah man den Unterschied gar nicht, den die Schere zu machen versucht hatte, und als ich traurig meine schmerzenden Finger ansah, dachte

ich: »Dieses Gewand war sicher für eine Prinzessin gemacht, denn es ist steif und glitzernd wie ein Palais. Ich werde es niemals anziehen, bis ich nicht natürlich und einfach aussehe«, dachte ich mit Trotz weiter. Ich rief meine Kammerfrau und sagte ihr, was ich zu tun entschlossen sei, doch mußte ich bedenken, was ich als Ersatz für das beiseite geschaffte Kleid tragen wollte. Ich dachte eifrig darüber nach, welcher Stoff sich am besten dazu eignen würde, um meinen Traum von Einfachheit voll und ganz wiederzugeben, und ich beschloß, Chiffon zu wählen, der mir für diese Gelegenheit als einzig richtig erschien. Meine Kammerfrau sagte mir, daß sie eine kleine Schneiderin kenne, die rasch ein Ballkleid anfertigen würde. Ich sandte nach ihr, und wir schufen ein künstlerisch vollendetes meergrünes Chiffonkleid. Der Ausschnitt war rund, die Ärmel fast unsichtbar. Ich trug blaßrosa Nelken im Haar, und einige Diamanten glitzerten darin wie Tautropfen. Band aus gleicher meergrüner Seide umschloß die Taille und hielt das in weichen, schimmernden Falten mich umfließende Gewand zusammen. Ich sah jung und mädchenhaft aus, und nichts hätte mir besser stehen können. Ich fühlte in mir den Übermut verkörperten jugendlichen Glücks. Ehe der Ball begann, ging ich in den Salon, wo mein Schwiegervater saß, der mit unzufriedenen Blicken meine Toilette musterte. Mir wurde vorgestellt, daß mein Ballkleid völlig unpassend, ja ganz unmöglich für eine Prinzessin sei; ich tröstete mich jedoch bei dem Gedanken, daß er keine Ahnung von Geschmack hätte, da alles Ungewohnte und Künstlerische an ihm unbemerkt vorübergehe und darum seine Meinung für mich wenig gelte.

Mein Kleid aber machte ein unerwartetes Aufsehen, und tags darauf wurde der ganze in Dresden vorrätige grüne Chiffon ausverkauft. Mein Ballkleid wurde mehr als fünfzigmal kopiert und meine Kammerfrau von allen Seiten mit Bestechungsversuchen überlaufen, damit sie den Na-

men der Schneiderin, die diese entzückende Toilette für mich angefertigt hatte, verriete.
Am sächsischen Hofe gibt es viele merkwürdige und sonderbare Gebräuche und überlieferte Sitten aus den vergangenen Jahrhunderten, und ich glaube kaum, daß sie irgendwo anders als in Dresden zu finden sind.
Am 1. Januar findet das Hofspiel statt, welches darin besteht, daß die Mitglieder der königlichen Familie an kleinen Tischen sich niedersetzen, um Whist zu spielen, nachdem die offiziellen Empfänge und Vorstellungen vorüber sind. Während dieses Scheinspiels defiliert der ganze Hofstaat und alle hoffähigen Mitglieder der Gesellschaft an den Tischen vorbei, indem sie sich tief verbeugen. Natürlich mußten wir die Verbeugungen beantworten, was uns sicher wie lauter nickende Mandarine aussehen ließ, da wir zwei Sachen zugleich, Kartenspielen und unsere Köpfe neigen, ausführen mußten!
Wenn eine Hochzeit am königlichen Hofe stattfand, verlangte eine alte Überlieferung, daß ein besonderes Staatsdiner stattfinden mußte, an dem nur die Mitglieder der königlichen Familie teilnehmen. Die königliche Familie ißt an einem halbmondförmigen Tisch, alle in einer Reihe, und wird von den großen Hofchargen und Pagen bedient. Der Hofstaat sieht bei diesem Galadiner zu, und wenn der König auf das Wohl des glücklichen Brautpaares trinkt, blasen vier Trompeter die in mittelalterliche Kostüme gekleidet sind, auf silbernen Posaunen eine Fanfare. Ich nahm selbst an diesem merkwürdigen Diner zweimal teil, einmal nach unserer Hochzeit und das zweitemal für die Vermählungsfeier Johann Georgs mit seiner ersten Frau, Prinzessin Isabella von Württemberg.
Das letztere Mal erinnere ich mich eines komischen und darum höchst tragischen Zwischenfalls. Einer der Tafeldecker trug eben eine riesige silberne Schüssel mit einem ebenso riesigen Roastbeef herein, als er ausglitt und kopfüber in eine große silberne Blumenvase fiel. Die bereits

vorgeschnittenen Stücke Fleisch (die der Bequemlichkeit halber, schon um das Tranchieren dem Oberhofmarschall zu ersparen, fertig zum Servieren hergerichtet waren) flogen in allen Richtungen auseinander und verstreuten sich auf dem Teppich. Dieses unerwartete Intermezzo versetzte den Pagen, der hinter mir stand, in einen Zustand von großer Verwirrung, und er verschüttete die Bratensauce so ungeschickt, daß sie sich über meine Schultern ergoß und ich fettig vom Hals bis zur Taille wurde, und mit Recht kann ich behaupten, daß mir unzweifelhaft Johann Georgs Vermählungsbankett ewig in Erinnerung bleiben wird.

Die Pagen werden bei Hofe zu allen Gelegenheiten befohlen, und speziell bei Hofkonzerten, wo sie hinter unseren Stühlen zu stehen hatten. Wie oft wurden diese armen, unglücklichen Jungen, die meist zarter Konstitution waren, ohnmächtig und wurden, ehe sie umfielen, von einem Offizier fortgeschleppt.

Eine andere Sitte ist unter dem Namen »Vogelschießen« in Sachsen bekannt, und reicht dieser Brauch bis ins Mittelalter zurück. Jedes Jahr wird ein großer Jahrmarkt in der Nähe von Dresden abgehalten, und die königliche Familie beehrt denselben alljährlich mit ihrem Besuch. Der Jahrmarkt, wie meist alle dieser Art, war eine Sammlung von Schaubuden, kleinen und großen Trinkhallen, wo Würste, Käse und Bier verkauft wurden. Der große Moment dieses Tages ist das »Vogelschießen«. Ein großer hölzerner, buntbemalter Vogel, aus einzelnen Stücken zusammengefügt, die, wenn an der richtigen Stelle getroffen, auseinanderfallen, wird auf einem hohen Mast befestigt und aufgestellt. Das Schießen nach diesem Vogel ist der Mittelpunkt atemloser Spannung von Tausenden. Alle Mitglieder des königlichen Hauses schießen, und ein Beamter ruft dem wartenden Publikum den Namen des Prinzen oder der Prinzessin zu, die gerade ihre Kunst versuchen. Dank der guten Lehrzeit, die ich in der Schule

meines Vaters genoß, bin ich eine gute Schützin und traf den Vogel meist in den Kopf, der schwerste Schuß für Armbrustschützen.
Zu Weihnachten werden ausgezeichnete lange, schwere Stollen gebacken, und die Familien essen diese Christstollen bei ihren Weihnachtsbesuchen zum Nachmittagskaffee, und es gibt kein Heim, wo man nicht dieses Gebäck findet. Ich erinnere mich, daß eines Abends, in der Weihnachtszeit, als Mathilde und Johann Georg zu mir kamen, sie je gegen vierzehn Stücke Rosinenstollen verschlangen und sich dann noch stritten, wer wohl die meisten gegessen hätte.
Wie meist in alten Schlössern, so sollen auch im Dresdner Schloß sich gelegentlich übernatürliche Ereignisse abspielen, und ich kann die Wahrheit eines merkwürdigen Falles beschwören, da ich selbst als Zeuge dabeigewesen bin. Nach dem Brande (am 24. Februar 1895), der fast völlig das Innere unserer Wohnung im Taschenbergpalais zerstörte, wurde uns von König Albert eine andere Wohnung im königlichen Schlosse überwiesen, die seit dreißig Jahren nicht mehr bewohnt gewesen war. Eines Abends, während des Diners, als wir alle lachten und plauderten, wurde unsere Aufmerksamkeit auf Pferdegetrappel und Rollen eines schweren Wagens im Hofe gelenkt, der gerade aus dem Tore zu fahren schien. Natürlich wunderten wir uns, wer das Schloß verließ, und sandten einen Lakaien, der sich erkundigen sollte. Derselbe kam jedoch mit dem Bescheid zurück, daß kein Wagen zur Zeit, wo wir den Lärm hörten, aus dem Schloßhofe gefahren sei. Ich war sehr intrigiert, und als bald darauf das gleiche sich nochmals wiederholte, ließ ich ganz genau nachforschen, jedoch ohne jeglichen Erfolg.
Ich erwähnte diesen Vorfall meinem Schwiegervater gegenüber, der mir erzählte, daß seine alten Tanten ebenfalls in derselben Wohnung dasselbe geheimnisvolle Pferdegetrappel und Wagenrollen gehört hätten und man im-

mer annehme, daß damit Unglück und Leid für die königliche Familie vorausgesagt würde.
Ein besonderes Frühstück wird vom König am Ostersonntag gegeben, an dem die Mitglieder der königlichen Familie und der Hofstaat teilnehmen, und an dem ein geweihtes Ei mit besonderer Formalität gegessen wird. Der König nimmt ein hartgekochtes Ei und schneidet es in so viele Teile, als Mitglieder der königlichen Familie anwesend sind, und jedes ißt sein ihm zugedachtes Stückchen. Nach dem »traditionellen« Ei kommt die ebenfalls historische »Potage à la Reine« (eine Hühnersuppe), worauf kaltes Fleisch folgt. Das Menü ist Jahr für Jahr das unverändert gleiche.
Im königlichen Schloß zu Dresden ist ein berühmtes Museum, »das Grüne Gewölbe« genannt, wo in gewölbten Räumen unterhalb des Niveaus der Straße die herrlichsten Kunstschätze und Juwelen aufbewahrt werden. Daselbst sind herrliche Proben von Benvenuto Cellinis Arbeit, seltene Elfenbeine mit Edelsteinen und entzückende Limoges-Emails aufbewahrt. Neben diesen kostbaren Kunstgegenständen sind die Paruren Augusts des Starken, des prachtliebenden, berühmten Kurfürsten, aufbewahrt, und Knöpfe, Schuhschnallen und Degen in Diamanten, Rubinen, Saphiren und Smaragden bilden eine glitzernde Pracht. Die Kronjuwelen übersteigen alle Begriffe, die man sich von ihnen machen kann, ihre Schönheit schlägt alles. Nicht nur das Grüne Gewölbe allein besitzt all die wunderbaren Schätze, die man dort erwartet.
An einem Regentage gingen wir auf Entdeckungsreisen unter das Dach und in die dort befindlichen Rumpelkammern, und dort entdeckten wir eine Menge der schönsten Möbel, Rollen goldgepreßter Cordova-Ledertapeten, seltene Gobelins, alles dick mit Staub bedeckt, so daß man zuerst nicht imstande war, all ihre Schönheit und ihren Wert zu erkennen. Nach dieser Entdeckung, ich freue mich, es sagen zu können, wurden diese Schätze in guten

Zustand gesetzt und in den verschiedenen Appartements mit großen künstlerischem Geschmack verteilt und aufgestellt.
Ich hatte immer gewünscht, in den Zeiten Augusts des Starken gelebt zu haben, da ich sicher war, daß ich ihn als meinen Schwiegervater bestimmt vorgezogen hätte; auch er hatte eine österreichische Erzherzogin als Schwiegertochter. Sein Sohn und Erbe trat in Mailand, das damals die Hauptstadt einer österreichischen Provinz war, zum Katholizismus über. Der damalige Gouverneur von Mailand war ein österreichischer Erzherzog und hatte eine bezaubernd geistvolle Tochter. In Maria Josefa verliebte sich der damalige Kurprinz Friedrich August, der sich mit ihr vermählte. Die junge Erzherzogin (Tante der Kaiserin Maria Theresia) war gar nicht hübsch und zwerghaft klein, aber eine bezaubernd geistvolle Persönlichkeit, wie ich bereits erwähnt hatte. Bei dem Einzug des neuvermählten Paares in Dresden wurde die junge Braut von zwei außerordentlich hübschen Hofdamen begleitet, die zuerst ausstiegen, als der Galawagen hielt. August der Starke, der bereit stand, seine neue Schwiegertochter zu empfangen, dachte, daß das reizende Mädchen, welches zuerst aus dem Wagen stieg, die Erzherzogin sei, und nahm sie in seine Arme, um sie mit väterlicher Inbrunst zu küssen. Er war unangenehm enttäuscht, als er entdeckte, daß er sich geirrt hatte, und sich zu seinem Sohn wendend, sagte er kalt und mit Nachdruck: »Monsieur, j'aurais cru, que vous auriez meilleur goût.« (Ich hätte gedacht, daß Sie einen besseren Geschmack haben.)
Der Kurfürst war ein galanter Mann, und um die reizende Hofdame zu trösten, daß sie nicht seine Schwiegertochter sein konnte, wurde sie bald darauf zu seiner Maitresse ernannt.
Eine Geschichte, die Erzherzogin Maria Josefa, spätere Kurfürstin von Sachsen, besonders charakterisiert, muß ich hier erwähnen. Während des Krieges mit Preußen

kam Friedrich der Große nach Dresden und bestand darauf, das königliche Staatsarchiv zu öffnen. Die Kurfürstin weigerte sich persönlich, es zu gestatten. Sie stellte sich in eigener Person vor die Tür, und mutig dem König und seinen berühmten Grenadieren trotzend, sagte sie: »Majestät können in diesen Raum nur gelangen, wenn Sie mich von der Stelle mit Gewalt forttragen lassen.« Friedrich war diesmal nicht gerade ritterlich. Er befahl den Soldaten, die Kurfürstin fortzubringen. Die Grenadiere faßten zu, doch das kleine, zwerghafte Persönchen wehrte sich energisch, schlug um sich und kratzte, daß es keine leichte Aufgabe für die starken Grenadiere war, sie festzuhalten.
August der Starke besuchte öfters den Kaiser von Österreich in Wien, und bei einer Gelegenheit wurde dem Kurfürsten ein Zimmer als Schlafgemach angewiesen, das wegen Geisterspuks verrufen war. Nach einem schweren Abendessen zog sich der Kurfürst zurück und legte sich nieder, um zu schlafen.
Er war eben im Einschlafen begriffen, als er Kettenrasseln hörte und eine weiße Gestalt sah, die durch den Raum zu schweben schien. Da der Kurfürst aber in keiner Weise zu erschrecken war und sehr müde dazu, drehte er sich auf die andere Seite und ließ den Geist unbeachtet; bald war er fest eingeschlafen. Des andern Morgens kam der Kaiser und erkundigte sich, wie er die Nacht verbracht hätte. August erwiderte, daß er ausgezeichnet geschlafen habe. Die kommende Nacht wiederholte sich dieselbe Geisterpromenade, und wieder tat der Kaiser ängstlich dieselben Fragen. »Warum, um des Himmels willen, sind Sie so um meinen Schlaf besorgt?« fragte der Kurfürst, der innerlich dachte: »Halt, da steckt etwas dahinter, den Grund will ich schon herausfinden.« Als der Geist wieder erschien, drehte sich der Kurfürst weder auf die andere Seite, noch schlief er ein, sondern sprang behende aus dem Bett, packte den jammernden Geist und warf ihn mitleidlos aus dem Fenster. Am nächsten Mor-

gen wurde dem Kaiser mitgeteilt, daß sein Gast besser denn je geschlafen hätte. »Den Geist habe ich gesehen, wollen Sie ihn sehen?« Damit öffnete er sein Fenster und zeigte seinem entsetzten Wirt ein unordentliches, unbestimmtes weißes Etwas, das in einem Bündel im Hofe lag. Ein paar gebrochene Beine dürften den ungeschickten Spaßvogel daran erinnert haben, daß es sehr unvorsichtig sei, vor August dem Starken sich als Gespenst zum Besten zu geben.

Als der Kurfürst von Wien zurückreiste, mußte er unterwegs bei einer Hufschmiede halten, um eins der Pferde frisch beschlagen zu lassen. Der Schmied tat seine Arbeit schlecht, da faßte August, der ein Mann von außerordentlicher körperlicher Kraft war, das Hufeisen mit beiden Händen und brach es ohne geringste Anstrengung entzwei. Der Schmied erschrak derart, daß er dachte, der Reisende sei Seine Satanische Majestät selbst und lief davon, die Schmiede ihrem Schicksal überlassend. Er kehrte erst wieder zurück, als er vernahm, daß sein sonderbarer Gast schon lange fortgefahren und auf seiner Weiterreise begriffen sei.

Eine andere Anekdote, die ebenso bekannt sein dürfte, beruht gleichfalls auf Wahrheit.

August der Starke gab seinen Freunden große Gelage in dem berühmten Eßsaal auf Schloß Moritzburg. Während des Mittagsmahls rief er meist zwei seiner Staatstrompeter, die auf der Terrasse standen. Der Kurfürst faßte mit je einer Hand einen der Trompeter, und indem er sie mit ausgestreckten Armen fünf Minuten lang über die Terrasse ins Freie hinaushielt, ließ er sie eine Fanfare blasen. Hierauf ließ er die beiden Trompeter ins Gras fallen und kehrte zu seinen Gästen zurück. Nachdem er ihnen so seine Stärke handgreiflich bewiesen, setzte er sein Gelage fort, während die Trompeter die Erinnerung an ihre schmerzenden Glieder über Humpen guten roten Weines vergaßen.

9. Kapitel

Mutterschaft. Geburt des Kronprinzen. Streit mit meinem Schwiegervater. Volksenthusiasmus. »Unsere Luisa«. Häuslichkeit. Landleben. Mathilde und Erdbeeren. Ein »enfant terrible«. Kleinkindergarten. Sozialisten-Kind.

Der seligste Tag meines Lebens war, als ich die bestimmte Hoffnung hatte, Mutter zu werden. Freude und Dankbarkeit durchströmten mich bei dem Gedanken, daß ich, die ich Kinder anbetete, in wenigem ein herziges, kleines Kindchen haben würde, das von mir gepflegt und geliebt, ganz mein eigen sein sollte. Ich dachte mir selbst die Ausstattung des kommenden geliebten Kleinchens aus und wollte, daß mein Kind einfache, bequeme und praktische Sachen tragen sollte, weder Spitzen noch Bänder und unnützes Zeug.

Meine Aufträge wurden vorzüglich von der Firma ausgeführt, der ich die Bestellung der Kinderwäsche übergab. Die Wiege mußte, so entschied ich, eine genaue Kopie unserer vergoldeten Wiege in Salzburg sein. Mama gab mir ein entzückendes Körbchen, in welchem mein jüngstes Schwesterchen gelegen hatte.

Als die Zeit meiner Entbindung herannahte, dachte ich oft in romantischen Träumereien über das zukünftige Schicksal meines Kindes nach. Ich hatte soviel Kälte von seiten der Familie meines Gemahls zu ertragen, daß ich mich sehnte, etwas zum Lieben zu haben, das mir ganz allein gehörte. »Ich werde nie eine Prinzessin für mein Kleinchen sein«, sagte ich mir, »ich werde nur seine Mutter sein, die es von ganzem Herzen lieben kann, und zwi-

schen diese Liebe wird niemals die Etikette treten und uns stören, wenn wir zusammen sind.« Mein Gemahl teilte von ganzem Herzen meine Freude, denn zu mir war er die Güte selbst. Er war so lieb und herzlich, daß ich in keiner Weise mich beklagen konnte. Ach, wie wünsche ich jetzt, daß in diesen damaligen Zeiten, wo ich mich zurückgestoßen fühlte und mir so weh ums Herz war, ich ihm gesagt hätte, wie elend ich war! Vielleicht hätte er mich verstanden. Aber der Stolz und der Wunsch, meinen Mann nicht in Kämpfe zu stürzen, denen er mir nicht gewachsen schien, ließ mich all mein Leid, alle gegen mich gerichteten Intrigen, Demütigungen und Zumutungen, gleichviel ob sie von Fremden oder Verwandten ausgingen, für mich behalten und im tiefsten Herzen verschließen. Mit dieser Unterlassung habe ich unser beider Glück zerstört und meinem unerbittlichsten Feinde Zeit und Gelegenheit gelassen, sein Werk zu Ende zu führen. Der Friedenspreis, den er von mir verlangte, war zu hoch.
Mein ältester Sohn, der Kronprinz von Sachsen, wurde am 15. Januar 1893 nach achtundvierzig Stunden furchtbarer Qualen und Ängste geboren. Die königliche Familie wartete im anstoßenden Zimmer, und Königin Carola kam unausgesetzt herein, um nach mir zu sehen. Sie selbst hatte nie ein Kind gehabt, und ich weiß mich noch genau zu erinnern, wie sie immer wiederholte: »Armes Mausl, armes Mausl«, und wenn sie mich nicht besorgt durch ihre Lorgnette ansah, suchte sie krampfhaft nach ihrem Taschentuch, das sie unausgesetzt verlor. Die Ärzte gaben mir am Ende Chloroform, und das erste, was ich hörte, als ich die Augen öffnete, war ein leises, schwaches Weinen im Nebenzimmer. Etwas, was ich noch niemals empfunden hatte, durchbebte mich, als ich begriff, daß dieses Weinen von meinem eigenen Kindchen käme, dann kam mein Gemahl, vorsichtig ein kleines in Flanell eingewickeltes Bündel tragend, und sich über mich neigend, legte er meinen Erstgeborenen mir in die Arme. Ich bedeckte

das winzige Gesichtchen und die blauen Händchen mit ungezählten Küssen, und als ich fühlte, daß dieses hilflose kleine Wesen so ganz von mir abhing, umschloß es mein ganzes Herz in unendlicher Liebe. Natürlich verlangte ich selbst mein Kind zu nähren; ich war jung, kräftig und gesund, und so schien mir diese Mutterpflicht nur richtig und selbstverständlich. Mein Schwiegervater mit seiner gewohnten anmaßenden Autorität verbot es mir und fügte hinzu: »Prinzessinnen tun derartige Dinge nicht.« Als er aber sah, daß ich meinen eigenen Willen durchsetzen wollte, widersprach er nicht, und für einige Tage wurde ich mit meinem Kindchen in Ruhe gelassen. Am vierten Tage wurde mir jedoch von den Ärzten erklärt, ich dürfte mein Kind nicht weiterstillen; es wurde einer Amme in die Arme gelegt, die besonders von ihnen ausgewählt worden war. Unnütz zu sagen, daß dies von meinem Schwiegervater gutgeheißen worden war. Tag und Nacht weinte ich herzzerbrechend. Ruhelos warf ich mich von einer Seite auf die andere, und jede Stunde, die ich ohne mein geliebtes Kindchen sein mußte, vermehrte die Sehnsucht nach ihm. Die Ärzte waren besorgt, ich würde mich in ein Fieber hineinweinen. Aber es wude dabei belassen, und ich mußte ohne mein Söhnchen bleiben. Ich war darüber trostlos. Hatte ich doch immer geträumt, eine Mutter im wahren Sinne des Wortes zu sein, und das war nun eine arge Enttäuschung. Ich sagte ärgerlich meinem Schwiegervater, daß man mir nicht, er am wenigsten, das Recht, meine mütterlichen Pflichten auszuüben, verbieten könne!

Das sächsische Volk war glücklich, als der Salut von 101 Kanonenschüssen ihnen die Geburt eines Prinzen ankündigte, und die Begeisterung war in Dresden unbeschreiblich. Die lieben Leute überhäuften mich mit Geschenken; besonders für den Mittelpunkt allen Interesses – mein Kindchen – wurden ungezählte Kleidchen, Söckchen, Schuhchen und Wiegendeckchen von den lieben

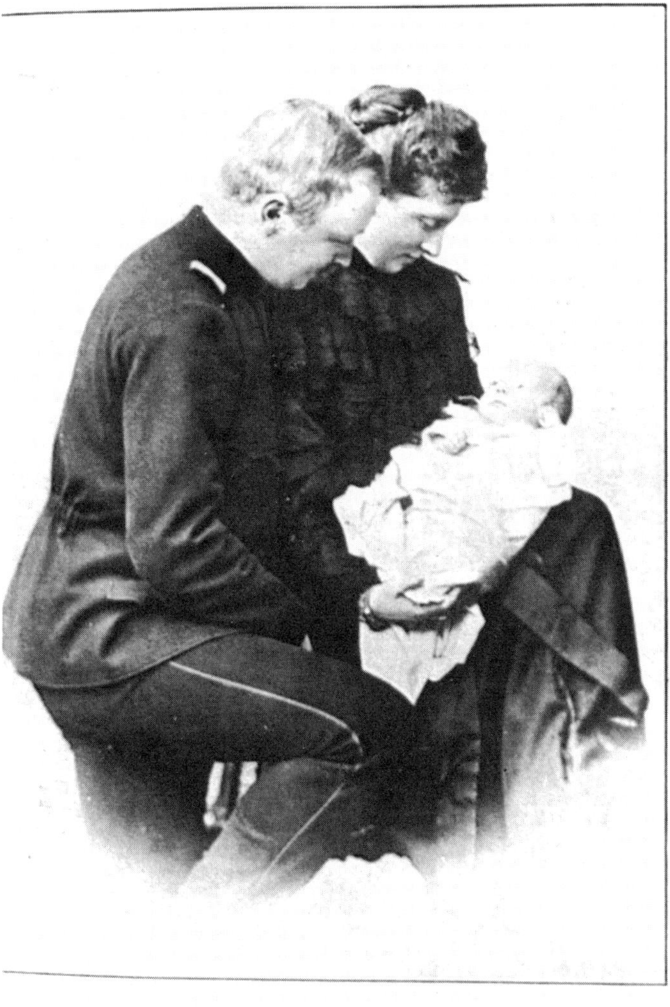

Luise von Toscana und Friedrich August mit ihrem ersten Kind

Friedrich August, Luise von Toscana und ihre Kinder

Dresdner Frauen gesandt. Herrliche Blumen, Briefe voll liebevollster Teilnahme erhielt ich von allen Klassen der Bevölkerung. Mein Söhnchen wurde in der Kapelle des Taschenbergpalais getauft, wo Reliquien zehntausend Heiliger in versilberten Schreinen aufbewahrt sind.
Die Taufe eines königlichen Kindes wird vierundzwanzig Stunden nach der Geburt vorgenommen; meine Kinder trugen alle ein wundervolles Spitzenkleidchen und Häubchen und wurden auf einem mit Spitzen überzogenen Kissen getragen. Ursprünglich war dieses Taufzeug für meine Schwester Marie Antoinette bestimmt und in Sachsen angefertigt worden. Eine sonderbare Zeremonie findet sechs Wochen nach der Geburt des ersten Kindes einer sächsischen Prinzessin statt. In einer wundervollen, dekolletierten Toilette sitzt die Prinzessin in einem der Staatsempfangsräume; das Kindchen liegt schlafend oder schreiend, wie es gerade sein mag, in der Wiege neben ihr. Eine endlose Defiliercour beginnt an ihr und dem Kinde vorbei, und sie ist gezwungen, vor jedem, der vorbeigeht, eine tiefe Verbeugung zu machen. Achthundert Personen bildeten damals diese endlose Defiliercour, und ich war todmüde, lange schon ehe die Prozession vorübergezogen war.
Alle freie Zeit, die ich nur irgendwie erübrigen konnte, verbrachte ich mit meinem Söhnchen, und mit schrecklicher Eifersucht beneidete ich die Amme, die den mir von Recht zukommenden Platz eingenommen hatte.
Am 31. Dezember desselben Jahres wurde mein zweiter Sohn, mein geliebter »Tia« geboren. Wieder war die Freude eine unsagbare, und wieder kam es zu Meinungsverschiedenheiten mit meinem Schwiegervater wegen des Stillens. Wieder, wie das erstemal, erreichte er seinen Willen, und kein Wunder, daß ich ihn haßte.
Mein dritter Sohn, Ernst, war am 9. Dezember 1895 geboren. Ihm folgte am 22. August 1898 ein kleines Mädchen, das gleich nach der Geburt starb, bei der auch mein Le-

ben in Gefahr schwebte. Am 24. Januar 1900 erschien Margarete, und am 27. September 1901 schenkte ich einer anderen Tochter, Maria Alix, das Leben.
Alles Glück, das ich erträumte, fand ich in meinen geliebten Kindern, und ich war stolz und froh, wenn sie bewundert wurden. Liebe und Dankbarkeit erfüllte mein Herz dem sächsischen Volk gegenüber. Es begrüßte mich an meinem Einzugstage in Dresden, und ich weiß, daß ich immer in seinem Herzen weiterlebe. Menschlich fühlend, teilte es mit mir Freude und Schmerz. Die Mauern und Tore des Schlosses bestanden nie zwischen uns, und der Titel, den ich mehr denn jeden anderen schätzte, ist der: »Unsere Luisa«, den es mir gegeben.
Eines Tages, als ich Einkäufe machte, sammelte sich eine große Menge Volkes vor dem Laden draußen auf der Straße und wartete auf mich. Als ich die vielen Leute sah, winkte ich sie nahe zu mir heran und ließ den jetzigen Kronprinzen das Händchen den glücklichen Sachsen reichen. Damals war er ein einjähriges, rosiges, goldblondes, dickes Bübchen. Es war mir immer Herzensbedürfnis, in allem und jedem, was ich tat, natürlich zu sein, und das Volk verstand dies vollkommen und mißdeutete weder mein Tun, noch mißverstand es mich selbst. Wenn mein Schwiegervater die begeisterten Kundgebungen der Volksliebe sah, sagte er höhnisch: »Wie du nach Popularität haschest!« eine Bemerkung, die mich beleidigte und schmerzte, da ich niemals etwas absichtlich tat, mich populär zu machen. Ich nahm stets die innigste Teilnahme an dem Wohlergehen meiner Diener, und mit ihrem ganzen Herzen dienten sie mir. Jeden Morgen sorgte ich für die Küche, besprach mit dem Chef genau das Menü für den Tag und ging oft in die Küche, um nachzusehen, wie die Speisen zubereitet wurden. Da ich immer besorgt war, daß alles, wenn wir ein großes Diner gaben, tadellos sei, ging ich oft selbst in großer Toilette in die Küche, um mich zu vergewissern, daß alles in Ordnung sei. Ich habe

Das Sächsische Königshaus im Jahre 1898
1. Reihe: Die Prinzen Georg und Friedrich Christian,
König Albert, Prinz Georg, Königin Carola, Prinzessin Mathilde
2. Reihe: Luise von Toscana mit Ernst Heinrich und Prinz
Friedrich August, die Prinzen Johann Georg und Max,
Prinzessin und Prinz Albert

Die Kinder im Schulraum des Königl. Schlosses in Dresden.

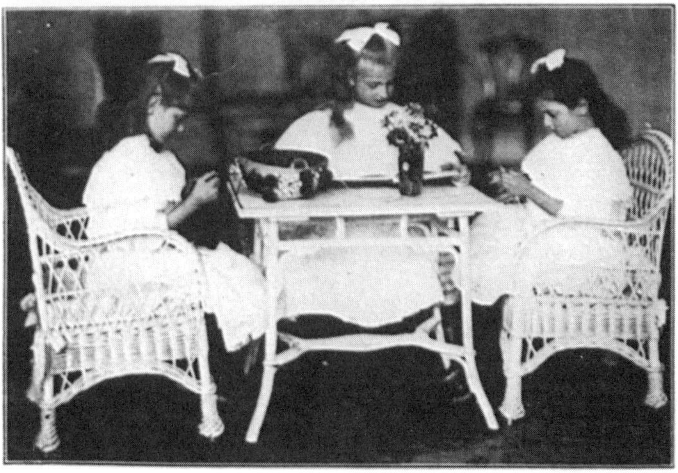

Friedrich August mit Kind und Hund

diese große Liebe zum Haushalt von meinem Vater, dessen ausgezeichnete Schule bei mir nicht ohne guten Erfolg blieb, da ich ohne geringste Hilfe ein gutes Diner kochen konnte. Jedes Jahr bestand Friedrich August darauf, wenn wir in unserer Villa auf dem Lande wohnten, daß ich ein Diner kochen sollte, und er war ganz glücklich, wenn das Menü aus Kartoffelsuppe, gekochtem Rindfleisch, gebratenem Huhn und mehreren süßen Speisen bestand.
Der Aufenthalt auf dem Lande war mir damals besonders lieb, da ich freier atmen konnte und mein Gemahl und ich ein einfaches und glückliches Leben zusammen führen konnten. Ich stach selbst die Spargel, pflückte Erdbeeren, und letztere erinnern mich an eine köstliche Geschichte von Mathilde.
Eines Abends nahmen mein Schwiegervater und sie Abendbrot bei uns ein. Dieses Jahr war Überfluß an herrlichen Erdbeeren. Als sie herumgereicht wurden, häufte Mathilde auf ihrem Teller einen hohen Berg der Beeren, so daß sie von allen Seiten über den Teller herunterpurzelten, zum wachsenden Interesse zwei Paar heller Kinderaugen, die mit Spannung den Vorgang auf dem Teller verfolgten und deren Erstaunen den Höhepunkt erreichte, als Mathilde den Erdbeeren-Monte Rosa mit einem Zukker-Montblanc krönte. Ich hatte den Kindern besonders eingeschärft, daß Gierigsein ein abscheulicher Fehler sei, und der Anblick von Mathildes Teller entsetzte meinen Liebling »Tia« derart, daß er sein gewohntes gutes Benehmen vergaß und in bekümmertem Tone ausrief: »Schau, Mama, Tante Mathilde hat alle Erdbeeren genommen, schau, was sie für eine Patzerei macht!« Ich versuchte vergebens, mein »enfant terrible« zum Schweigen zu bringen. Doch plötzlich rief mein Schwiegervater, der ziemlich taub war: »Eh? Was? Was sagt Tia?« Natürlich getraute ich mich nicht zu wiederholen, was er wirklich gesagt, und alles, was ich tun konnte, war, zu verhindern, daß Mathilde ihren Neffen ohrfeigte.

Die Kinder waren stets um mich auf dem Lande. Ich badete sie und zog sie an, spielte mit ihnen und lehrte sie ihre einfachen kleinen Gebete sagen, und wenn sie krank waren, verließ ich sie weder bei Tag noch bei Nacht. Sie waren mein Stolz, mein Liebstes auf der Welt, und sie belohnten all meine aufopfernde Liebe, indem sie zu schönen, gesunden, prächtigen Kindern heranwuchsen, die beides: natürlich und folgsam zugleich waren. Ich sorgte stets dafür, daß ihre Individualität sich frei und ungezwungen entwickeln durfte, und ich war fest entschlossen, alles zu tun, damit sie weite Begriffe bekämen und in späteren Zeiten mit Selbstzucht ihr Wollen und Wünschen regieren.
Ich kann keinen fruchtbeladenen Kirschbaum sehen, ohne an die längst entschwundenen Sommer zu denken, wenn die Kinder mit mir in den Garten gingen, um Kirschen zu pflücken. Ich kletterte selbst dann auf eine Leiter und warf die purpurnen Früche in die lieben, kleinen Händchen, die sich mir entgegenstreckten. Oh! Glückliche Tage, die ich mit den geliebten Meinen verbrachte, die ihr für immerdar vergangen und entschwunden seid! Der Sommer bringt mir stets brennendes Weh für meine Erinnerung. Der Heugeruch, der Rosenduft, die langen, sommerheißen, müden Tage, die warmen, stillen Nächte, all dieses wühlt im Herzen und scheucht bitteres Leid auf, das ich mit mir durch mein Leben bis an mein Grab tragen werde.
Unser Leben auf dem Lande wurde fast ausschließlich im Freien zugebracht. Wir spielten Tennis, ritten und fuhren und nahmen ein einfaches Mahl im Gras sitzend ein. Ich pflückte stets Blumen für den Tisch, ordnete sie und füllte die Vasen in meinen Zimmern. Die Kinder halfen mir, Ordnung zu machen und die Bücher abzustauben. Es war ein reizender Anblick, den kleinen Bübchen zuzusehen, wie eifrig und geschäftig sie sich bemühten, es Mama nachzumachen.

Ich glaube, mein Sohn Christian (»Tia«) hatte viele Eigenschaften meiner Familie. Er war ein hübsches Kind und ist nun ein sehr hübscher, junger Mensch geworden; er war und ist es noch jetzt: warmherzig und zärtlich. Es wurde mir gesagt, daß er sehr meinem Großvater mütterlicherseits in dessen Jugendjahren ähnlich sehe.
Georg, der nun Kronprinz ist, und sein jüngerer Bruder Erny sind reizende, liebe, begabte Jungen und versprechen viel für die Zukunft durch ihre ausgezeichnete Begabung. Besonders Jury, wie Georg immer genannt wird, ist mein Stolz, und aller Augen hängen mit hoffnungsfreudiger Liebe an dem reizenden, liebenswürdigen Menschen, dem Herzens- und Geistesgaben in so reichem Maße gegeben sind.
Die kleinen Mädchen sind allerliebste Kinder, und wie ich höre, ist Margarete ein echtes »Prinzeßchen« in allem, was sie tut und sagt. Ich bin fest überzeugt, daß der mütterliche Instinkt die starke treibende Kraft in mir ist, und schon als Kind mußte ich stets etwas zum »Bemuttern« haben.
Es genügte mir nicht, meine eigenen Kinderchen zu lieben und anzubeten, ich fühlte, daß ich meine Liebe auch auf anderer Leute Kinder übetragen mußte. Ich war Protektorin einer Kleinkinderbewahranstalt auf dem Lande, die immer überfüllt von herzigen, kleinen Kindern war, in deren Mitte ich mich in meinem eigensten Elemente fühlte und glücklich war. Ich half sie waschen, anziehen, spielte mit ihnen auf dem Boden, ließ die Kleinen über mich kriechen, mich an den Haaren zupfen, soviel sie wollten, und mein Lachen klang mit Kinderjauchzen zusammen! Ich erntete viele Kinderküßchen und Liebkosungen als Dank für mein Bemühen, die Kleinen zu unterhalten.
Eines Tages trug ich ein hübsches Kind auf dem Arm in dem sonnigen Garten außerhalb der Anstalt auf und ab, als ich einen Arbeiter sah, der über den Holzzaun, der die

Straße von dem Garten trennte, lehnte und mich anscheinend mit großem Interesse beobachtete. Ich lächelte und sagte: »Guten Morgen«, und als ich näher trat, konnte ich an dem stolzen, liebevollen Blick seiner Augen erkennen, daß er der Vater des Kindes sein mußte. »Sie müssen das süße Kleine lieben«, sagte ich, als das Kleine vor Freude jauchzend seine Händchen nach dem Vater ausstreckt. – »Wer sind Sie?« fragte barsch der Mann. – »Ich bin Prinzessin Luisa«, erwiderte ich. – »Sie, die Prinzessin?« – »Gewiß.« – »Na, wenn Sie die Prinzessin sind, ist es gut, daß Sie gleich wissen, daß dieses Kind einem verachteten Sozialisten gehört, der alle Prinzen und Fürsten haßt und sie zum Teufel wünscht«, sagte der Mann laut und mißtrauisch. Ich blickte ihn ruhig an, worauf ich sagte: »Ob dieses Kind einem Sozialisten gehört oder nicht, ist mir genau dasselbe, ich sehe nur das süße Geschöpfchen in ihm.« – »Verzeihen mir Königliche Hoheit«, stammelte der Arbeiter, »nun verstehe ich, warum man Sie ›Unsere Luisa‹ nennt.« – Ich erfuhr nachträglich, daß er seiner Sektion erklärte, daß er das Königshaus nicht mehr hassen könnte, seitdem er gesehen, wie liebevoll ich sein Kindchen auf den Armen gehalten hatte.

10. Kapitel

Hofkreise. Arche Noah. Barchent und Häkelspitze. Spiel und Trinken. Der deutsche Kaiser. Seine Macht in Sachsen. Die englische Übermacht. Erzherzog Franz Ferdinand als möglicher Verbündeter. Die Dresdner Oper. Ich sehe von der Galerie zu. Die Halsband-Geschichte. »Faust« am Hoftheater. Königlicher Besuch.

Der Hofkreis bestand während der ganzen Zeit, die ich in Sachsen verlebte, aus einer Sammlung der kleinlichsten, böszungigsten und eingebildetsten menschlichen Wesen, die ich mir nur denken kann. Ich gab dieser Sammlung den Spitznamen »Arche Noah«, und wirklich, einige dieser Leute, mit denen ich in Berührung kam, könnten nicht besser als antidiluvianisch bezeichnet werden. Ich wunderte mich oft, warum sie überhaupt existieren mußten, da sie, wie meist alle überflüssigen Personen, das ausnehmende Talent hatten, andere entsetzlich und tödlich zu langweilen und sie mit kleinen Nichtigkeiten zu quälen. Die sächsische Aristokratie hat die verdorbene, ungesunde Idee, daß ihr Beruf im Leben darin bestände, den Schein aufrechtzuerhalten, und ich glaube wirklich, daß sie überzeugt sind, daß Gott sie dazu geschaffen hat, um der bewundernden Welt zu zeigen, daß es keinen Vergleich mit ihrer Vollkommenheit gibt. Ihr Adels- und Rangstolz ist widerwärtig für jeden, der Interessen und einen weiteren Horizont hat. Unter dem Vorwand, ihre eigene Tugend zu beschützen, versuchen sie sogar mit unterirdischen Mitteln, Einsicht in Angelegenheiten zu gewinnen, die sie gar nichts angehen. Sie leben, bewegen sich als vollkommene Automaten, da sie steife und ausdruckslose holländische Puppen unserer Kinderzeit sind.

Die Mehrzahl der aristokratischen Familien ist nicht mit viel Reichtum gesegnet, und die Toilettenfrage der Frauen beschäftigt sie wenig. Sie hatten keine Eleganz und waren meistens zu schwerfällig und beschränkt, um selbst einen harmlosen Flirt zu verstehen.

Ich betrachtete einige dieser Erscheinungen der aristokratischen Damenwelt mit der Verzweiflung der Hoffnungslosigkeit, je eine Änderung zu sehen. Bei Hofbällen hatte ich öfters Gelegenheit, über komische Zwischenfälle zu lachen, die die tödliche Langeweile dieser zeremoniösen Funktionen erfrischend unterbrachen.

Ich erinnere mich bei einer Gelegenheit, daß auf einem Hofball ein junges Mädchen auf dem glatten Parkettboden ausglitt und sehr ungraziös fiel, so daß aus dem Kleiderrökkedurcheinander ein Paar wenig anziehender Beine mit ganz merkwürdiger Strumpfbekleidung zum Vorschein kam. Da seidene Strümpfe augenscheinlich nicht für nötig erachtet schienen, so trug das junge Mädchen ein Paar der Sparsamkeit halber angestrickte baumwollene Strümpfe. Außerdem trug sie einen rotweiß gestreiften Barchentunterrock, und ein flüchtiger Blick auf ihre Wäsche überzeugte, daß die junge Dame zu den treuen Anhängerinnen von Kaliko und Häkelspitze gehörte und Linonbatist und Spitze, als zu teuflischem Luxus gehörend, verdammte.

Die höhere Mittelklasse und die kaufmännische Gruppe sind das Rückgrat der sächsischen Nation, und diese sind glücklich, daß sie frei von albernem Getue und Stumpfsinnigkeit der Aristokratie sind. Sie allein sind die »Intellektuellen«, die denken und verstehen können, und ich darf hinzufügen, die einzigen, die in meiner Achtung gelten.

Der wohlhabende Kaufmann ist besser erzogen und viel angenehmer als was immer für ein protziger Hofmarschall, und der gewöhnliche, geistvolle Rechtsanwalt oder Arzt steht weit über dem sogenannten geistvollen Hofmann.

Wenn ich in meinen Gedanken gegen das unmögliche Leben, das ich zu führen gezwungen war, mit Händen und Füßen schlug, so wünschte ich stets, daß es mir vergönnt wäre, ein gründliches Aufräumen in meiner Umgebung vorzunehmen, und das diejenigen, bei denen man einen Loskauf nicht mehr erwarten durfte, in die Rumpelkammern geschafft und für immer dorthin verbannt blieben.
In Adelskreisen wurde zu viel Freiheit dem Spiel und Trinken eingeräumt, und junge Offiziere besonders, die wenig Vermögen besaßen, steckten bis über die Ohren voll Schulden.
Sachsen ist von der Gnade Kaiser Wilhelms mehr oder weniger abhängig, der von weitem alle Ereignisse betrachtet, und niemand wagt es, irgend in direkter Weise dem Mars von Berlin entgegenzutreten. Die Armee ist völlig von ihm beeinflußt, und trotzdem es mit aller überzeugungsfähigen Kraft abgeleugnet wird, ist er die unsichtbare befehlende Macht, und trotz vieler geheimer Unzufriedenheiten kommt es nie zu offenem Ausbruch oder zur Rebellion. Wäre ich in Sachsen geblieben, ich glaube, ich würde mit dem Kaiser auf bestem Freundesfuß gestanden haben, da ich niemals das Mißtrauen gegen ihn teilte, welches stets das vorherrschende Empfinden war, wenn über ihn geurteilt und gesprochen wurde.
Ich glaube nicht, daß er eine Vorliebe für England hat, und niemand kann dies besser beurteilen als die Engländer selbst. Es ist unterhaltend zu beobachten, daß, wenn der Kaiser bei der englischen königlichen Familie auf Besuch ist, die Zeitungen stets auf die Bande der Blutsverwandtschaft hinweisen, die die beiden fürstlichen Häuser verbindet. Aber jedermann weiß, daß, im Grunde genommen, Wilhelm niemals Rücksicht auf seiner Mutter Verwandten nehmen würde, wenn dieselben in die Waagschale gegenüber den Interessen seines eigenen Volkes zu liegen kämen.
Ich glaube nicht, daß eine Möglichkeit besteht, die einen

»Überfall« in England zu befürchten erlaubt. Ich glaube auch nicht, daß der Kaiser jemals der Verbündete Österreichs gegen England werden würde, wenn ein Krieg ausbräche. Viel wurde in der letzten Zeit über meinen Vetter Franz Ferdinand, den zukünftigen Kaiser von Österreich, geschrieben, von dem man glaubt, daß er diese Idee begünstigen soll. Aber ich bin überzeugt, daß er nicht den Wunsch hat, mit irgendeiner Nation in Unfrieden zu sein, auf jeden Fall, solange ich ihn kannte, interessierte er sich für Politik gar nicht. Ich sah ihn damals kurz vor seiner Vermählung mit der geistvollen Gräfin Sofie Chotek, und er verbarg mir damals nicht, wie schrecklich ihm der Gedanke, Kaiser zu werden, sei. »Ich ziehe es vor, auf die Jagd zu gehen«, sagte er. »Lieber ein ruhiges Leben; ich war nie imstande, mich mit Politik abzuquälen.«
Seit seiner Vermählung, so habe ich gehört, soll Franz Ferdinand den Jesuiten vielen Einfluß einräumen. Seine Gesundheit soll sehr erschüttert sein. Vor zwei Jahren war er in Ägypten und sollte, wie man sagte, völlig genesen zurückgekehrt sein. Aber es wurden Gerüchte verbreitet, die sagen, daß er wieder von seinem alten Lungenleiden erfaßt worden sei.
Der Fünfuhrtee ist in der Dresdner Gesellschaft auch bekannt, jedoch ersetzt Kaffee und Kuchen den Tee mit Butterbrot. Es ist eine gräßliche Einrichtung, aber der Wirtin und ihren Besuchern sehr erwünscht, daß in den Zwischenräumen, wo der Kuchen gierig verschlungen wird (das ist eine Art, wie ich ihr Essen beschreiben kann), sie eifrig sich mühen, auch den guten Ruf und Namen anderer Leute zu verschlingen.
Ich war mit Etikette von allen Seiten umgeben, und ein Außenstehender vermag es sich nie vorzustellen, wie furchtbar diese Qual war. Mein Geist war wie in einem Gefängnis eingeschlossen. Wenn ich versuchte, natürlich zu sein, wurde ich sofort von der Familie meines Gemahls unterdrückt, und obwohl Friedrich August sehr treu und

wie ein guter Kamerad zu mir stand, so gelang es ihm nicht, die kindische Furcht vor seinem Vater abzuschütteln. Ich sagte immer, daß allein meine Oberhofmeisterin tun konnte, was sie wollte, und sich jede Freiheit herausnehmen durfte, da es der Gebrauch ihr gestattete, mein Schlafzimmer unangemeldet zu jeder Zeit, wenn es ihr paßte, zu betreten.

Eine Oase in dieser trostlosen Wüste des Hoflebens war die Oper, die ich, soviel es mir möglich war, besuchte. Beide, die Oper und das königliche Schauspielhaus, sind unter der völligen Kontrolle des Königs von Sachsen, der alle Auslagen bestreitet. Die Oper kostete früher jährlich drei Millionen Mark. Wie liebte ich die Vorstellungen! Bühne, Schauspieler, Zuschauer verschwanden. Ich hörte nur die wundervollen Stimmen und die vollendet schöne Musik, die meine Seele mit Begeisterung füllte und mich in eine andere Welt trug, wo ich frei herumwandern durfte.

Als hohe Gönner der Kunst und Musik war natürlich die königliche Familie mehr oder weniger stets im Vordergrund, und ich wunderte mich oft, wenn ich in dem vollen Hause Umschau hielt, ob die Mehrzahl der Zuhörer wirklich Musik schätzte oder nur in die Oper ging, um sie, weil die andern auch gingen, mitanzuhören. Mich gingen die Gefühle der aufgeputzten Puppen, die ich herzlich haßte, nichts an; aber ich war neugierig, die Meinung der denkenden Klasse zu erfahren. Zuletzt wurde meine Neugierde so groß, daß ich mich entschloß, es selbst herauszufinden, und ich entschied mich, von der Galerie aus wie ein gewöhnlicher Zuschauer die Oper und die Mitglieder der königlichen Familie zu sehen. Ich zog die alte Kinderfrau meiner Kleinen ins Vertrauen, und es ist wohl nicht nötig zu sagen, daß sie zuerst entsetzt war und beunruhigt meinen Vorschlag aufnahm. »Es ist unmöglch, Kaiserliche Hoheit«, sagte sie, »denken Sie nur, wenn wir erkannt würden und Ihr hoher Herr Schwiegervater davon

erführe!« Ihre sorgenvollen Einwände wurden aber bald von mir völlig beseitigt, und langsam begriff sie den Sinn dieses geplanten Abenteuers.
Eines Abends verkündete sie mit größtem Ernst den Kammerdienern, Lakaien und anderen Dienstboten, daß die Prinzessin heftiges Kopfweh hätte und ungestört ruhen wollte. Wir verloren keine Zeit mit unseren Vorbereitungen, und mit Hilfe einer roten Perücke, die mich unkenntlich machte, einem einfachen schwarzen Kleid und ebenso einfachem Hut verwandelte ich mich in eine kleine bürgerliche Frau. Wir stahlen uns aus dem Palais durch einen Seiteneingang und kamen glücklich ganz unbeobachtet hinaus. Es war eine herrliche, kalte Winternacht, und die frostige Luft und das Abenteuergefühl gaben mir ein köstliches Gefühl von Freiheit, Übermut und Lebenslust. Wir gingen durch den Schnee nach dem Opernhaus, und ich fühlte mich unerkannt und sicher, als ich für unsere Plätze zahlte und endlich in einer eng aneinandergepreßten Reihe Menschen auf der Galerie saß. Ich war furchtbar erregt und so froh, zwischen meinen lieben Sachsen zu sein. Ich war ganz glücklich, und als meine Nachbarn zu mir sprachen, war ich glücklicher denn je und lächelte verstohlen, als ich überlegte, wie sie mich angestarrt hätten, wenn sie gewußt hätten, wer ich war. Von meinem vorteilhaften Winkel aus beobachtete ich mit riesiger Spannung die Ankunft meiner hohen Familie. Zuerst nahmen der König und die Königin in der königlichen Hofloge Platz, dann erschien Mathilde in ihrem berühmten himbeerfarbenen Kleid, dann Johann Georg, der von Päpsten zu träumen schien, und zuletzt mein lieber und herzensguter Gemahl, der so hübsch aussah und mit seinem Vater zugleich in die Loge trat. Als das Volk den König und die Königin erscheinen sah, wurden von allen Seiten Bemerkungen gemacht, und es ward mir wirklich schwer, nicht zu lachen, als ich die Urteile und treffenden Witze hörte, mit denen die Leute je-

des einzelne Mitglied der königlichen Familie bedachten. »Wie lauter Mumien sehen sie aus«, rief ein junges Mädchen. »Mathilde ist zu geizig, um sich ein neues Kleid zu kaufen, das, was sie anhat, ist ein alter Bekannter«, bemerkte eine andere. »Wie schade, sie sollte etwas nehmen, um ihr Fett loszuwerden«, meinte eine dritte. »Wie streng Prinz Georg aussieht. Es würde ihm guttun, wenn er den Ballettproben beiwohnen wollte, anstatt soviel in die Kirche zu gehen«, und jedermann kicherte bei diesem gewagten Ausruf, ich selbst mit, denn das Bild von meinem Schwiegervater, wie er die Balletteleven in Gazeröckchen in den Schritten, welche sie machen sollten, unterrichtet, war doch zuviel für meinen Ernst.
Und dann lief die Frage von Mund zu Mund: »Wo ist Luisa?« – »Sie ist spät dran.« – »Vielleicht kommt sie gar nicht.« – »Wie schade! Sie ist das einzige menschlich denkende und fühlende Wesen von allen zusammen.« Und immer ging es so weiter, bis der Vorhang sich hob. Ich blieb für einen Akt und war erstaunt zu entdecken, mit welchem Kunst- und Musikverständnis die Leute urteilten und wieviel sie von Bühnentechnik und Mimik verstanden. Es war eine Offenbarung für mich, und zu meiner großen Befriedigung bewies es mir, daß meine Annahme der großen geistigen Fähigkeiten der Mittelklassen eine ganz richtige war.
Als ich mit meiner ahnungslosen Familie Tee trank, da sie von der Oper zurückkehrte, und ich meinen Schwiegervater anblickte, dachte ich, daß, wenn er von meiner Eskapade wüßte, er mich ohne Zweifel für den Rest meines Lebens in ein Kloster sperren würde.
Die Oper verbindet für mich immer die Erinnerung an ein Ereignis, das ich als »l'affaire du collier« beschreiben will. Wie jedermann weiß, haben die Smaragde des Königs von Sachsen einen weltbekannten Ruf, und als ich heiratete, wurden sie mir zum Tragen überlassen. Es war ein prachtvoller Schmuck, der aus Diadem, Halsband

und Armbändern aus Smaragden und Diamanten bestand. Ich war glücklich, solch prachtvolle Steine zu besitzen, aber ich mochte die schwere und altertümliche Fassung nicht und bat um Erlaubnis, das Halsband umfassen lassen zu dürfen. Die Pracht der Steine und mein künstlerischer Geschmack halfen mir, ein ganz neues Collier zu bestellen, das in reizender, vollendet schöner Renaissancezeichnung ausgeführt wurde. Ich beschloß, es bei einer Galavorstellung zum ersten Male zu tragen, und wählte ein reizendes rosa Chiffongewand, das wunderbar zu der geheimnisvollen grünen Pracht der Steine passen mußte. Ich setzte mich mit bewußtem Stolz in meine Loge, die sich gegenüber der königlichen Hofloge auf der anderen Seite des Opernhauses befand. Als die Majestäten mich sahen, starrten und starrten sie immer wieder mit den Operngläsern nach meinem Collier. Eine wispernde Beratung fand statt, und ich wurde in die königliche Hofloge hinübergerufen. Der König empfing mit sehr kalt und fragte mich, wie ich es wagen könnte, den königlichen Familienschmuck zu ändern. »Nun«, versetzte ich ohne Scheu, »ich wagte es, weil die Fassung häßlich war. Die Smaragde wurden mir zum Tragen überlassen, und ich mochte sie nicht in ihrer Originalfassung, und ich denke, sie sind jetzt zehnmal schöner.« Eine gräßliche Szene folgte. Stimmen wurden laut, ein heftiger Streit begann, und die Theatergäste in den Parkettplätzen, die mit Spannung und dem größten Interesse zuhörten, wurden Zeugen dieses unwürdigen Streites.

Es schien stets, als müßten wir über irgend etwas zu streiten haben, und ich erinnere mich, wie böse mein Schwiegervater über eine Vorstellung von »Faust« wurde, die im königlichen Schauspielhaus gegeben wurde. Ich will nur daran erinnern, daß eine Stelle im »Faust« sehr respektlos über die Gier der römisch-katholischen Kirche spricht, und diese beleidigte Prinz Georg derart, daß er befahl, daß der Schauspieler diese Stelle auszulassen hätte. Als

Faust das nächstemal gegeben wurde, ließ der Schauspieler die verbotene Stelle absichtlich nicht aus, mit dem Erfolg, daß mein Schwiegervater augenblicklich das Theater verließ, und er war boshaft und niedrig genug anzugeben, daß ich es gewesen wäre, die den Schauspieler darin bestärkt hätte, seinen Befehlen zu trotzen.
Selten bekamen wir königlichen Besuch in Dresden. Der König von Siam kam einmal, und große Festlichkeiten wurden ihm zu Ehren gegeben. Sein Neffe, ein gescheiter Mann, begleitete ihn, und es interessierte und amüsierte mich, seine Bemerkungen über unseren Hof zu hören. Der König selbst war dumm. Er wiederholte unverändert jedem, den er begegnete: »How did you enjoy your trip?« Aber da niemand wußte, welche Reise oder welchen Ausflug er meinte, war es schwer, eine Antwort zu geben. Chulalongkorn besuchte die Galerien; die einzigen Bilder, die er mit seinem Interesse beehrte, waren nackte Figuren, und er ging mit königlicher Gleichgültigkeit an anderen Meisterwerken vorüber.
Der Herzog von Connaught kam auch nach Dresden, und ich denke, mit dem Auftrage, jemandem der Familie einen »Garter«* zu überbringen. Ich war von seiner angenehmen Persönlichkeit überrascht. Er schien Eigenschaften zu besitzen, die ihn jedermann lieb und wert erscheinen machten, die ihn kennenlernten, und ich glaube, daß er ein Mann von gesundem Urteil und nicht geringer Geschicklichkeit in militärischen Dingen ist.

* Kurz für »order of the Garter«, der englische Hosenbandorden

11. Kapitel

Warum und wofür. Erklärungen. Gemischtes Blut. Eine Geschichte der französischen Revolution. Die Radfahraffäre. Ich werde zurechtgewiesen. Kleinliche Tyrannei. Die Perlenhalskette. Rezept für die volkstümliche Königin von Sachsen.

Dem schwierigsten Teil meiner Geschichte nähere ich mich nun, und der besteht darin, der Außenwelt gegenüber die Verhältnisse und Ereignisse zu zeigen, die mich schließlich dazu führten, Dresden zu verlassen. Freilich zeigt ja das in den vorstehenden Blättern Gesagte schon den Keim der Verwicklung auf. Es ist eine Herkulesarbeit für eine verleumdete Frau, ihren Charakter und ihr Wesen vom Schmutze der Bosheit reinzuwaschen, nachdem es einmal besudelt worden ist. Ich bin fest überzeugt, daß die Welt niemals wird begreifen können, was ich unter den Hofintrigen gelitten habe. Wenn ich mich genau analysiere, so begreife ich nicht, daß meines Gemahls Familie mit solch feindseligem Haß, den sie in stets unverändertem Maße mir gegenüber zeigte, mich verfolgte.

Als ich nach Dresden kam, war ich kaum mehr denn ein Kind, aber beseelt mit dem Verständnis eines Weibes, das seine Verantwortung und Pflichten genau kennt. Ich war bereit, alles aufzubieten, um zu gefallen und gefällig zu sein, und ich bin stolz genug, mir einzubilden, daß ich im Herzen des Volkes mir einen dauernden Platz erobert habe, denn nur diejenigen, die sich mit mir gleichgestellt glaubten, behandelten mich mit fortgesetzter Kälte und Mißtrauen.

Gewundert habe ich mich immer, warum man eine habs-

burgische Prinzessin, besonders von unserer Linie, als Gemahlin für Friedrich August gewählt hat. Die Mischung von französischem, italienischem und habsburgischem Blut in meinen Adern hätte jeder etwas eng denkenden Familie ernstliche Bedenken verursachen müssen, ehe sie eines ihrer Mitglieder an die Besitzerin solch eines gemischten Blutes verheiratete, da, wie mein Schwiegervater mit voller Wahrheit sagte, »das habsburgisch-bourbonische Temperament sonderbare Eigenschaften besäße«. Alle meine Ahnen vererbten mir irgend etwas von ihren verschiedenen individuellen Eigenschaften. Von den Bourbonen erbte ich die Liebe zum Schönen, ein Entzükken an allem, was die überverfeinerten Sinne ansprach, und die hoheitsvolle Geringschätzung für die Ansichten derer, gegen die sie Abneigung oder Verachtung hatten. Der gebieterische Wille des »Roi soleil« wurde in mir zu einer zwingenden Kraft, die mich dazu drängte, mich und meine Handlungen fühlbar zu machen, und ich war empört über die Engheit der Kreise, in denen ich mich befand. Und wie Ludwig XIV. weite Länder in die smaragdenen Wiesen von Versailles verwandelte und die Wildnis zu einem Rosengarten umschuf, so sehnte ich mich, alle Hindernisse zu entfernen und mein Leben zu verschönern. Meine Ahnen verpflanzten Bäume, bauten Aquädukte und errichteten herrliche Schlösser wie durch Zauberhand. Aber alles das waren einfache Dinge, verglichen mit der Aufgabe, die ich mir stellte, nachdem ich nach Dresden gekommen war.
Das Erbe der Habsburger war unbeschränkte Selbständigkeit in Gedanken und Tat, was um so merkwürdiger war, als die Mitglieder des Kaiserhauses, von Etikette und Überlieferung eingeengt, nicht frei in ihrem Denken und Handeln waren. Von uns Habsburgern haben die meisten künstlerischen Geschmack, und die meisten von uns lieben das Großzügige und Vornehme im Leben, und die meisten von uns haben einen sonderbaren Span, der

einige zu Selbstmord, Verbannung und Selbstvernichtung führte. Ich denke immer, daß ich etwas von dem starken männlichen Willen Maria Theresias geerbt und von Maria Antoinette den unbeugsamen Mut im Leid besitze. Wie sie erprobte ich Verleumdung, grobe Beschimpfungen, Mißdeutungen, bitteren Abschied, und wie sie habe ich (bis jetzt) stets stolz jede Verteidigung zurückgewiesen. Gewiß, wenn ich zur Zeit der Französischen Revolution gelebt hätte, wäre ich vollständig gleichgültig gegen mein Schicksal gewesen, wie die Großmutter einer Freundin von mir. Die Geschichte erzählt, daß, als die Reihe an sie kam, die Stufen der Guillotine zu besteigen, sie von einem jungen Mädchen begleitet wurde, das wie sie einstmals eine der vielgesuchten und vielbewunderten Schönheiten Versailles war. Diese beiden Frauen waren die letzten, die sterben mußten. Das Blut der anderen Opfer hatte die Bretter schlüpfrig und naß gemacht. Indem sich die ältere der beiden umdrehte, sagte sie zu der Freundin: »Liebste, bitte, sei vorsichtig, diese schreckliche Sudelei wird dein Kleid schmutzig machen«, und sie nahm vorsichtig ihr Kleid zusammen, um zu verhindern, daß der Saum auf dem Boden aufstreifte und unsauber werden könnte. Sie zog den Fall gar nicht in Erwägung, daß in wenigen Sekunden sie und ihre Begleiterin aus dieser Welt gehen würden, in welcher allein Rücksichtslosigkeit gegen die Canaille und Rücksicht auf die Convenancen die einzigen Dinge waren, auf die es ankam!
Die unglückliche Neigung der Habsburger, für einige Zeit allem Lästigen den Rücken zu drehen und dem Zwang zu entkommen, wurde in Maria Antoinette zum Wunsche, die Pächtersfrau in Trianon zu spielen, und bei mir der Wunsch, ein freies, ungehindertes Leben zu führen. Jedoch besaß unglücklicherweise Dresden kein Trianon, und Friedrich August hatte nicht genug festen Willen, mir einen Ersatz dafür ins Leben zu rufen, so wurde ich in fortgesetztem Zwang erhalten.

Ich werde niemals meinen Gemahl für die unfreiwillige Rolle, die er in der Tragödie meines Lebens spielte, tadeln.
Der König von Sachsen ist ein außerordentlich guter Mensch. Er ist liebevoll, gerade und edeldenkend, und wo er in meinen schweren Entscheidungsstunden keine geeignete Stütze für mich war, kann ich nur die ihm anerzogene Furcht vor seinem Vater anklagen und wünschen, er hätte sich zu größerer Entschlossenheit aufgerafft. Friedrich August kann gut für sich selbst und andere in gewöhnlichen, unwesentlichen Dingen des Lebens handeln; wenn er sich jedoch einer Lage gegenüber befindet, die ihn erregt oder bestürzt, verliert er seine Sicherheit und stützt sich auf die Meinung stärkerer Ratgeber.
Meine Aufregungen und Leiden begannen, als der Radfahrwahnsinn die Dresdner Gesellschaft ergriff.
Ich wünschte nichts sehnlicher, als radfahren zu lernen, und fragte meinen Gemahl, ob er irgendeinen Einwand gegen meinen Wunsch hätte. Er war völlig damit einverstanden, und richtete es so ein, daß ich private Stunden bekam, und natürlich war ich stets von meiner Hofdame begleitet. Zuerst war es ein Riesenspaß für mich, und ich genoß in harmloser Freude den neuen Sport. Jedoch sollte diese Freude von kurzer Dauer sein. Denn eines Tages wurde ich in sonderbar eiliger Weise zu König Albert und Königin Carola gerufen, »in einer rein privaten Angelegenheit« stand in dem Briefchen der Tante. Ich wurde mit beabsichtigter Kühle empfangen, und die Königin sagte in mißbilligendem Ton: »Ich höre, Luisa, daß du Radfahren lernst.« »Gewiß«, antwortete ich. »Höre«, sagte der König, »Radfahren ist keine passende Unterhaltung für eine Prinzessin und du solltest das wissen, Luisa.« »Und selbst«, warf Königin Carola dazwischen, »wenn du das Erlernen beabsichtigt hast, hättest du zuerst meine Erlaubnis dazu einholen müssen.« »Ich hatte meines Gemahls Erlaubnis«, versetzte ich kalt, »ich dachte,

dies wäre genügend.« »Friedrich Augusts Erlaubnis gilt nicht«, erwiderte die Königin. »Du scheinst die Etikette nicht zu beachten. Bitte, erinnere dich, daß ich die Königin bin und es deine Pflicht und Schuldigkeit ist, uns um alles zu fragen, was du zu tun beabsichtigst.« Ich war wütend und erzählte, daß Papa meinen Schwestern erlaubt hätte, radzufahren, und was er für richtig hielte, müsse richtig sein. Alle meine Vorstellungen wurden mit hochmütiger Verachtung aufgenommen, und ich verließ die Majestäten, tief in meinem Stolz gekränkt und innerlich kochend vor Zorn. Als ich in meine Wohnung zurückkehrte, schüttete ich Friedrich August mein übervolles Herz aus, der treu und gut immer für den Frieden war. Ich ließ daher die Angelegenheit fallen und unterbrach meine Radfahrstunden.

Einige Tage vergingen, und ich erhielt wieder ein kleines Briefchen von der Königin, in dem sie mich bat, zu ihr zu kommen. »Mein liebes Kind«, fing sie an, »ich habe wirlich etwas sehr Unangenehmes zu sagen.« Ich wartete schweigend auf das herannahende Gewitter, das ausbrechen sollte, da ich den Donner bereits aus der Ferne grollen hörte, und ich sagte mit der Ruhe vollkommener Unschuld: »Gut, Tantchen, sag mir, was es ist.« Sie zögerte, dann eilig hervorstürzend: »Nun, Luisa, Frau von X. kam heute eigens zu mir, um mir mitzuteilen, daß du gestern abend im Großen Garten radelnd gesehen worden bist, und zwar in Hosen, zwei Schauspieler vom königlichen Schauspielhaus begleiteten dich.« Ich blickte die Tante erst in schweigendem Erstaunen an und brach dann in herzliches Lachen aus: »Was für eine Lüge!« rief ich. »Seitdem du mich zuletzt in dieser Angelegenheit gesprochen und den Wunsch ausgesprochen hast, ich sollte das Radfahren lassen, habe ich sofort die Stunden abgebrochen.« Der Ärger überwältigte mich bei dem Gedanken, daß gemeine Bosheit diesen Bericht erfunden, und ich rief: »Wo ist sie, die dich so gut benachrichtigt? Sag es mir, sofort bring sie her, ich will mit ihr reden.« »Luisa, das ist unmöglich, nein, nein, unmöglich. Ich habe versprochen, nichts zu sagen.« Dies machte mich noch rasender. »Wie kannst du es wagen«, schrie ich, »beschuldigst mich, und mir soll es nicht erlaubt sein, meinem Ankläger gegenüber zu stehen?«

Ich weiß, daß dieser Zwischenfall emsig und rastlos Verbreitung in Dresden fand, und verächtlich lächelnd nahm ich eine erneute Einladung der Königin Carola an, die nach beiläufig einem Monat wieder nach mir schickte. Ich sagte ohne Vorwort: »Werde ich wieder angeklagt?« Die Königin lächelte auf das liebenswürdigste. »Angeklagt? Sicher nicht, liebstes Luiserl. Ich habe dich kommen lassen, um dir mitzuteilen, daß du ruhig wieder radeln darfst, da ich gerade erfahren habe, daß der Deutsche Kaiser seiner Schwägerin, Prinzessin Friedrich Leopold, gestattet, in Berlin radzufahren.« Ich blickte auf die Königin, die vor Freude strahlte, da der Kaiser selbst mit seiner Allerhöchsten Erlaubnis das unpassende Radeln sanktioniert hatte, und bedauerte die alte Dame, die sich immer nach anderem Beispiel wie eine Wetterfahne drehte. »Gut, Tanterl«, bemerkte ich ironisch, »Ansichten sind leicht geändert, wenigstens ist das etwas, für das man auf alle Fälle dankbar sein kann.«

Diese kleinliche Tyrannei begann alsbald einen schlechten Einfluß auf mich auszuüben. Ich wurde hart und rücksichtslos im Sprechen und tat oft etwas, nur um den vorhandenen Mächten kühn zu trotzen.

Mein Schwiegervater verlor nie eine Gelegenheit, um mich in Verzweiflung zu treiben, und er war meist ungewöhnlich niedrig in seinem Verfahren.

Einmal, als wir im Pillnitzer Schlosse zu Tische waren, trug ich eine wundervolle Perlenkette von dreihundertsiebzig Perlen, die von meiner Halbschwester Marie Antoinette stammte. Plötzlich riß die Kette, und die Perlen rollten in allen Richtungen über den Teppich, unter Ti-

sche und Stühle. Natürlich wurde sofort aufs eifrigste nach den losen Perlen gesucht, und der Oberhofmarschall und die anwesenden Offiziere ließen sich in liebenswürdiger Bereitwilligkeit auf ihre Knie nieder, um nach den Perlen zu sehen. Mein Schwiegervater hielt mit dem Essen inne, und indem er mit gekünsteltem Interesse den Vorgang verfolgte, bemerkte er langsam: »Ah ... diese glücklichen Herren, für die die Prinzessin so viel Interesse zeigt.«
Nie verlor er eine Gelegenheit, mich zu quälen, und zuletzt haßte ich ihn aus ganzem Herzen. Meine Kinder mochten ihn auch nicht, und wenn sie den Großvater besuchen sollten, gab es oft Geschrei von den Kleinen, und ich mußte alles aufbieten, um sie zu überzeugen und zu beruhigen.
Einstmals, als er unerwartet eintrat und die kleinen Buben auf dem Boden rollen sah, blickte er von ihnen zu mir und sagte: »Es ist leicht zu sehen, was für eine Erziehung du deinen Kindern gibst, Luisa.«
Meine Oberhofmeisterin riet mir einstmals, Königin Carola als Vorbild zu nehmen, und sagte beiläufig folgendes: »Wir sind mit Ihnen ganz zufrieden, Kaiserliche Hoheit, wenn Sie Ausstellungen eröffnen, Leute angenehm und liebenswürdig empfangen, sich in hübschen Toiletten zeigen, bei passender Gelegenheit ein offenes Wort sprechen können. Was wünschen Sie mehr? Wenn es Ihr Schicksal ist, eine Königin zu werden, warum versuchen Sie, diesem Schicksal zu entfliehen? Sie müssen begreifen, daß es für eine Königin unmöglich ist, ‚Gefühle' zu haben, sie ist auserlesen, um ihres Gemahls Dynastie weiterzupflanzen, und was soll sie mehr erwarten?« – »Ist es denn Königinnen nie erlaubt, menschlich zu sein?« fragte ich. – »Gewiß, Kaiserliche Hoheit, eine Königin mag ihren Gemahl lieben, aber sie darf nicht natürlich und demonstrativ in ihren Gefühlen sein. Es darf die Etikette niemals vergessen werden, sogar im intimen Leben, und

nie darf sie versuchen, die Erregung einer gewöhnlichen Frau zu zeigen.« – »Ah, ich nehme an«, sagte ich, »daß eine Königin von Sachsen, die am Hofe willkommen und populär sein soll, von einer Automatenfabrik ausgewählt werden müsse, da ein weiblicher Automat alles ist, was Sie wünschen. So lange, als er gut angezogen ist, gut frisiert, grüßen, lächeln, essen und gehen kann, das genügt (immer natürlich bien entendu, daß er einen Erben verschaffen kann). Hören Sie«, setzte ich mit Nachdruck hinzu, »ein lebendes, liebendes Weib mit Herz und Geist, das weiß, daß es eine Welt außerhalb des Palais gibt, wird niemals durch ein Wesen wie Sie, mit Ihren hassenswerten Ideen und Ihrer schrecklichen Unkenntnis des Lebens, von Ihren Theorien überzeugt werden«, und damit endete die Unterhaltung.

12. Kapitel

Sturm und Drang. Der Tod König Alberts. Eine unbequeme Reise. Die schwarze Frau. Sibyllenort. Familienstreit. »Le roi est mort.« Wir kehren nach Dresden zurück. Die durstige Prinzessin. Ich begegne dem Deutschen Kaiser wieder. Mein politischer Freund. König Alberts Beisetzung. Der Kranz Seerosen. Die Gespensterkatze. Prophezeiung.

Den Sommer 1902, wie alle Jahre, verbrachten wir auf dem Lande; nur war unser friedlicher und angenehmer Aufenthalt durch ernste Befürchtungen und Sorge für das Leben König Alberts verdüstert, da er dem Sterben nahe war. Der König und die Königin befanden sich auf Schloß Sibyllenort bei Breslau in Schlesien, einem wundervollen Besitz, den der letzte Herzog von Braunschweig dem König von Sachsen schenkte. Das Schloß besteht aus vierhundert Zimmern. Der Herzog, ein großer Bewunderer des schönen Geschlechts, hatte sich ein Privattheater daselbst eingerichtet, das Ballett war aus einer großen Anzahl hübscher Mädchen zusammengesetzt, die wie in einem Harem eingeschlossen waren. Ich erinnere mich, bei meinem ersten Besuch in Sibyllenort – damals war ich ein sechzehnjähriges Mädchen – sah ich zu meinem Erstaunen Bilder, auf denen gewagte Szenen wiedergegeben waren. Dieselben wurden aber auf Königin Carolas Befehl von den Korridoren verbannt, damit die unschuldigen Augen der Jagdgäste nicht beleidigt würden.
Die preußische Regierung versuchte wiederholt, bei König Albert den Ankauf der schlesischen Güter zu erwirken. Doch der König hing zu sehr an Sibyllenort, um es zu verkaufen; oft und gern weilte er daselbst zum Jagdaufenthalt im Frühsommer und Herbst.

Durch das Telephon erhielt ich die erste Nachricht, daß ich Kronprinzessin von Sachsen geworden war, da man mich von Sibyllenort anrief, um mir die Mitteilung des soeben eingetretenen Todes König Alberts zu machen. Wir reisten noch dieselbe Nacht nach Breslau. Meine Kammerfrau setzte sich eben auf ihren Platz im Coupé, als eine schwarzgekleidete Frau, die einen Deckelkorb trug, zu ihr einstieg, gerade als der Zug sich in Bewegung setzte. Meine Kammerfrau wunderte sich, wer wohl diese Person sein könnte, und war über das Eindringen der Fremden geärgert. Doch die Frau in Schwarz befriedigte bald ihre Neugierde und klärte sie über ihre Identität auf. »Nun«, begann sie, »ich hatte richtige Mühe, den Zug noch zu erreichen. Ich weiß gar nicht, was mir passiert wäre, wenn ich zu spät gekommen wäre.« Meine Kammerfrau nickte verständnisvoll, worauf sie fortfuhr: »Ich denke sicher, daß Sie neugierig sind und genau wissen wollen, wer ich bin und was mein Beruf ist. Nun, ich bin von weiland Seiner Majestät Leibarzt auserwählt worden, um bei der Einbalsamierung mitzuhelfen, und erachte es als eine hohe Ehre.« Meine Kammerfrau rückte schaudernd auf die Seite, die Frau fuhr aber unbeirrt fort: »Sie sehen, man kann mir vertrauen, und Sie können bei einem Todesfall in der Kronprinzenfamilie sich meines Namens vielleicht dann erinnern.« Bei diesem letzten Wort hob sich der Deckel des Korbes krampfhaft in die Höhe, die Ärzte-Assistentin öffnete ihn, und ein reizender, kleiner Dackel sprang aus demselben heraus. »Dies ist mein süßer Kamerad«, erklärte die Besitzerin stolz, »ich war außer mir bei dem Gedanken, es würde mir verboten werden, ihn mitzunehmen, und wir mögen nicht getrennt sein, nicht wahr, mein Liebling?« sagte sie, sich zu dem Dackel wendend. Dieser Zwischenfall, der eine sehr menschliche Seite ihres Charakters zeigte, versöhnte meine Kammerfrau etwas mit dem Berufe der Frau.
Es war eine schreckliche Reise. Wir fuhren die ganze

Nacht durch, und niemand konnte ruhen, da der Schlafwagen von blutdürstigen Flöhen bevölkert war, die in Bataillonen ausrückten, um die Schlafenden zu überfallen. Johann Georg reiste mit uns und langweilte uns gräßlich, nachdem er Friedrich August mit guten Lehren überschüttet hatte und dabei die Miene eines Beschützers annahm. Wir kamen am nächsten Morgen, den 20. Juni 1902, in Breslau an und fuhren mit königlichen Hofwagen nach Sibyllenort, das wir gegen sieben Uhr dreißig erreichten. Mein Schwiegervater erwartete uns, und ich war entsetzt über den fröhlichen Ausdruck seines Gesichts, das gar nicht ins Haus des Todes und der Trauer gehörte. Plötzlich schrie eine Stimme: »Kommt doch herein, verliert doch keine Zeit, wir müssen frühstücken, ich sterbe einfach vor Hunger.« Diese Einladung kam von Mathilde. Ich überhörte aber ihre Aufforderung und bestand darauf, zuerst mein Mitgefühl der Königin Carola auszusprechen, und so wurden wir in das Sterbezimmer des Königs geführt, wo die Witwe mit ihrem geliebten Toten verblieben war. König Albert lag in seinem Bett, das edle Gesicht voll Ruhe und Schönheit. Die Hände waren über dem feinen Leintuch, das über ihn gezogen war, gekreuzt; einige rote Rosen lagen über dasselbe gestreut. Königin Carola kniete auf einem Betstuhl, das Gesicht in die Hände vergraben. Zwei Kerzen brannten zu Häupten des Toten; ich blickte auf die beiden regungslosen Gestalten, eine Welle großer Trauer kam über mich, mein Herz erfüllte unsagbares Mitleid für die von Schmerz heimgesuchte Frau. Ich konnte nicht viel sagen, denn ich sah, daß sie den einzigen Wunsch hatte, allein gelassen zu werden. So küßte ich sie in schweigender Zärtlichkeit und verließ den Raum ebenso leise, wie ich gekommen war.
Ein Gegensatz, wie man ihn nicht größer denken konnte, bot sich mir dar, als ich nach Verlassen des friedlichen, rosendurchdufteten Sterbezimmers mich an den Frühstückstisch mit dem König und seiner aufgeregten Fami-

lie setzte. Mein Schwiegervater schwelgte förmlich in seiner neuen Würde und klingelte unaufhörlich nur der Freude halber, immer und immer wieder »Eure Majestät« in kriecherischer Lakaienart von allen Bediensteten zu hören. Er lebte förmlich auf, und seine ungezügelte Freude kam mir wirklich unpassend und taktlos vor. Während einer Pause beim Kaffeetrinken wandte sich der König zu uns und sagte barsch: »Na, gewartet hab' ich lang genug, um König zu werden. Ich hatte das Warten bereits satt. Ich hätte dich, Friedrich August, statt meiner regieren lassen, aber du scheinst mir dafür nicht allzu geeignet, und was dich, Luisa, betrifft, so wirst du wohl verstehen, daß du noch lange brauchen wirst, ehe du eine Königin werden kannst.« – »Ja, natürlich«, stimmte Mathilde ein, »Luisa ist viel zu demokratisch. Sie hat eine lächerliche Liebe für das Volk und vergißt stets die Pflichten ihres Standes.« – Ich antwortete nicht, und sie fuhr fort: »Jetzt müssen wir aber vor allem unsere respektiven Stellungen klar verstehen. Ich, als des Königs älteste Tochter, werde dir vorausgehen, Luisa.« – »Sicherlich nicht«, sagte ärgerlich mein Gemahl, »Luisa ist Kronprinzessin und geht deswegen dir voraus.« – Mir wurde ganz elend bei diesen Auseinandersetzungen, darum sagte ich nachlässig: »Du magst es haben, wie du willst, mir ist es gleich.« Die ganze Art, wie diese Verhandlung geführt wurde, mußte jeden, der eine Spur von Gefühl und Selbstachtung hat, unangenehm berühren.

Von der königlichen Familie wurde über Geldangelegenheiten und Vortritt gezankt und geeifert, und der verstorbene König hatte noch nicht zwölf Stunden die Augen geschlossen. Selbst die alten Diener schienen ihn vergessen zu haben und verdoppelten ihre Bemühungen, dem neuen Herrscher zu gefallen. Es war wirklich der Fall zu sagen: »Le roi est mort, vive le roi!«

Als dieses entsetzlich unangenehme Frühstück vorüber war, wurden Friedrich August und ich in unsere Wohnung geleitet, und zwar von einem Hofbeamten, der, sich umwendend, mit tiefer Bedeutung zu mir sagte: »Kaiserliche Hoheit sind nun endlich unsere Kronprinzessin, und ich hoffe, wie ganz Sachsen es hofft, bald unsere Königin!«

Die Beisetzungsfeierlichkeiten waren voll Würde. Die Leiche des Königs wurde zur Beerdigung nach Dresden übergeführt und der Sarg in einen Eisenbahnwagen gestellt, der innen mit Hermelin und Samt ausgeschlagen, voll herrlicher Blumen und grüner ausländischer Pflanzen war. Der Zug fuhr ganz langsam, damit das Volk seines Königs Sarg sehen konnte. Wir alle fuhren mit der Leiche nach Dresden. Es war erdrückend heiß, und Mathilde löschte ihren Durst, indem sie oftmals einen langen Zug kalten Bieres tat. Ich war übermüdet und abgespannt und ging mich etwas auszuruhen. Der Zug blieb in Bautzen stehen, wo mein Schwiegervater ausstieg und von einer der Behörden der Stadt empfangen wurde. Er war aber so taktlos und machte viele ungeduldige Bemerkungen über die Länge der Vorstellungen, daß seine neuen Untertanen sich anstießen und sehr entsetzt aussahen, als sie ihn sagen hörten, daß es ihm gar nicht um all die langweiligen Deputationen zu tun sei. König Georg brummte und schalt unausgesetzt, bis wir in Dresden anlangten.

Es war meine Aufgabe, den Deutschen Kaiser und die Kaiserin, welche zu der Beisetzung König Alberts kommen sollten, auf der Bahn abzuholen. Ich fuhr in meinem offenen Wagen mit meinem Schwiegervater zur Bahn, und es war das erstemal, daß wir öffentlich zusammen als König und Kronprinzessin erschienen. Trotzdem die Menge sehr groß war, bemerkte ich keine Begeisterung beim Erscheinen des Königs. Eine Frau aus dem Volke jedoch erkannte mich unter dem dichten Kreppschleier und rief laut: »Hoch unsere Luisa, die wir alle lieben!«, was den König so wütend machte, daß er, ehe der kaiserliche Sonderzug von Berlin eintraf, kaum Zeit fand, sich zu er-

holen und sein moralisches Gleichgewicht wiederherzustellen.
Der Kaiser begrüßte mich herzlich und flüsterte mir zu: »Nun wäre das in Ordnung, und du bist einen Schritt näher, um mein politischer Freund zu werden.« Ich fuhr mit der Kaiserin in das Schloß zurück, und die Hochrufe des Volkes, die dem Kaiserpaar galten, klangen freudig und ungezwungen.
Nach der öffentlichen Ausstellung der Leiche wurde König Albert in der königlichen Gruft in der Hofkirche beigesetzt. Der Sarg verschwand langsam den Blicken der Trauernden und wurde durch eine Versenkung, ähnlich wie in der St. Georgs-Kapelle zu Windsor, zu denen seiner Vorgänger und Ahnen in der Gruft beigesetzt.
Wenn ein Mitglied der sächsischen Königsfamilie stirbt, wird der Leib geöffnet und das Herz in einen Behälter getan, der, mit weißem Atlas überzogen, auf einem weißen Atlaskissen auf der einen Seite des Sarges, die Eingeweide in einem großen Behälter, der ebenfalls mit weißem Atlas überzogen ist, auf der anderen Seite aufgestellt wird. Ist der Sarg in der Gruft endlich beigesetzt, werden beide Behälter auf kleinen Etageren oberhalb des Sarges aufgestellt. Es ist eine barbarische Sitte, welche natürlich jede zu eilige Beerdigung ausschließt, aber sonst, wer würde je, frage ich, freiwillig in ein Leben unter solchen Verhältnissen zurückkehren, sogar wenn man König oder Königin war?
König Albert liebte Seerosen, diese kalten Blumen, deren Kelche sich nie den Strahlen der Sonne öffnen und ihre Schönheit nur unter dem blassen Mondlicht entfalten. Ich ließ einen Kranz ganz aus Seerosen anfertigen. Ein breites Moirèband, das in Goldfransen endigte, trug unsere Namen und die Namen unserer Kinder in Goldbuchstaben: Jury (Georg), Tia (Friedrich Christian), Erni (Ernst Heinrich), Ethe (Margarete) und Riali (Maria Alix).
Kurz nach des Königs Albert Tod erlebte ich etwas merk-

würdig Unheimliches in der Kapelle des Palais auf der Zinzendorfstraße. Mein Schwiegervater hatte mir einstmals erzählt, daß bei verschiedenen Gelegenheiten ein gespenstisch schwarzer Kater auf dem Altar der Kapelle gesehen worden wäre. Dieser sollte Unheil voraussagen, und er sagte, daß er fest überzeugt sei, daß dieser Kater niemand anders als der Teufel sein müßte. Ich lachte über die Geschichte und riet, daß man den bösen Geist durch Glocke, Buch und Kerze hinaustreiben müsse. Doch ich sollte den unheimlichen Kater selbst zu sehen bekommen.
Im November des Jahres 1902 hörte ich mit meinem Schwiegervater die Messe, als mein Blick plötzlich auf einem riesigen schwarzen Kater hängen blieb, der sich zwischen den Kerzen auf dem Altar niedergesetzt hatte. Ich dachte, ob wohl jemand außer mir ihn sehen konnte. Aber ein Blick auf die entsetzten Gesichter um mich herum ließ mir keinen Zweifel mehr. Als die Messe vorüber war, ging Mathilde in die Sakristei und rief den Kapelldiener, der den Kater hinausjagen sollte; doch das war unmöglich, da der Kater nirgends zu finden war. Die Fenster und Türen waren alle geschlossen, es war ganz unmöglich zu erraten, wo das Tier sich versteckt haben konnte! Eine Durchsuchung wurde ohne Erfolg vorgenommen, und das Vorkommnis blieb unaufgeklärt. Mein Schwiegervater beobachtete das tiefste Schweigen darüber und sagte jedem, es sollte das Erlebte unter keiner Bedingung außerhalb des Palais erwähnt werden. Es war sicher sonderbar, und ob der schwarze Gast ein Kater oder Teufel war, lassen wir dahingestellt; ich sah ihn deutlich und kann für die Wahrheit der Geschichte bürgen.
In diesen Tagen schmerzvollen Ertragens wurde ich plötzlich abergläubisch. Ich sann darüber nach, ob der Gespensterkater Mißgeschick und Leid für mich voraussagte, und oft mußte ich an die sonderbare Prophezeiung, die bei meiner Geburt gemacht wurde, denken.
Die Hebamme, die bei meiner Geburt dabei war, hatte

den Ruf einer Hellseherin, und als sie mich in ihre Arme nahm, sagte sie, indem sie mich ansah: »Dieses Kind ist dazu ausersehen, eine Krone zu tragen; doch ihr Leben wird unglücklich sein, unnennbares Leid wird sie erdulden müssen.«

13. Kapitel

»J'accuse.« Ich klage Baron Georg von Metzsch, jetzt Minister des königlichen Hauses an, daß er der schuldige Anstifter aller Intrigen war, die dazu führten, daß ich Dresden verließ und zuletzt aus Sachsen verbannt wurde.

Mein Erzfeind hat geistige Eigenschaften, die ich stets bewundert habe. Er ist eine elegante, vornehme, gewinnende Erscheinung und besitzt ausgezeichnete Manieren, einen eisernen Willen, unbarmherzige Hartnäckigkeit, wenn es gilt, Hindernisse zu beseitigen, kennt aber weder Ritterlichkeit noch Dankbarkeit, wo seine persönlichen Interessen in Betracht kommen. Er verfügt über niedrige, widerliche Kreaturen, die für ihn spionieren und lügen müssen, und merkwürdig genug, diese Schlangen, welche seine Befehle ausführen, spritzten bisher noch nie ihr Gift gegen ihren Herrn. Ich fühle stets eine widerwillige Bewunderung für Eigenschaften, welche die Größe dieses skrupellosen Mannes ausmachen. Ich glaube nicht, daß er einen Feind besitzt, der ihn bitterer haßt, als ich es tue. Durch ihn bin ich in den Augen meines Gemahls, meiner Familie und meines Volkes erniedrigt worden; aber trotzdem er mit allen Mitteln versucht hat, mich zu unterdrükken, werde ich wie ein Phönix wieder aus der Asche der Ungerechtigkeit emporsteigen und mich rächen. Georg von Metzsch, glaube ich, betrachtet mich jetzt als einen Gegner, der ihm gewachsen ist, den schwersten Kampf mit ihm aufzunehmen.

Als ich nach Sachsen kam, ganz erfüllt von der geistig erfrischenden Atmosphäre, die meinen Vater umgab, und in der ich aufgewachsen, fühlte ich mich zu Herrn von Metzsch hingezogen, da er mir als geistvoller, witziger und angenehmer Mann, als eine Ausnahme am Dresdener Hofe, vorkam. Mir schien es, als ob er es sich sehr angelegen sein ließe, meine Freundschaft zu erringen, und ich erinnere mich, daß er mir sagte: »Wir müssen versuchen, Freunde zu werden, Kaiserliche Hoheit, damit wir später zusammen Wichtiges beraten können.« – Das beste Einvernehmen bestand zwischen uns bis 1897, als unsere Freundschaft zu einem raschen, unerwarteten und endgültigen Ende kam.

Den Sommer dieses Jahres brachten mein Gemahl und ich auf der Insel Norderney zu, woselbst wir uns einige Wochen aufhielten.

Von Metzsch befand sich zu gleicher Zeit in Norderney; eines Abends bat er uns, mit ihm zu Abend zu essen. Wir nahmen die Einladung an und trafen uns in einem Restaurant zweiten Ranges, das er uns genannt hatte.

Als wir eintraten, führte ein dienstbeflissener Kellner uns zu dem von Herrn von Metzsch reservierten Tisch; von Metzsch, der uns entgegenkam, begleitete mich mit großer Zuvorkommenheit zu meinem Platze. Ich blickte mit stillem Erstaunen auf den Tisch, auf dem weder ein Tischtuch lag noch eine Blume stand, nur ganz gewöhnliches Tafelgerät. Vor mir stand ein Gericht, das mit einem Teller bedeckt war. Als ich den Sinn dieses geschmacklosen Witzes erfaßte, wurde ich rot vor Ärger, und obwohl ich hoffe, keinen falschen Stolz zu besitzen, fühlte ich mit Mißbehagen die sonderbare Behandlung, die mich und mehr noch Friedrich August als Gäste eines Untertanen traf. Ich wandte mich zu unserem Wirt, der mich scharf beobachtete, obwohl seine Züge einen undurchdringlichen Ausdruck annahmen. »Nun, Herr von Metzsch«, fragte ich, »was für ein Abendessen haben Sie für mich bestellt?« – »Ah ... Kaiserliche Hoheit, da ich den einfachen Geschmack kenne, der Sie als Habsburgerin aus-

zeichnet, habe ich mir erlaubt, Ihnen etwas kalten Schinken, den Sie so lieben, vorzusetzen.«
Ich hob den Teller ab und sah wirklich zwei dünne Schnitten Schinken vor mir liegen. Die ganze Lage war so überraschend, daß ich keine Worte fand, um mein Mißbehagen auszudrücken. Doch ich sagte sehr ruhig: »Ich werde das nicht vergessen und werde mich revanchieren.« Von Metzsch erkundigte sich mit spöttischer Unsicherheit: »Sie sind doch nicht beleidigt?« – »O nein«, sagte ich und griff zu Gabel und Messer, als wenn nichts Außergewöhnliches vorgefallen wäre. Lange überdachte ich Herrn von Metzschs merkwürdiges Benehmen, und nach einer Weile bat ich von Metzsch und seine Gemahlin, einige Freunde und Bekannte zum Abendessen, und zwar wählte ich das eleganteste Restaurant Norderneys.
Ich bestellte einen Salon, in dem wir allein dinieren konnten, und gab dem Besitzer carte blanche für Blumen, Menü und Weine. Der Erfolg meiner Vorbereitung stimmte von Metzsch, der neben mir saß, ganz bedenklich. Er blickte unausgesetzt in dem Raum umher, in Gedanken den Preis der Blumen überlegend und den der ausgesuchten Speisen und Weine schätzend. Zuletzt sagte er, neugierig sich zu mir wendend: »Warum haben Sie solch verschwenderischen Aufwand für meine Bewirtung gemacht, Kaiserliche Hoheit?« – Ich blickte ihn fest an und sagte: »Exzellenz, das ist meine Rache für die beiden Stückchen Schinken, die Sie mir neulich vorgesetzt haben. Später, wenn ich als Königin an der politischen Tafel sitzen werde, wird es verschiedene Speisen für meine verschiedenen Gäste geben; dann Exzellenz, werden Sie nur zwei dünne Scheibchen politischen Einflusses erhalten.« Alle Anwesenden hörten meine Worte, und ich konnte genau den überraschten Eindruck sehen, den sie auf allen Gesichtern hervorriefen.
Von Metzsch vergaß mir das nie, und von diesem Augenblick an wurde er mein Todfeind. Ich weiß bestimmt, daß

er sagte: »Ich will dieses Weib verderben, aber ich will es langsam verderben!« und er hielt sein Wort.
Von Metzsch war König Alberts und meines Schwiegervaters unentbehrliches zweites Ich: Sie räumten ihm in allem ein unumschränktes Recht ein, selbst über die intimsten Familienverhältnisse wurde er genau unterrichtet. Er genoß das vollste Vertrauen, und niemals wurde das Geringste ohne seinen Rat unternommen. Mathilde war ebenfalls seine Verbündete, und sie erzählte ihm alle Geschehnisse, die sich auf mich bezogen, und übertrieb meine harmlosesten Exzentrizitäten, ungeachtet, daß ihre Sonderheiten in ganz Sachsen bekannt waren und Blätter wie die Dresdner Rundschau sie oft lächerlich machten.
Georg von Metzsch überlegte seine Pläne mit teuflischer List. Überall hatte er seine Spione, und er war so geschickt, daß ich damals nicht imstande war, ihn bestimmt als den Urheber der teuflischen Intrigen zu erkennen, die langsam, aber sicher in Bewegung gesetzt wurden, um meinen guten Ruf und mein Glück zu untergraben. Mein Gemahl war der einzige unantastbare Punkt in dem Schema, das von Metzsch entwarf, da Friedrich Augusts edler Charakter, die Reinheit seines Denkens ihn unfähig machten, Schlechtes von irgend jemand zu vermuten, und er trat energisch allen böswilligen Klatschereien entgegen, von denen er niemals ein Wort glaubte. Ich war von Feinden umgeben, und wäre mein Schwiegervater nicht tot und daher unfähig, auf meine Anschuldigungen zu antworten, würde ich keinen Augenblick zögern, Beweise vorzubringen, die in meinem Besitz sich befinden und die von Metzschs rachsüchtige und unbarmherzige Methode, mit der er gegen mich vorging, klar und deutlich zeigen.
Die Kirche betrachtete mich mit heimlichem Mißfallen, da die Priester meine freien Ideen und den Modernismus, der am Vatikan so sehr gehaßt wird, mißbilligten. Die Hofentourage haßte mich, weil sie wußte, daß ich den Wunsch hatte, den alten Zopf abzuschaffen, und daß ich,

wenn je Königin, gründliche Reformen einführen und mit der kleinlichen Ungerechtigkeit, Verdorbenheit und Bestechlichkeit, die alles durchsetzte, gründlich aufräumen würde.

Meine Feinde wußten auch ganz genau, daß ich eine große Macht über meinen Gemahl hatte, und sie fürchteten meine Freundschaft mit Kaiser Wilhelm, den sie nicht mochten und als meinen möglichen Bundesgenossen fürchteten. Den Hofkreisen mißfiel mein liebevolles, großes Interesse, das ich dem Volk und Volkswohle zuwandte, und ich verheimlichte nicht meine Absicht, daß ein protestantisches Land wie Sachsen einen protestantischen König haben sollte und nicht von einem römisch-katholischen regiert werden dürfte.

Mein Wunsch bestand darin, aus dem Hofe einen geistig weit über allen anderen stehenden intellektuellen künstlerischen Mittelpunkt zu bilden, und dieser Gedanke wurde wieder der Grund zu endlosen Streitfragen. Ich wechselte zwischen Empörung und heftiger Niedergeschlagenheit, da ich merkte, daß ich unter unausgesetzter Beaufsichtigung war und wie ein kleines Mädchen, das eine sehr strenge Erzieherin brauchte, behandelt wurde. Jede kleinste impulsive Handlung wurde zu einer geradezu verbrecherischen Exzentrizität vergrößert. Meine harmlosen Freundschaften wurden als gemeine Liebeleien hingestellt, und ich konnte niemals jemandem Interesse entgegenbringen, ohne daß man mir irgendeinen häßlichen Hintergedanken als Grund unterlegte.

Wenn nicht ich der Gegenstand niederen Mißbrauchs war, so wurde meine eigene Familie bloßgestellt, als wären wir alle zusammengenommen mit jedem Fehler und jeder Sonderbarkeit der Habsburger durch Vererbung belastet.

Mein hoher Rang war ein anderer Grund zu ständigen Angriffen, und ich wurde schließlich so müde, diese unausgesetzten Quälereien ertragen zu müssen. Zu stolz, um zu klagen, wußte ich, daß ich als eine launenhafte, hysterische Frau hingestellt wurde, die von einem festen Willen unterworfen werden müßte. Der Zweck, der damit erreicht wird, hat in den meisten Fällen nur den Endeffekt, seine Opfer der Verzweiflung preiszugeben. Ach, wie habe ich in diesen Zeiten gelitten! Wie oft habe ich versucht, Edelmut zu zeigen und denen, die mich so tief beleidigt haben, zu verzeihen; aber ich kann es nicht mehr. Bittere Enttäuschung, Empörung und jahrelanges stilles Leid waren zu tief in meine Seele gedrungen, als daß ich Verzeihen und Vergessen üben könnte. Wenigstens für jetzt habe ich beides aus meinem Herzen verbannt. Mir war es, als wenn ich ein Vogel wäre, der in die Schlinge des Vogelstellers gegangen und für immer in einen Käfig eingeschlossen ist.

Wie oft stand ich abends an meinem Fenster und sah den nach Hause eilenden glücklichen Menschen nach, die ich so sehr beneidete, durften sie doch als menschliche Wesen leben, und mir schien alles verboten zu sein, außer zu leiden!

Diejenigen, die gekrönte Häupter beneiden, ahnen nicht, daß gerade die gekrönten Häupter lieber in irgendeiner anderen Sphäre leben würden als in der ihrigen. Die Schaustellung königlichen Pompes ist immer, von außen gesehen, anziehend, die mise en scène ist imposant, königliche Personen sind aber meist sehr gewöhnliche Sterbliche wie andere Menschen. Unsere Erziehung macht uns zu irgendeiner anderen Stellung völlig ungeeignet. Wir haben es leicht, freigebig zu sein, da wir stets Geld für Wohltätigkeit zur Verfügung haben. Wir können uns angenehm und beliebt machen, da dies ein Teil unserer gewohnheitsmäßigen Übung ist. Aber wenn wir einmal Lebewesen aus Fleisch und Blut werden, verlieren wir einen Teil unseres »Prestige«. Ich glaube, daß Pomp und Äußerlichkeiten, die königliche Personen umgeben, stark auf das Volk wirken, und ich bin ganz überzeugt, daß die

Dresdner eine gute Zirkusvorstellung viel eher zu würdigen verstünden als eine Krönungsfeier.

Die nicht endende Verfolgung ging ungestört weiter. Ich hatte keine Seele, der ich vertrauen konnte, und getraute mich auch nicht, etwas von den Intrigen, die gegen mich gerichtet waren, zu sagen. Mir war es wie einem Gefangenen zumute, der zum Tode verurteilt ist und der nicht erfahren kann, wann sein Urteil ausgeführt wird. Das würde selbst den stärksten Menschen entnervt haben, bei der nervösen Spannung, in der ich lebte, und der starken Empfindsamkeit, die mich erfüllte, war es eine wahre Qual. Ich war ein junges Weib mit all den starken Trieben der Jugend, und mein Gefühl sträubte sich gegen die unverdienten Herabwürdigungen, die ich ertragen mußte.

Ein anderer Spion lebte in meinem eigenen Hausstand. Aber ich will die Reinheit dieser Seiten nicht mit seinem Namen trüben. Er gehört zu einer Menschenklasse, die man nur in Schlössern finden kann, einer Klasse, die für so viele unergründete Tragödien, deren Wahrheit man niemals erfahren wird, verantwortlich gemacht werden muß. Für mich ist es unverständlich, wie diese Kreaturen soviel Macht an sich reißen konnten. Meistens beginnen sie ihre Laufbahn damit, daß sie zu einer merkwürdigen Vertraulichkeit von königlichen Personen zugezogen werden, und das in Kinderjahren. Sie wachsen auf, indem sie genau mit dem Labyrinth der Intrigen bekannt werden, die stets an Höfen zu Hause waren und niemals aus den Palästen verschwinden werden. Indem sie sich unentbehrlich machen, erzwingen sie Vertrauen und erhalten sie Herrschaft über ihre unglücklichen Gebieter und Gebieterinnen, die machtlos in ihren Händen sind, sobald sie sich verraten.

Diese Leute werden als geheime Schlüssel angesehen, welche das Privatleben der Könige und Königinnen aufzuschließen imstande sind. Verdorben in jeder Weise, läßt ihr faules und üppiges Leben sie gemein und materiell werden. Dankbarkeit und Ehrlichkeit sind ihnen unbekannt, wenn sie in ihren Wünschen, die ihre Intrigen fördern sollen, sich gehindert sehen. Wehe, wer dann das Unglück hat, ihnen zu begegnen. Ich sah diesen Mann, den ich bereits oben erwähnte, mit einer ganz besonderen Abneigung, da er sich unverantwortliche Freiheiten im Gespräch mit mir erlaubte. Er war persönlicher Diener meines Gemahls, und deshalb glaubte er, sich alles erlauben zu dürfen. Er erlaubte sich einmal, mich in einer widerlichen vertraulichen Weise anzusprechen, und als er sah, wie empört ich darüber war, bewachte er mich wie ein Spion, und ich fühlte seine lauernden Blicke stets auf mir ruhen. Eine widerliche Atmosphäre umgab diese Kreatur, und wenn er meine Nähe verließ, hatte ich das zwingende Gefühl, alle Fenster aufzureißen, damit die frische Luft mir das Atmen erleichtern möge. Ich habe niemals eine so tödliche Abneigung gegen irgend jemand empfunden als gegen diesen von Metzsch gedungenen und an seine Stelle gesetzten Spion, und ich dachte oft, wie schade es sei, daß der sächsische Hof in seiner sonst so mittelalterlichen Art nicht auch eine rasche, scharf mittelalterliche Methode annahm, um solche Verräter für immer schweigen zu machen. Es kann sein, daß ein Mann eine Frau mit unbarmherzigem Haß verfolgen mag und unbestraft bleibt; doch bin ich altmodisch genug, um anzunehmen, daß Georg von Metzsch eines Tages die gerechte Strafe für alles erhalten wird, und zwar von einem Gericht, von dem es keinen Instanzenweg zurück gibt!

14. Kapitel

Ich verlasse Dresden.

Meine Lage wurde nach dem Tode König Alberts fast unerträglich, und das Jahr 1902 sollte ein unglückliches für mich werden. Mein Schwiegervater fühlte, daß seine Gesundheit erschüttert sei, und es schien, als wenn er entschlossen gewesen wäre, mich mit allen Mitteln, ob gut oder schlecht, ehe er sterben müßte, loszuwerden. Es muß ihm ein schrecklicher Gedanke gewesen sein, daß ich Königin von Sachsen werden würde. Als er sich kränker fühlte, wuchs seine Härte und mit ihr sein Fanatismus.
Ich war ohne Freunde, und wie sehnte ich mich nach jemandem, dem ich voll und ganz vertrauen konnte! Mein Gemahl war stets unverändert lieb und gut zu mir. Wenn ich aber versuchte, ihm von meinen Leiden zu erzählen und ihm zu erklären, wie die Dinge wirklich stünden, konnte oder wollte er nicht glauben, daß es solche Bosheit gäbe. Zu allen meinen Vorstellungen, nachdem er sich von der Wahrheit meiner Angaben überzeugt hatte, antwortete er nur: »Aber ... warum? Was für einen Grund kann es denn für solche Dinge geben? Ich merke keinen Unterschied, warum sorgst du dich?«
Es war mir stets, als wenn ich mit dem Kopf gegen die Wand rennte, so wenig Eindruck machten meine Worte auf Friedrich August, und in Verzweiflung gab ich jeden weiteren Versuch auf.
Ich wußte, daß man mich beobachtete und ich von Spionen umgeben war, in meinen eigenen Gemächern sogar, und ich fühlte den Zusammenbruch meiner Nerven, der

kommen mußte. Meine Kammerfrau sagte mir, sie sei überzeugt, daß ich auch nachts bewacht würde. Daraufhin entschloß ich mich, das selbst herauszufinden. Eines Nachts stand ich auf und schlich leise durch die dunklen Räume. Da die Läden nicht geschlossen waren und die Straßenlaternen nicht genügend Licht gaben, damit ich alle Gegenstände in den Räumen erkennen konnte, sah ich einen schweren Damastvorhang leise sich bewegen; doch tat ich, als wenn ich nichts gesehen hätte. Nach einigen Augenblicken kehrte ich in mein Schlafzimmer zurück und ging hinauf, meine Kammerfrau wecken. Wir gingen nach dem Zimmer, das der Spion, wie ich vermutete, bewohnte. Meine Kammerfrau rief ihn bei Namen, da aber keine Antwort kam, öffnete sie die Tür, und wir sahen, daß das Bett leer war und, was bisher von mir nur vermutet wurde, Wirklichkeit war.
Ein anderes Mal, als ich mich zu einem Hofball ankleidete, saß ich gerade vor meinem Toilettetisch, in dessen Spiegel ich die Tür meines Toilettezimmers gerade sehen konnte. Während meine Kammerfrau das Diadem mir auf die Haare setzte, sah ich eine vorsichtige Hand leise die Seidenportiere heben, und ich bedeutete meiner Kammerfrau durch einen Blick, daß etwas an der Tür vor sich ginge. Wir unterbrachen unser Gespräch nicht, aber auf ein von mir gegebenes Zeichen stürzte sie durch das Zimmer und stand vor einem Lakaien, der hinter der Portiere versteckt war. »Was machen Sie da?« fragte sie. Aber der Diener gab einen geringfügigen Grund an und zog sich rasch zurück.
Nach diesen Ereignissen beruhigte mich der Gedanke, daß mein Gemahl dasselbe Schlafgemach mit mir teilte und ich wenigstens dort vor Spionage sicher war.
Mit gemischten Gefühlen der Freude und Besorgnis entdeckte ich, daß ich wieder die Hoffnung hatte, Mutter zu werden. Unter glücklicheren Verhältnissen würde ich mit Jubel ein anderes süßes Kindchen begrüßt haben. Aber

ich hatte solch bestimmte Ahnungen von drohendem Unglück, daß ich fürchtete, dieser nervöse Zustand würde dem Kinde schaden. Diese einsamen Zeiten wurden mir durch die Gesellschaft meiner Söhne erheitert, die nun alt genug waren, um einen Erzieher zu haben. Oft ging ich, mich von den Fortschritten ihrer Studien zu überzeugen, und sprach dann mit ihrem Erzieher M. Giron, der ein geistvoller und liebenswürdiger Gesellschafter war.
Ich schrieb meinem Bruder Leopold lange Briefe und schüttete ihm mein Herz aus, indem ich ihm erzählte, was ich alles zu ertragen hätte. Leopolds Antworten trösteten mich und halfen mir zur Geduld. Ich hatte in dieser Zeit den festen Entschluß gefaßt, Sachsen zu verlassen, und schlug meinem Bruder vor, daß wir zusammen ein Heim in der Schweiz gründen wollten, bis König Georg gestorben, und ich dann als Königin nach Sachsen zurückkommen könnte.
Meine Oberhofmeisterin Freifrau von Fritsch war eine meiner unerbittlichsten Feindinnen. Diese Dame verdankte ihre Stellung an meinem Hofstaate ihrer Freundschaft mit meinem Schwiegervater, die von ihrer Jugendzeit herstammte, als er ein Jünger Platos war, dessen Lehre seinen Neigungen einen Zaum anlegte und ihn leidenschaftslos in seinem Verkehr mit dem anderen Geschlecht erscheinen ließ.
Frau von Fritsch schmeichelte in so hohem Maße diese Freundschaft König Georgs, daß sie sich als ein Mitglied der königlichen Familie selbst ansah. Sie trug genau dieselben Toiletten wie ich. Ihre Nachahmungssucht ging so weit, daß sie von ihr in den Bereich der Lächerlichkeit hinübergetrieben wurde. Ich erinnere mich, daß einstmals Erni, der sie auf der Treppe traf, im ersten Augenblick sie für seine Mama hielt, bis eine nähere Betrachtung ihm seinen Irrtum zeigte. Der Kleine war sehr verlegen und sagte ernst: »Exzellenz sehen wie ein sehr altes Bild von Mama aus.« Frau von Fritsch hatte so wenig Geist, daß sie nicht

merkte, daß Erni sie nur als ein Kunstwerk betrachtet hatte, und sie wiederholte diesen Spaß, der sie lächerlich machte, jedem, dem sie begegnete.
Sie war furchtbar affektiert. Aber ihre Affektation und ihr geheuchelt achtungsvolles Benehmen konnten nur schlecht ihre verborgene Unverschämtheit verstecken. Sie war falsch bis in die Tiefe ihres Herzens. Stets sprach sie mit meinem Schwiegervater über mich und sicher nie zu meinem Vorteil.
Im November 1902 kamen die Dinge zur endgültigen Lösung. Eines Morgens kam Frau von Fritsch in meinen Salon, und zu meinem Erstaunen wagte sie es, über das freundliche Interesse zu sprechen, das ich für den Erzieher meiner Söhne hatte. Ich war stets einem vernünftigen Rate zugänglich, aber das ein Weib, das stolz auf seine Freundschaft mit meinem Schwiegervater war, wagte, mich zu bekritteln, war mehr, als ich ertragen konnte. Ich bestand darauf, daß sie ihre Anklage, daß ich mit M. Giron geflirtet hätte, vor meinem Gemahl wiederholen sollte. Frau von Fritsch weinte und schluchzte; sie beschwor mich, nicht auf dieser Aussprache zu bestehen. Dann ging sie zu meinem Schwiegervater und ich zu meinem Gemahl, und in einem Anfall von Verzweiflung bat ich ihn, mit mir von Sachsen fortzugehen. Da er jedoch damals an den Folgen eines gebrochenen Beines litt und mein Zustand ihn mit gewissen Bedenken erfüllte, war er eher erschreckt. »Laß uns nach Ägypten gehen«, drang ich in ihn, »wenn ich mit dir bin, dann erst werde ich ruhig sein. Du allein kannst mich retten; ich bitte, ich beschwöre dich, rette mich vor denen, die mich verderben wollen.«
Aber alles war umsonst.
Friedrich August sagte, ich sei durch meinen Zustand überreizt und nervös, und daß es hauptsächlich seines Vaters Gesundheit wegen ganz unmöglich für ihn sei, Dresden zu verlassen. Doch später, wenn ich wirklich es so

sehr wünschte, könnten wir reisen. »Später«, schluchzte ich, »später wird es zu spät sein.«
Ach, wenn mein Gemahl nur weniger gut und edeldenkend gewesen wäre. In seinen Augen war eine Frau und Mutter etwas so Heiliges, daß er gar nicht begreifen konnte, daß irgend jemand sie zu verleumden wagte. Die Überlieferungen und Ansichten seines Hauses machten es ihm unmöglich, auch nur anzunehmen, daß man es wagen würde, auch nur eine Anspielung auf die Kronprinzessin von Sachsen zu machen.
Ich sagte ihm, daß man Böses bereits bei meinen Besuchen in den Spitälern vermutet hätte, da ich im Kinderhospital, das unter meiner Protektion stand, wie in der Diakonissenanstalt oft verbinden ging und bei Operationen und Krankenpflege mithalf.
Eines Abends wurde ich von der Diakonissenanstalt aus zum Telephon gerufen, und der Arzt teilte mir mit, daß ein armes Mädchen, der ich gewöhnlich den Verband anlegte, in Verzweiflung nach mir rief, da sie von niemand anders als von mir den Verband gewechselt haben wollte. Der Arzt bat mich, ob ich nicht kommen könnte, da die Kranke so nach mir verlangte. Als mir diese Botschaft überbracht wurde, saßen wir alle beim Tee an diesem Abend, und als ich vom Telephon zurückkehrte, wollte ich sofort ins Spital fahren. Mein Schwiegervater jedoch verbot es mir, indem er in spottendem, verächtlichem Tone sagte: »Laß die Ratte krepieren.« Ich fühlte diese Grausamkeit dem kranken Mädchen gegenüber härter denn alles, was ich von ihm in all den Jahren erdulden mußte. Ich wußte, daß ich meine Pflicht tat, wenn ich ins Spital fuhr, wo ich helfen und trösten konnte, jeden, wer immer es auch sein mochte, der nach mir verlangte oder mich brauchte.
Ich hoffe, daß das arme Mädchen verstanden hat, wie sehr es mich verlangte, zu ihr zu kommen, und wie viel ich diesen Abend in Gedanken bei ihr war.

Nach ihrer Anklage sandte Frau von Fritsch zu M. Giron und hoffte, ihn mit einem Geständnis zu fangen. Er war empört und verlangte augenblicklich, seinem Verleumder gegenübergestellt zu werden. Nichts vermochte ihn dazu zu bewegen, bei Hofe zu bleiben; er sagte meinem Gemahl, daß wichtige Familienangelegenheiten ihn nach Brüssel zurückriefen und er sofort abreisen müsse.
Frau von Fritsch ging sofort zu meinem Schwiegervater und bat ihn, mit allen Mitteln zu verhindern, daß M. Giron Dresden verlasse. Sicher aus keinem anderen Grunde, als daß seine Abreise alle Hoffnungen vereiteln würde, mit denen sie gerechnet hatten und die mit meiner endgültigen Beseitigung geendet hätten. Der König war durch die Wendung der Dinge bestürzt und bat mich zu versuchen, M. Giron von seinem Entschluß abzubringen. Derselbe blieb jedoch eigensinnig bei seinem Vorhaben und verließ Dresden in den ersten Novembertagen 1902.
Was für Bußen sich mein Schwiegervater auferlegt haben mag, um sein ängstliches Gewissen zu beruhigen, weiß ich nicht. Aber sicher wurden für die Seelen im Fegefeuer viele Extramessen gelesen, und da die Hofkapläne stets fünf Mark für jede Messe einsteckten, denke ich, werden sie unsere Familienzwistigkeiten nicht sehr gestört haben.
Als der König klar einsah, daß seine Pläne gescheitert waren, sandte er nach mir und sagte mir im Tone kalten Hasses, daß die Anordnungen, die er für mich getroffen habe, zu meinem Besten seien. Er sagte, indem er gerade auf den wichtigsten Punkt losging: »Luisa, deine Ansichten und die Verachtung, die du für die Traditionen unseres Hofes hast, überzeugen mich immer mehr, daß du das Ideal einer Königin von Sachsen, wie ich sie mir träume, nicht erfüllen kannst. Ich bedauere nur, daß deine lächerlichen modernen Ideen mir nicht erlauben, dich für Lebenszeit einzusperren, oder besser noch«, fuhr er fort, »dich so vollständig verschwinden zu lassen, daß man niemals mehr von deinem Schicksal etwas erfahren

Luise von Toscana
und André Giron

Publikationen
aus dem Jahre 1903

Geistige Störung
oder Lüsternheit!

Der Fall Kronprinzessin
Louise und Giron.

Von
Graf Edler von Z...r.

Zürich und Leipzig.
Verlag der Verlags-Anstalt.

Preis 50 Pfennige.

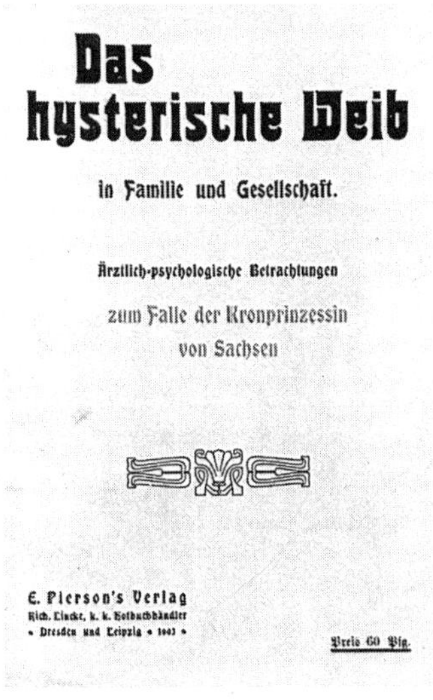

Das
hysterische Weib

in Familie und Gesellschaft.

Ärztlich-psychologische Betrachtungen
zum Falle der Kronprinzessin
von Sachsen

E. Pierson's Verlag
Rich. Lincke, k. k. Hofbuchhändler
• Dresden und Leipzig • 1903 •

Preis 60 Pfg.

würde. Du hast deine Bestimmung erfüllt, du hast Söhnen das Leben geschenkt, um unsere Dynastie fortzupflanzen. Aber, Luisa, ich will dir nur sagen, was ich stets gedacht habe, daß du geistesgestört bist und daß die bourbonisch-habsburgischen Exzentrizitäten sich in dir so entwickelt haben, daß sie der Grund deines geistig anormalen Zustandes geworden sind. Meine arme Luisa, zum Glück sind in unserer Zeit alle Vorsichtsmaßregeln für Geisteskranke getroffen, und ich werde mich persönlich dafür interessieren, daß du vor den Folgen deiner Handlungen bewahrt bleibst.«
Auf diese Worte hin verließ er mich. Frau von Fritsch, die zweifellos eine gespannte Zuhörerin dieses Gespräches gewesen, kam in großer Aufregung zu mir. »Er ist so gerecht, so gut und so besorgt um Ihr Wohlergehen«, sagte sie; »er wünscht, daß Ihr Gemahl von vielem Traurigen, was Sie betrifft, nichts erfahren soll.« In mütterlichem Tone fuhr sie fort: »Mein süßes Prinzeßchen, ich fühle so innig mit Ihnen. Denken Sie nur, wenn Sie in einem hysterischen Anfall Ihre herzigen Kleinen bedrohten oder angriffen? Wie entsetzlich würde das sein. Es ist besser für Sie, wenn Sie die Kinder nicht mehr allein sehen. Von heute an habe ich den Befehl, niemals die Kinder allein mit Ihnen zu lassen.«
Ich war wie betäubt vor Entsetzen und Angst, daß ich zuerst nicht sprechen konnte, als man mir sagte, daß ich geisteskrank sei. Doch raffte ich sofort meine ganze Energie zusammen und wandte mich gegen meinen Feind. »Schweigen Sie«, schrie ich, »was wagen Sie noch in meiner Gegenwart hier zu sein? Verräterin, es gibt nichts in meinem Leben, dessen ich mich schämen müßte. Verlassen Sie mich.« Bei diesen Worten verlor Frau von Fritsch vollkommen ihre Selbstbeherrschung, und sie zischte: »Kaiserliche Hoheit, ich will Ihnen nur noch sagen, daß Ihre Entbindung auf dem Sonnenstein erfolgen wird, und daß Ihr Schwiegervater und ich alle Einzelheiten bereits

vorbereitet haben und Ihre Zimmer schon hergerichtet sind.«
Als ich allein war, versuchte ich mich mit aller Macht zur Ruhe zu zwingen, damit ich meine verzweifelte Lage in allen ihren Einzelheiten überblicken konnte. Ich bin überzeugt, daß nur wenige menschliche Wesen sich jemals in einem so schrecklichen Zustand befunden haben. M. Girons plötzliche Abreise hatte dem König die besten Karten seines Spiels aus der Hand genommen. Es war gewiß seit langem beabsichtigt gewesen, mich entweder als untreue Gattin oder als Geistesgestörte hinzustellen. Der erste Plan scheiterte, da es auch nicht den kleinsten Beweis gab, der auf eine Liaison zwischen mir und M. Giron hinweisen konnte; so wurde von meinen Feinden der andere Ausweg gewählt.
Ich überlegte mit ohnmächtiger Verzweiflung, wie hilflos ich wäre, wenn ich in einer Maison de Santè untergebracht würde, und schaudernd erinnerte ich mich verschiedener Prinzessinnen, die für immer in ein Irrenhaus verbannt wurden, was mit lebendigem Begrabensein gleichbedeutend ist.
Die Angst vor Geisteskrankheit und die Schrecken des Eingeschlossenseins waren mir stets das Gräßlichste, was ich mir denken konnte. Und wenn man es Erholungsheim, Schloß, Privatsanatorium oder Nervenheilanstalt nannte, mir war es gleich entsetzlich, da es stets nur dasselbe bedeutete. Jede erzwungene Einschränkung persönlicher Freiheit wurde von den Habsburgern mit stolzer Auflehnung empfunden, und mein ganzes Ich empörte sich gegen das Schicksal, das mir aufgezwungen werden sollte.
Was konnte ich tun? Verschiedene Pläne bildeten sich in meinem Hirn, verschwanden, kamen wieder und kristallisierten sich zuletzt zu dem einen Worte: Flucht.
Ich wußte, daß die Stunden meiner persönlichen Freiheit in Dresden gezählt waren und daß mein Mann nicht auf

meine Vorstellungen hören würde, dieselben deshalb nutzlos seien. Es blieb mir nichts anderes als die Flucht übrig; aber selbst bei dem bloßen Gedanken litt ich Qualen. Meine geliebten Kinder zu verlassen, die Kleinode, die mir allein gehörten und anvertraut waren, war mir unmöglich. Ich dachte mir lieb Jury, Erny und meinen Tia ohne ihre Mämmi, die sie so zärtlich liebte, und weinte, als ich an meine beiden kleinen Mädchen dachte, die zum Glück zu klein waren, um mich lange zu vermissen.
Man hat mich als eine leichtsinnige und herzlose Mutter hingestellt, die ihre Kinder in der grausamsten Weise verließ. Aber da ich nun die ganze Wahrheit der Welt übergebe, überlasse ich der Welt das Urteil, wer grausamer war: ein zu Tode gehetztes, verfolgtes Weib, das für seine Freiheit kämpfte, oder die gewissenlosen Feinde, die es von Gatten, Heim und Kindern vertrieben?
Allein zu fliehen erschien mir als eine Unmöglichkeit, erfüllte mich mit Angst und Sorge. Ich kannte wenig oder gar nichts von der Außenwelt, und deshalb ängstigte mich das Unbekannte. Mein Gesundheitszustand, bei dem alle Aufregungen vermieden werden sollten, und meine Geistesverfassung machten mich physisch und moralisch widerstandslos.
Wenn ich an das dachte, erfaßte mich eine plötzliche Todesangst. Nein, mein Kindchen durfte niemals in einem Narrenhaus geboren werden. Es mußte mit allen Mitteln schon vor seiner Geburt vor solchen Einflüssen bewahrt werden! Und dieser letzte Gedanke brachte die Entscheidung für die Ausarbeitung der Pläne, die mein ungeborenes Kind und mich sicherstellen und beschützen sollten.
Da ich mich abgespannt fühlte, bat ich Friedrich August, ob er mir gestatten würde, auf einige Tage nach Salzburg zu reisen. Zu meinem Erstaunen wurde mir weder von ihm noch von meinem Schwiegervater ein Hindernis in den Weg gelegt. So schrieb ich sofort meinen Eltern, indem ich ihnen mitteilte, daß ich die Absicht hätte, einen

kurzen Besuch ihnen abzustatten; zugleich sandte ich heimlich einen langen, vertrauensvollen Brief an meinen Bruder Leopold. Ich schrieb ihm, daß ich mich auf sein Versprechen, mir zu helfen, verlasse, in dem Falle, daß Papa es ablehnen würde, mich in Salzburg zu behalten. Von dem Augenblicke an, da ich wußte, daß mir nichts mehr in den Weg gelegt wurde, um meinen Plan auszuführen, lebte ich wie in einem wachen Traum. Eine sonderbare Ahnung sagte mir damals, daß dieser Abschied ein langer zu werden bestimmt sei und mein Leben in Dresden bald zur Vergangenheit gehören würde.
Ich ertappte mich, daß ich mit sonderbarem Interesse ganz unwesentliche Gegenstände in meinen Zimmern betrachtete. »Sieh uns gut an«, schienen die Bilder mir zu sagen, »denn du magst uns vielleicht niemals wiedersehen.« Die berühmten Smaragde leuchteten in ungewohntem Feuer und schienen zu flüstern: »Wir sind bestimmt, in Jahren eine andere junge Königin zu schmücken.«
Als ich mich heimlich in das Schlafzimmer meiner Kleinen stahl, um sie im Schlafe zu betrachten, schien ein unsichtbares Etwas mir zu folgen und flüsterte: »Unglückliche Mutter, pflege liebevoll die Erinnerung an diese Kleinen; du wirst den Trost in Tagen, die noch kommen werden, erleben, daß dein Bild in ihren Herzen weitergelebt hat.«
Die letzte Nacht vor meiner Abreise lag ich wach, das Herz bebte in Todesangst, ich hörte das friedliche Atmen meines Gemahls und dachte, daß er ahnungslos schlief, ohne zu wissen, was der morgige Tag bringen würde. Oft überkam mich der heiße Wunsch, ihn um seinen Schutz zu bitten; aber ich fürchtete den Einfluß meines Schwiegervaters und getraute mich nicht, Friedrich August zu wecken.
Als ich zum Bahnhof fuhr und Dresden verließ, hatte ich das Gefühl eines Auswanderers, der seine Heimat für immer verläßt und nicht weiß, ob er je zurückkehren wird.

Als ich in das Coupé stieg und der Zug langsam aus der Bahnhalle fuhr, wußte ich, daß die Tage als Kronprinzessin von Sachsen für mich vorüber seien.

15. Kapitel

Meine Ankunft in Salzburg. Eine erfolglose Aussprache. Mein Bruder beschützt mich. Wir entschließen uns zu gemeinsamer Flucht. Nächtliches Erlebnis. Wir reisen nach der Schweiz.

Ich kam in Salzburg am 10. Dezember 1902 an, und auf der Reise dahin zog der Sturm widerstrebendster Gefühle durch meine Seele. Trotzdem gewann der Gedanke, daß ich meinem Schwiegervater entronnen war, stets die Oberhand und erfüllte mich mit unendlicher Erleichterung. Die Gefahr, in ein Narrenhaus eingesperrt zu werden, war nun abgewendet. Doch war ich unsicher, was für eine Stellung meine Eltern mir gegenüber einnehmen würden.
Eine merkwürdige Erfahrung meines Lebens besteht darin, daß in verschiedenen Gelegenheiten, wenn ich auf andere mich verlassen habe, diese mich nicht nur im Stich gelassen, sondern auch meine Pläne vereitelt haben, und so stand ich stets in den großen Wendepunkten meines Lebens ganz allein.
Das düstere Residenzschloß in Salzburg betrat ich mit freudiger Hoffnung, da ich sicher annahm, daß Papa und Mama mit mir fühlen und mich trösten würden. Ich war ebenfalls überzeugt, daß Papa über den Gedanken, daß man mich in ein Irrenhaus zu sperren gedenke, empört sein würde. Ich sehnte mich nach tröstenden Worten und Liebesbeweisen, die mein wundes Herz heilen und mir frische Kraft einflößen sollten, neuen Prüfungen mutig entgegenzutreten. Aber ich war für Enttäuschungen bestimmt. Mama empfing mich kalt, sicherlich fand sie es sehr sonderbar, daß ich im strengsten Winter nach Salz-

burg kommen wollte. Sie sagte mir, ich müßte sehr vorsichtig sein und Papa ja nicht aufregen, da seine Gesundheit viel zu wünschen übrig ließe.
Ich habe mich oft gewundert, daß Mama und ich so verschieden in Anschauung wie Temperament sind. Sie war eine gute Mutter, aber ich bin sicher, daß sie froh war, wenn sich eine Heiratsgelegenheit bot und sie eine Tochter los werden konnte. Sie war jedoch sehr enttäuscht, daß sie nur mich und meine Schwester Anna verheiraten konnte. Letztere wurde im Jahre 1901 die Frau des Fürsten Johannes Hohenlohe-Bartenstein-Jagstberg.
Seit meiner Scheidung, wurde mir mitgeteilt, habe Mama die ganze Schuld, daß meine Schwestern nicht geheiratet hätten, auf meine Schultern geladen.
Mir ist es sehr leid, daß meine Schwestern nicht heiraten, denn sie sind liebenswürdig und reizend, und glücklicherweise haben sie nicht die Exzentrizitäten, die Leopold und ich von den Habsburgern ererbten.
Keine Zeit verlor ich, um eine Aussprache mit Papa zu haben, und obwohl mich die Veränderung in seinem Aussehen erschreckte und schmerzte, fühlte ich mich doch verpflichtet, ihm alles zu sagen. Mama mußte ihn bereits auf einen leidenschaftlichen Gefühlsausbruch vorbereitet haben, da er mich zuerst wie ein eigensinniges Kind behandelte, das Beruhigung braucht. Als er aber sah, wie tiefernst mir war, hörte er mir aufmerksam zu, und ich sah, daß er nachdenklich wurde.
Ich begann damit, ihm zu erzählen, was mir der Oberhofmarschall bei der Beisetzung König Alberts sagte: »Um alles in der Welt willen, seien Sie in Worten wie in Handlungen vorsichtig, Kaiserliche Hoheit; ein Komplott wird gegen Sie geschmiedet; mehr getraue ich mich nicht zu sagen.«
Ich erzählte all die unerträgliche Verfolgung, die Unwürdigkeiten, denen ich von Metzsch und seinen Spionen ausgesetzt gewesen, dem bitteren Haß meines Schwieger-

vaters. Papa fragte mich dann, ob ich Friedrich August mein Leid geklagt hätte, und auf meine Bejahung wünschte er zu wissen, was mein Gemahl dachte. Was konnte ich antworten? Ich mußte die ganze Wahrheit sagen, und so sagte ich, daß mein Gemahl meine Ideen der Tyrannei und Verfolgung nur als Schöpfungen meiner aufgeregten Phantasie, überall eine Beleidigung zu sehen, wo keine beabsichtigt war, auffaßte.
Zu meinem großen Erstaunen teilte Papa Friedrich Augusts Meinung. Er sagte, daß auch er überzeugt sei, daß mein Seelenzustand von nervöser Depression herkäme, die ganz natürlich mit meinem Zustand zusammenhinge, und riet mir, Geduld zu haben und nach Dresden zurückzukehren. Er ging sogar so weit zu behaupten, daß ich mich wahrscheinlich in der Haltung meines Schwiegervaters geirrt haben müsse, der, sicher nur durch die liebevollsten Gründe geleitet, vorgeschlagen habe, daß ich das Palais verlassen sollte, und statt eines Irrenhauses eine Ruhekur gemeint hätte.
»Aber Papa«, stammelte ich, »der Sonnenstein! Die ganze Welt weiß, daß er eine Irrenanstalt ist.« – »Was immer du auch vorbringen magst«, sagte Papa fest, »wird mich nicht überzeugen, daß die königliche Familie in Sachsen sich eines so feigen, niedrigen Mittels, gegen dich zu intrigieren, bedienen würde; denn abgesehen davon, daß du Kronprinzessin, bist du auch meine Tochter und ein Mitglied des österreichischen Kaiserhauses.« – Ich versuchte auszuführen, daß bei gewissen Menschen der Haß keine Grenzen kennt und keinen Rang berücksichtigt, und sagte, daß die Erbitterung, die Bismarck gegen die verstorbene Kaiserin Friedrich an den Tag legte, ein Beweis wäre, daß es ähnliche Fälle an anderen Höfen gäbe. Aber Papa wollte mir nicht mehr zuhören und sagte ungeduldig, daß ich ein für allemal besser täte, bald nach Dresden zurückzukehren.
»Ich sehe, Papa«, sagte ich verzweifelt, »daß du dich wei-

gerst, meinen Worten zu glauben. Ich versichere dich, daß ich nicht das kleinste Detail übertrieben habe; aber aus Liebe zu dir habe ich meine Leiden geringer hingestellt, als sie sind. Liebster Papa, du warst stets mein bester Freund. Ich beschwöre dich, mir mein Recht zu verschaffen. Was soll aus mir werden, wenn du mich verläßt? Du wirst gewiß deinem unglücklichen Kind einen Winkel in dieser großen Residenz nicht verweigern, damit es sich vor seinen Feinden schützen kann. Höre zu, Papa, wende dich nicht von mir ab; wenn ich hier bleiben darf, will ich dir keine Unannehmlichkeiten bereiten, und ich will geduldig sein. Die Dinge werden sich ändern, wenn mein Gemahl weiß, daß ich nicht zu ihm zurückkehren will, und meine Feinde sehen, daß ich unter deinem Schutz und dem des Kaisers von Österreich stehe.«
Papa war sichtlich bewegt, aber er blieb fest bei seinem Entschluß, und es schien mir, als wiederhole er eine gut eingelernte Lektion, als er etwa folgendes sagte: »Luisa, mir ist so leid um dich, wenn du unglücklich bist. Aber es ist unrecht, zwischen Mann und Frau zu treten, mein Kind; ich will unter keiner Bedingung zwischen dir und Friedrich August stehen. Du kannst versichert sein, daß, wenn er sagt, daß kein Grund zur Beunruhigung vorliegt, er das Richtige weiß und sagt, und du tätest besser, alle diese krankhaften Phantasien und ungerechten Verdächtigungen dir ganz aus dem Kopf zu schlagen.«
Auf diese Worte hin schwieg ich und suchte meinen Bruder Leopold auf, der bereits wartete, um das Ergebnis meiner Besprechung mit Papa zu hören.
Als ich ihm alles erzählte, zuckte er die Achseln und machte seinem Herzen über unseres Vaters Hartnäckigkeit Luft: »Papa hat nur Angst, Franz Josef zu beleidigen. Was mich anbelangt, so begreife ich nicht, warum wir Habsburger immer solche Angst vor ihm haben; er ist doch ein Mensch wie alle anderen.« – »Leopold«, sagte ich, »meine Lage ist wirklich eine verzweifelte. Meine

letzte Hoffnung bist du. Überlasse mich nicht meinen Feinden.« – »Dich aufgeben? Gewiß nicht«, rief der getreue Kamerad, »ich will nicht von gewissenlosen Priestern und einem jesuitischen alten König und seinen Kreaturen meine Schwester tyrannisiert wissen. Ich bin überzeugt, du hast sehr recht in allem, was du sagst, und ich begreife Friedrich August nicht. Ich möchte einen sehen, der es wagen würde, meine Frau zu verfolgen.«

»Was sollen wir tun?« fragte ich, da ich bestimmt annahm, daß der Grund meines Besuches in Salzburg bereits bekannt sei und Mama die ganze Angelegenheit nach Dresden schreiben würde, und erschrak ehrlich bei dem Gedanken, was auf ihre Enthüllungen folgen möchte. »Was sollen wir tun?« – »Nun, Luisa, ganz einfach, wir gehen morgen abend fort«, sagte Leopold; »ich werde alle Vorbereitungen für unsere Reise treffen, und ich denke, unser Ziel ist am besten die Schweiz«, meinte er, rasch entschlossen.

Ich dachte an das Sprichwort, das sagt: »Jeder Hafen ist im Sturm willkommen«, und obwohl ich meine Abreise von Salzburg nicht zu überstürzen die Absicht hatte, fühlte ich, daß eine rasche Flucht die einzige Möglichkeit für mich sei, um an mein Ziel zu gelangen.

In der elften Stunde wandte ich mich noch einmal an Papa. Aber als ich keine befriedigende Antwort auf meine Bitte bekam, sah ich, daß die Würfel gefallen, Leopold und ich gemeinsam unserem Schicksal überlassen waren.

Die Stunden dieses ereignisreichen Abends schienen kein Ende zu nehmen. Leopold sollte um halb ein Uhr mich holen kommen, und ich ging bald zu Bett, damit meiner Kammerfrau, die im Nebengemach schlief, jeder Verdacht genommen würde.

Als ich annahm, daß sie eingeschlafen sei, stand ich auf, getraute mich kaum, mich zu bewegen, und zog mich sehr leise an. Da es bitter kalt war, nahm ich ein warmes, schwarzes Sergekleid mit Astrachanmuff und Boa. Ein

Filzhut mit schwerem Kreppschleier vervollständigte mein Kostüm. Ich nahm allen Schmuck, etwas Wäsche, Strümpfe und Taschentücher, die nötigsten Toilettegegenstände und packte alles in einen kleinen Handkoffer. Ich hatte kaum meine einfachen Vorbereitungen beendet, als Leopold an meiner Tür klopfte. Ich öffnete leise, und wir schlichen auf Strümpfen durch die eisigen Säle bis zu meines Bruders Wohnung. Die Entfernung dahin schien endlos. Wir gingen vorsichtig durch die Empfangsräume und durch den Ahnensaal, wo ich im Mondlicht die Bilder meiner Habsburger Vorfahren sehen konnte, wie sie auf uns, ihre flüchtenden Nachkommen, herabsahen. Ihre Gesichter erschienen meinen aufs äußerste angespannten Nerven, als wenn sie einen Ausdruck höhnischer Freude trügen. Denn wirklich, sie sahen so lebenswahr aus, daß ich nicht im geringsten erstaunt gewesen wäre, wenn einige von ihnen aus ihren Rahmen gestiegen wären, um uns anzusprechen.
Endlich erreichten wir Leopolds Zimmer und schlichen von dort die Treppe hinab. Kaum getrauten wir uns zu atmen, da die Geräusche, die man nachts in alten Gebäuden hört, wenn Holzwände krachen, Balken ächzen und wundersame Insekten hinter den Wandverkleidungen tikken und klopfen, erschrecken und unheimlich sind.
Leopold schloß eine Tür am Ende der Treppe auf, und wir befanden uns auf dem Salzburger Domplatz. Es war eine stille Nacht, und im Mondlicht leuchtete der Schnee, der den Platz bedeckte, wie reines Silber. Es waren sechzehn Grad unter Null, bitter kalt. Gespenstisch erschienen mir die wohlvertrauten, bekannten Gebäude, und angstvoll blickte ich auf dem Platz umher.
Als ich zu den geschlossenen Fenstern der schlafenden Residenz emporblickte, dachte ich mit Schmerz, daß dies wieder ein Abschied sei und ich wieder mit einem Schritt dem Unbekannten entgegenging.
Ferdinands von Bulgarien halb scherzende Bemerkung

über die niedliche kleine Pflanze, die in Salzburg gewachsen war, flog blitzartig durch meine Erinnerung, und ich dachte mit trauriger Ironie, daß diese Pflanze ich sei. Sie konnte nicht gedeihen, wohin sie verpflanzt wurde, und sehnte sich, nochmals im alten Garten Wurzel zu fassen. Aber dort fand sie keinen Boden mehr.

Ein geschlossener Wagen, mit raschen Pferden bespannt, wartete auf uns, und wir fuhren nach einer kleinen Station, die drei Stunden von Salzburg entfernt lag, wo wir den Wiener Expreß nahmen, der uns nach Zürich bringen sollte – ein weiterer Schritt dem unbekannten Schicksal entgegen.

16. Kapitel

Meine Ankunft in Zürich. Meine künftige Schwägerin. Schweres Erwachen. Meine trostlose Lage. Der einzige Ausweg. Die Ankunft M. Girons. Die Jagd des kronprinzlichen Hofstaates. Deutsche Geheimpolizei. Ihre erfolglose Reise. Das gesetzliche Verfahren wird eingeleitet.

Mein Bruder und ich erreichten Zürich denselben Abend um fünf Uhr. Als ich die Schweizer Grenze überschritten hatte, fühlte ich mich vor Verfolgung und Festnahme sicher. Leopold war die Liebe und Güte selbst und versuchte, mir die Ereignisse von der heiteren Seite zu zeigen.

Als wir in Zürich angelangt waren, telegraphierte er meinem Vater, daß wir nach der Schweiz gereist wären und die Absicht hätten, daselbst zu bleiben.

Für mich erschien das Leben immer noch wie ein wacher Traum; hatte ich doch nun wirklich den Rubikon überschritten und kam zu der Erkenntnis, daß ich eine große Anzahl meiner Schiffe hinter mir verbrannt hatte.

Wenn sonst ein Weib vor den Konventionen flieht, so tritt sie doch in eine Welt, die ihr bereits bekannt ist. Ich jedoch befand mich in der Lage eines Forschungsreisenden und hatte viel von den Leiden und Entbehrungen zu durchkosten, die diesem als Los meist zufallen.

Als ich mich auf dem Bahnsteig in Zürich befand, erfaßte ich die Tatsache, daß ich nur ein Ganzes mit dem Eilen und Hasten um mich herum bildete. Ich dachte an das Zeremoniell, das gewöhnlich Fürstlichkeiten bei ihrer Ankunft auf einem Bahnhofe erwartet. Aber für mich war kein Empfang bereit, kein roter Teppich und keine

Freunde oder Verwandte, die auf mich warteten. Niemand bemerkte, daß die schwarzgekleidete, unglücklich aussehende Frau und der hübsche junge Mann, der sie begleitete, die Kronprinzessin von Sachsen und ihr Bruder Erzherzog Leopold waren.
Wir fuhren sofort in ein Hotel. Geistig und körperlich völlig erschöpft, warf ich mich auf mein Bett und weinte bitterlich. Hier war ebenfalls alles um mich fremd. Da hatte ich keine Kammerfrau, die mir alles herzurichten gewohnt war, kein seidenes Hausgewand, damit ich nur hineinzuschlüpfen brauchte, keine Kristall- und Silberflaschen voll duftender Essenzen, um meinen schmerzenden Kopf zu kühlen – nichts war mein eigen, außer was sich in der unscheinbaren Reisetasche, die in eine Ecke des Zimmers gestellt wurde, befand.
Der Gegensatz des Hotelzimmers mit meinen eigenen Räumen in Dresden, die, mit aller Bequemlichkeit eingerichtet, den Inbegriff der Wohnlichkeit in sich schlossen, ließ mich bei der Erinnerung ein heftiges Mißbehagen empfinden. Zum erstenmal seit meiner Verheiratung empfand ich eine Art Abneigung gegen meinen Gemahl, als ich die materielle Seite meiner augenblicklichen Lage betrachtete, und heiß stieg der Haß in mir auf bei der Erinnerung der erst vor wenigen Tagen erduldeten rücksichtslosen Behandlung und empörenden Mißachtung meiner Person. Vielleicht waren diese Gefühle gelegentliche spezielle Äußerungen der Schwangerschaft, wo eine Mutter von unerklärter Abneigung gegen den Vater ihres Kindes erfaßt wird. Aber nebenbei war auch die Unterströmung einer ärgerlichen Empörung über Friedrich Augusts Schwäche und fehlendes Verständnis für meine Leiden fühlbar, die sicher durch die fremde Umgebung nur noch verschärft wurde.
Ich weiß nicht, wie lange ich in diesem qualvollen Grübeln zugebracht habe. Aber ich muß doch schließlich eingeschlafen sein, denn ich erwachte durch das Geräusch

einer Tür. Das elektrische Licht wurde aufgedreht, und als ich mich erhob, um zu sehen, wer der Eindringling sei, begegnete mir der Blick von einem Paar madonnenhaft schöner, dunkler Augen, die aus einem regelmäßigen Gesicht, das von dichtem, prachtvollem, tizianrotem Haar eingerahmt war, leuchteten. Die Neuangekommene gehörte sicher nicht in meine Welt. Ich wurde aber nicht lange über ihre Persönlichkeit im Zweifel gelassen, da sie sich mir als die künftige Frau meines Bruders Leopold vorstellte.

Ich war bestürzt. Ich hatte das weder erwartet noch gewünscht. Ich wußte, daß mein Bruder sich in ein schönes Mädchen aus dem Volk verliebt hatte, dachte aber nie daran, daß er sie heiraten wolle. Darum fühlte ich instinktiv, daß ihre Ankunft alle meine Pläne umstürzen müßte. Ich versuchte jedoch, meine Mißstimmung zu verbergen und einige Wärme in meine Worte zu legen. Es wurde mir aber unmöglich, ihr näher zu kommen, da ich sofort entdeckte, daß sie nicht gewohnt war, selbst die einfachsten Grundsätze der Erziehung und des Benehmens bei Tisch zu berücksichtigen.

Nachdem meines Bruders Braut sich zurückgezogen hatte, saßen Leopold und ich die ganze Nacht zusammen, indem wie überlegten und unsere Zukunftspläne besprachen. Mit dem Ergebnis dieser Besprechung wurde ich aufs neue vor unlösbar scheinende Schwierigkeiten gestellt. Ich war bis zu diesem Augenblick der festen Überzeugung gewesen, daß Leopold mit mir in der Schweiz ein Heim gründen wolle, und zwar bis zu dem Tage, wo ich Königin und alle Schwierigkeiten gelöst sein würden und ich gefahrlos nach Sachsen zurückkehren könnte. Doch hatte Leopold mir niemals die leiseste Andeutung darüber gemacht, daß er anderer Meinung geworden sei. Man denke sich mein Erstaunen, als er mir mit vielem Zögern sagte, daß es für ihn unmöglich sei, unsere erste Idee auszuführen, da er so rasch wie möglich zu heiraten

gedächte, und dieser Schritt würde ihn in endlose geschäftliche Fragen und Schwierigkeiten verwickeln.
»Ich bin fest überzeugt, Luisa«, sagte er, »daß, trotzdem du für den Augenblick völlig sicher bist, du doch eventuell gezwungen werden könntest, nach Dresden zurückzukehren. Du liebst und betest deine Kinder in einem Maße an, daß sie als Lockung gebraucht werden könnten, um dich nach Sachsen zurückzubringen, und einmal zurück (besonders nach diesem Streich), wirst du zweifelsohne in einem Irrenhaus interniert.«
Als ich dies hörte, verließen mich alle Energie und alle Kraft; ich glaube, meine trostlose Verzweiflung rührte Leopold. Er versicherte mich, daß er nicht die Absicht hätte, mich zu verlassen, daß er stets mich beschützen wolle und sich meiner Sache annehmen würde. Ich machte ihm keinen Vorwurf, daß er sein Versprechen nicht gehalten hätte, ich war zu betäubt und sagte müde, ich müsse eine Stunde ruhen, damit ich versuchen könne, der neuen Wendung, die meine Lage bekommen, mit größter Ruhe und Mut entgegenzusehen.
Ich begriff sehr wohl, daß ich weder ein Heim noch Freunde hatte, bei denen ich ein Obdach finden konnte; selbst wenn diese sich getrauten, es mir anzubieten, durfte ich es nicht annehmen.
Ich stand allein; von den Wogen der Intrigen hin und her geschlagen, mußte ich einsehen, daß ich, ein völlig unerfahrenes Weib, gezwungen sein würde, bis aufs äußerste mit meinen Feinden zu kämpfen. Der Wintermorgen fing gerade zu grauen an, als ich in mein Zimmer zurückkehrte, und ich fragte mich, ob dieser Morgen der Vorläufer ebenso vieler kommender hoffnungsloser Tage wie dieser sein würde. Verzweiflung kam über mich und der Wunsch, meinen Leiden ein rasches Ende zu bereiten. Doch in demselben Augenblick dachte ich an mein ungeborenes Kind, und ich schämte mich meiner Schwäche. Heißes, rückhaltloses Weinen schmolz das Eis, das sich

um mein Herz gelegt hatte, und ich erinnerte mich, daß ich doch noch etwas hätte, für das ich leben mußte. In fünf Monaten würde ich nicht mehr allein sein. Kleine Händchen würden meine Hände fassen, unschuldige Augen würden meinem liebenden Blick begegnen, und ich würde auch einen Vertrauten haben, der, wenn auch unfähig zu sprechen, ebenso unfähig sein würde, meine Geheimnisse zu verraten.
Beruhigung kam wie ein Segen über mich und ließ mich für kurze Zeit Schlaf finden, der mir so sehr nötig war. Aber als ich erwachte, verdoppelten sich meine angstvollen Sorgen. Leopolds Braut war so ungeschickt und zum Verzweifeln taktlos, daß sie meinen nervösen Zustand nur noch verschlimmerte. Ich bin überzeugt, das arme Geschöpf meinte es wirklich gut; aber wenn sie mich als Prinzessin behandelte, war sie lächerlich, und wenn sie mich wie ihresgleichen behandelte, noch lächerlicher. Leopold, stets reizbar, war es nun mehr denn je. Er wiederholte mir unausgesetzt, daß mein Schicksal in Dresden beschlossen sei, und er malte mir das Entsetzliche meines Loses in furchtbaren, grellen Farben aus. In Wirklichkeit verschwor sich alles, um mich aus dem geistigen Gleichgewicht zu bringen und in einen Zustand unnützen Entsetzens künstlich hineinzuarbeiten. Die immer wiederkehrende Idee des Irrenhauses wurde eine wahre Zwangsvorstellung und stieß all meine gewohnte Ruhe um.
Nach so vielem fruchtlosen Nachdenken faßte ich einen verzweifelten Entschluß, und einen, der voll unglücklicher Folgen sein mußte. Ich entschloß mich, als einzigen Weg, der mich aus den Wirrnissen herausführen konnte, die mich umgaben, etwas zu tun, was meine Rückkehr nach Dresden wirksam verhinderte, selbst wenn ich dann das Opfer meiner triumphierenden Feinde würde.
Was konnte ich tun? Herausforderung würde meinem Zweck nicht dienen, und jeder Versuch, mich an meinen Gemahl zu wenden, wäre nutzlos. Den Gedanken, mich

an die Öffentlichkeit zu wenden, verwarf ich sofort. Was blieb mir übrig? Plötzlich durchzuckte mich eine mögliche Lösung. Mir schien es, die Worte zu hören: »Kompromittiere dich.« Der Stimme, welche diese Worte in mir zu flüstern schien, antwortete ich: »Mit wem?«
Ich wußte wohl, daß man mich geheimer Liebesaffären beschuldigt hatte, und ich war außerordentlich darüber amüsiert, wenn ich die Klatschgeschichte hörte, da ich nirgends ohne meine Hofdame hinging und stets dasselbe Gemach mit meinem Gemahl teilte. Solche lächerliche Lügen schienen mir kaum einer Widerlegung wert zu sein.
Aber nun erinnerte ich mich an jemand, der in impulsiver Art geschworen hatte, sich meinen Diensten zu widmen, gleichgültig, wann und wie ich es verlangte. Dieser war M. Giron – er hatte schon damals, als er Dresden verließ, um allen Verdächtigungen den Boden zu entziehen, selbst im Augenblick der Empörung noch in ritterlichem Mitleid mit mir jene Versicherung abgegeben –, der mir in diesem Augenblick als meine einzige Hoffnung erschien, um mich vor meinem Schwiegervater sicherzustellen und vor dem Irrenhaus zu schützen. Ich überlegte diesen gewagten Ausweg den ganzen Tag und fragte Leopold nach seiner Meinung. Er riet mir davon nicht ab, da das Ungewohnte ihn stets anzog, aber hauptsächlich, weil er den Wunsch hatte, ungehindert seinen Weg gehen zu können, ohne durch irgendein Familienband gefesselt zu sein, wie das einer fortgelaufenen Schwester. Die Welt soll urteilen, in was für einem seelischen Zustand ich gewesen sein muß, wenn meine Angst vor meinen Feinden so groß war, daß ich sogar meinen guten Ruf opfern wollte, um ihnen zu entfliehen. Die Habsburger sind immer leichtlebig und leicht in der Liebe gewesen. Aber ich hatte niemals Lust, ihnen nachzuahmen. Ich stellte die Liebe über alles, weil sie für mich in sich alles verkörperte, was schön und gut heißt. Aber ich habe nie daran auch nur im

Luise von Toscana und André Giron in Mentone

Traume gedacht, meinen Gemahl zu hintergehen oder den Kindern gegenüber die schuldige Ehrfurcht zu vergessen. Ich war mir wohl bewußt, daß, wenn einmal der Schritt getan, er nicht mehr rückgängig gemacht werden könnte. Ich sah mich als Mittelpunkt des Skandals hingestellt, als untreue Gattin und herzlose Mutter. Mir war's als könnte ich das rohe, gemeine Geklatsch hören, das unverhindert sich weiter und immer weiter verbreitete.
Die gewöhnliche Frau hat nur die Verdammung ihres eigenen Kreises zu ertragen, wenn sie die Schicklichkeit beleidigt. Ich war in einer viel schlimmeren Lage, da ich mit vielen der königlichen Familien Europas verwandt bin, und ich mußte mit Kaiser Franz Josef rechnen, der als Haupt der Habsburger wie der olympische Jupiter die Donnerkeile der Verbannung, Verlust von Rang und Titeln auf widerspenstige, eigensinnige Mitglieder seines Hauses schleudern konnte. Auch die schreckliche Öffentlichkeit, die Zeitungen der ganzen Welt, die über mich herfallen würden, bedachte ich.
Abgesehen davon, daß ich wußte, daß ich leiden mußte, war ich ganz trostlos bei dem Gedanken, meinem Vater so großen Kummer zu bereiten, und das bedrückte mich sehr. So entschloß ich mich, zum letztenmal an meine Eltern mich zu wenden. Ich telegraphierte ihnen die Bitte, nach Hause zurückkehren zu dürfen. Ich wartete auf die Antwort mit unsagbarer Angst, und zuletzt kam sie. Mit zitternden Fingern öffnete ich das Telegramm, das mein Schicksal besiegeln sollte: »Nous avons d'autres enfants ne pouvons nous occuper de toi.« (Wir haben noch andere Kinder, können uns nicht mir Dir abgeben.) Ich sah, daß mir kein Ausweg gelassen war, als M. Giron herbeizurufen. Auf mein Telegramm kam er sofort nach Zürich. Zuerst war er sehr dagegen, daß ich das große Opfer, was ich vorschlug, bringen sollte. Aber ich erinnerte ihn an sein Versprechen und hielt ihn beim Wort. Wenn ich mit reifem, nüchternen Urteil zurückblicke, sehe ich, daß ich

in dem Plane, wie ich dem Schicksal trotzen wollte, völlig irre geführt wurde. Damals war ich unfähig, den wahren Ernst und die Tragweite meines Schrittes zu ermessen. Wir Habsburger fanden nie den rechten Berater zu rechter Zeit, um vor uns selbst uns zu schützen; ich muß offen gestehen, daß es keine schwierigeren Sterblichen zu beraten gibt, wenn wir einmal unseren eigenen Weg zu gehen entschlossen sind.

Die Besprechung zwischen Leopold, M. Giron und mir führte zu dem Entschluß, Zürich zu verlassen und nach Genf zu reisen. Wir sandten ein Telegramm an den Hofmarschall Herrn von Tümpling in Dresden. Das Telegramm wurde durch die Post an einen Freund M. Girons in Brüssel gesandt und von dort nach Dresden telegraphiert, damit der Hof auf eine falsche Fährte geführt würde und unsere Schachzüge gedeckt wären. Mein Telegramm rief die größte Bestürzung am Hofe hervor, da die Leute dort völlig im unklaren gelassen waren, daß etwas Ungewohntes vorgefallen sei. Aus Salzburg wurden Bulletins gesandt, die mitteilten, ich sei durch eine heftige Erkältung an mein Zimmer gefesselt, und die Dresdner Zeitungen druckten ahnungslos diese Berichte ab. Alles wurde getan, um einen Skandal zu verhindern. Frau von Fritsch und Herr von Tümpling, von Kammerdiener, Kammerfrauen und Gepäck begleitet, verließen in Eile Dresden, um sich nach Brüssel zu begeben, in der Hoffnung, meine Spur aufzufinden. Die Geheimpolizei durchsuchte alle Hotels, jedoch ohne Erfolg. Das königliche Gefolge kehrte, ohne meine Spur gefunden zu haben, nach Dresden zurück. Nachdem fünf Tage rastlos ganz Deutschland durchsucht worden war, gelang es, die Schweiz als mein Versteck aufzudecken, und die Geheimpolizei wurde dahingesandt, meine Verhaftung zu bewerkstelligen.

Viele deutsche Geheimpolizisten scheinen eine fabelhafte Idee von ihrer Wichtigkeit zu haben, und dies macht sie

völlig die Gesetze anderer Länder vergessen. Ich bin überzeugt, daß sie annehmen, sie könnten selbst den Papst arretieren, wenn sie im Namen Wilhelms II. Einlaß in den Vatikan verlangten.
Als die Agenten in Genf anlangten, dachten sie, nun völlig Herr der Situation zu sein, und waren daher sehr beunruhigt, als sie aus dem Zuge stiegen und der Schweizer Polizei begegneten, die ihnen, ohne sich im geringsten an eine offizielle Vorstellung zu halten, sagte, sie müßten augenblicklich nach Deutschland zurückkehren, da niemand, sei er Prinz oder Bauer, von auswärtiger Polizei in Genf festgenommen werden könnte. Die Kommissäre waren daher gezwungen, zu ihrem Ärger und Mißbehagen, einen etwas lächerlichen Rückzug anzutreten.
Der bekannte Rechtsanwalt M. Adrien Lachenal übernahm meine Verteidigung. Äußerst liebenswürdig, hochbedeutend und geistvoll, tat M. Lachenal sein Bestes für mich. Ich hatte außer Lachenal auch noch einen Rechtsanwalt aus Leipzig, Dr. Zehme, ein anderer Anwalt vertrat mich in Dresden. Energisch weigerte ich mich, den Vorschlag einer Scheidung anzunehmen, und bestand nur auf der Notwendigkeit einer Trennung. Alles, was ich sagte, wurde meinem Gemahl falsch hingestellt. Ich sah deutlich, daß meine Feinde entschlossen waren, Himmel und Erde in Bewegung zu setzen, damit eine Annäherung zwischen ihm und mir verhindert würde.

17. Kapitel

»Après moi le déluge.« Die Sympathien des Volkes. Steinwerfen. Blinde Gerechtigkeit. Geld geht über Ehre. Ein Brief, der mich nie erreichte. Ich siedle in die Maiterie über. Riegel und Gitter. Irrenpflegerinnen. Kaltes Essen. Eine Tasse Schokolade. Erinnerungen verfolgen mich. Ich blicke zurück. Mein Erwachen.

Als das sächsische Volk erfuhr, daß ich Dresden wirklich verlassen hatte, wuchsen Aufregung und Zorn derart, daß von den Behörden alles getan werden mußte, um die Ruhe wiederherzustellen.
Meine Flucht wurde der Behandlung, dich ich von seiten meines Schwiegervaters und der Priester erfahren, zugeschrieben. Die Mitglieder der königlichen Familie getrauten sich nicht auf die Straßen Dresdens, so tobte das Volk gegen sie. Ein schwarzer Kater wurde getötet und sein Fell, nachdem der Pelz nach innen gekehrt, an den Eingang des Schlosses gehängt und ein Zettel darüber befestigt, der folgende Worte trug: »Das wird dein Schicksal sein!« Mathilde fürchtete sich auszugehen. Ein großer Anschlagzettel, der in Versen geschriebene Worte enthielt, wurde auf der Außenseite der katholischen Hofkirche, wo die Gruft sich befindet, angebracht. Das Volk bedauerte darin, daß sein geliebter König Albert nicht mehr sei und daß mein Schwiegervater von seinen Untertanen in keiner Weise vermißt werden würde, wenn er anstatt des Bruders in der Gruft läge.
Zu Tausenden zog das Volk nach dem Schloß und verlangte stürmisch den Grund meiner Flucht zu erfahren. Die äußeren Tore wurden jedoch vor dem tobenden Volk geschlossen. In den Straßen hatte die Polizei große Mühe,

die Wütenden zurückzudrängen. Es kam zu richtigem Kampf, da das Volk versuchte, sich in das Schloß Eingang zu erzwingen. Die Truppe mußte eingreifen, um die Polizei zu unterstützen.

Für einige Zeit stieg die Erregung, und in den Tumulten, die stattfanden, hörte man den beharrlichen Ruf: »Bring uns unsere Luisa wieder!«, der die Ohren meiner Feinde innerhalb der Gitter und Tore erreicht haben muß und ihnen bewies, daß ich nicht ohne Freunde in Sachsen war.

Nach Frau von Fritsch wurde mit Steinen geworfen, als sie sich auf der Straße zeigte, gewiß eine neue Erfahrung für sie, da, obwohl sie selbst geschickt mit Steinen werfen konnte, es sicher das erstemal in ihrem Leben war, daß sie das Ziel wirklicher Steine war.

Georg von Metzsch wurde durch anonyme Briefe gewarnt, sich zu zeigen, denn sonst würde er sofort in Stücke gerissen. Die Lage wurde derart drohend, daß es unumgänglich notwendig war, so rasch wie möglich die gesetzlichen Schritte gegen mich einzuleiten.

Es ist allgemein bekannt, daß die gesetzliche Scheidung von der römisch-katholischen Kirche nicht anerkannt wird, und nachdem keine österreichische Erzherzogin zivil getraut wird, deshalb keine Zivilehe besteht, die allein geschieden werden könnte, war es für meinen Schwiegervater und seine Berater schwer, einen Weg aus dieser verwickelten Lage zu finden. Ein besonderer Fall wurde deshalb geschaffen, und die Scheidung wurde ausgesprochen. Die Klauseln wurden auf Basis der gewöhnlichen Scheidungsklagen aufgebaut. Da aber die Mitglieder des österreichischen Kaiserhauses nicht unter der Jurisdiktion anderer Höfe stehen, so wurde auch darin ein neuer Fall geschaffen, der den Juristen Sachsens alle Ehre erweist.

Mein Schwiegervater berief einen besonderen Gerichtshof, unbekümmert ob der, soweit ich unterrichtet bin, dabei angewandten ungesetzlichen Maßnahmen.

Dieser Fall wirft ein interessantes Licht auf das Verfah-

ren, das am Hofe zu Dresden angewandt wurde. Wäre es wohl in einem anderen zivilisierten Lande möglich gewesen, einen Gerichtshof wie den obengenannten eigenmächtig einzusetzen?
Der König beschloß, den Vorsitz als Oberrichter der zwölf Richter, die er erwählt, zu führen; doch im letzten Augenblick fehlte ihm der Mut. Vielleicht erschienen ihm in einer Vision Heilige, die sein Vorhaben mißbilligten und ihn warnten, und daher berief er den getreuen Metzsch und beauftragte ihn, die unerquickliche Arbeit zu übernehmen. Mein Schwiegervater war als eifriger Katholik durch den Gedanken der Scheidung besorgt und beunruhigt, da er nicht wußte, welche Stellung der Vatikan gegenüber dieser Frage einnehmen würde, und das machte ihn völlig unsicher.
Diesen Gerichtshof habe ich nie ernst nehmen können. Aus begreiflichen Gründen – ich wünsche diesem Buche eine ungestörte Verbreitung – enthalte ich mich einer ausführlicheren Aussprache über diesen Punkt. Ich will ja auch nicht diejenigen, die sich meiner annehmen, in Schwierigkeiten bringen. In England oder Frankreich wäre das ja auch nicht zu befürchten. Für Deutschland und Österreich muß ich andere Gesichtspunkte festhalten. Deshalb weicht auch die deutsche Ausgabe dieses Buches von den fremdsprachigen erheblich ab.
Ich beschränke mich also auf die Frage: Traut man mir die Fähigkeit zu, jahrelang Briefe zu schreiben, ohne mir einen Augenblick Ruhe zu gönnen, ohne an Essen, Schlafen, Trinken, Ankleiden zu denken? Briefe endlich, deren Handschrift ich nicht als die meine wiederzuerkennen vermag? Und doch sollen diese Hunderte, vielleicht Tausende meiner Briefe vorgelegen und gegen mich Zeugnis abgelegt haben. Meine Anwälte sagen es. Es waren aber auch Briefe da, zu denen ich mich bekenne, die ich an vermeintliche Freunde geschrieben hatte und die plötzlich nicht mehr in deren Besitz waren. Einige dieser Briefe hat

man vorgelegt, andere, die meisten nicht. Wozu das alles? Mein Stil und meine Handschrift waren den Herren doch schon bekannt? Brauchte man etwa Vorlagen zu neuen Vorlagen? Gewiß nicht; das kann doch in Deutschland gar nicht vorkommen. Und so schweren Widerstand kann eine wehrlose Frau auch gar nicht leisten. Warum haben es die Herren sich so schwer gemacht, mich zu verurteilen? All diese Fragen schwirren heute noch in meinem armen Kopf herum. Antwort kann ich mir weder geben noch von anderer Seite erhalten. In den fremdsprachigen Ausgaben sind die Anschuldigungen knapper und deutlicher formuliert: »Diesen Gerichtshof habe ich nie ernst nehmen können. Eine Unzahl gefälschter Briefe wurde vorgelegt, die von mir geschrieben worden sein sollten, aber selbst der beschränkten Intelligenz der einberufenen Richter war nicht klar, wie ich all die mir zugeschriebenen Briefe verfaßt haben könnte, da ich sonst jahrelang von Morgen bis Abend hätte schreiben müssen, ohne an Essen, Trinken oder Ankleiden zu denken. Der traurigste und schändlichste Teil der ganzen Angelegenheit aber war die Bestechung, von der Gebrauch gemacht wurde, um in Besitz meiner Korrespondenz zu kommen und so meinen Stil und die Eigenheiten meiner Handschrift fälschen zu können. Unglücklicherweise triumphierte Geld über Ehre, und meine Feinde waren in der Lage, sich viele meiner Privatbriefe zu beschaffen, die ich an bestimmte Personen, denen ich vertraut hatte, geschrieben hatte.«
Ich war verzweifelt und unglücklich, und mein geistiges Elend wurde durch Zeitungsreporter vermehrt, die mich förmlich verfolgten. Ich weigerte mich stets, mich interviewen zu lassen, und viele sogenannte Interviews, die angeblich in der Schweiz und auch an anderen Orten stattgefunden haben sollen, sind lügenhafte, grundlose Erfindungen. Ich erinnere mich, daß der Reporter eines amerikanischen Blattes, als ich aus meinem Zimmer trat,

sich mir näherte und ohne weiteres sagte: »Hören Sie, Prinzessin, ich werde diese Treppe, über die Sie schreiten, mit Banknoten bedecken, wenn Sie mir nur einige Worte sagen; ist das nicht ein annehmbares Geschäft?« Ich beachtete ihn gar nicht und schritt an ihm vorüber. Dies war nur eine der vielen Unannehmlichkeiten, die ich erdulden mußte. Die fortwährende Anstrengung und mein Gesundheitszustand ließen mich fühlen, daß ich am Ende meiner Kraft angelangt war und ein nervöser Zusammenbruch unvermeidlich sei.

M. Giron blieb nicht lange in der Schweiz, und er kehrte, da mein Ruf durch seine Gegenwart kompromittiert und damit mein Zweck erfüllt war, nach Brüssel zurück.

Im Februar 1903 erfuhr ich, daß mein geliebter »Tia« schwer krank sei, und in tödlicher Verzweiflung telegraphierte ich meinem Gemahl und bat ihn, ob ich mein Kind sehen dürfte. Friedrich August antwortete nicht selbst. Die verneinende Antwort kam von Metzsch, und zwar setzte er hinzu, daß, wenn ich versuchen würde, nach Sachsen zu reisen, um Tia zu sehen, ich augenblicklich an der Grenze festgenommen werden würde. Das brach mir das Herz. Ich hatte niemals gedacht, daß die Welt so hart sein könnte, und die Erkenntnis meiner verlassenen und freundlosen Lage erfüllte mich mit furchtbarer Angst. Meine Gedanken wandten sich meinem Gemahl zu, und ich sann unausgesetzt darüber nach, was er denken möge und was die Tage ihm an Leid brächten. Meine Sehnsucht, ihn zu sehen, war groß, ich wünschte nichts sehnlicher, als seine Verzeihung zu erlangen und von ihm gegen alle Unwürdigkeiten beschützt zu werden. Ich hoffte, daß Friedrich August sich freimachen und mich retten würde, sogar in dem Augenblick, wo alles verloren schien.

Es ist nur billig und recht, daß ich hier meinen Gemahl verteidige, dessen scheinbar gleichgültige Haltung meinen Leiden gegenüber vielfach gerügt worden ist. Ich weiß

nun, da es zu spät ist, daß er Herrn von Tümpling eigens nach Genf gesandt hatte, um mir einen Brief zu übergeben, in dem Friedrich August mich dringend bat, zu ihm zurückzukehren, und mich versicherte, daß alles gut würde. Der von Metzsch beeinflußte Abgesandte des Kronprinzen blieb drei Tage in Genf. Alle meine Bemühungen, ihn zu sehen, waren vergebens. Zuletzt schrieb ich ihm und bat ihn um eine Aussprache, doch sagte man mir, daß von Tümpling bereits abgereist sei und meinen Brief zurückgebracht hätte.
Es erscheint unglaublich, daß solche niedrige Maßnahmen angewendet wurden, um zu verhindern, daß mein Gemahl und ich zu einer gegenseitigen Verständigung kämen. Aber ich verdanke es Friedrich August, der Welt sagen zu können, daß er gewillt war, die Vergangenheit zu vergessen, und es gibt mir ein Gefühl der Befriedigung und der Freude, wenn ich denke, daß, obwohl sein Brief mich nie erreichte, er gewiß geschrieben war.
Als Zugabe anderer Unannehmlichkeiten war ich über die Art und Weise, wie mir finanzielle Schwierigkeiten (eine mir bisher unbekannte Erfahrung) entgegentraten, bestürzt und verwirrt. Ich hatte um mein Nadelgeld gebeten, was mir verweigert wurde, und ich wußte, daß, wenn ich mich nach Salzburg um Hilfe wandte, es mehr denn unnütz war. Mein Rechtsanwalt versuchte mich zu überzeugen, daß ich körperliche und geistige Ruhe brauchte und daß das Beste, was ich in meiner augenblicklichen Lage tun könnte, sei, in ein Privaterholungsheim zu gehen, bis alles soweit geordnet wäre. Ich entschloß mich, seinem Rate, der mir gut erschien, zu folgen, und wählte die Maiterie bei Nyon am Genfer See.
Ehe ich dahin ging, sah ich Professor Jentzer, der mit dem ausdrücklichen Wunsch kam, mir mitzuteilen, daß er einen Brief von Dresden erhalten hätte, in dem er gebeten wurde, sein Gutachten schriftlich abzugeben, in dem er erklären sollte, daß ich nicht in anderen Umständen ge-

wesen sei, als ich Dresden verließ. Man bot ihm eine Summe Geldes an, wenn er dem ausgesprochenen Wunsche nachkommen wolle. Jentzer sagte mir, daß er diesen Brief sofort zerrissen und unbeantwortet gelassen hätte, und setzte hinzu: »Ich würde niemals meinen Namen zu einer so elenden Erklärung hergeben.«

Lachenal bereitete alles für meine Abreise vor. Da Leopold auch sehr für den Gedanken war, daß ich nach Nyon gehen sollte, überzeugte ich mich doch zuletzt, daß es vielleicht die beste Lösung für den Augenblick sei.

Früh am Morgen des 6. Februar verließ ich Genf, von Leopold, Dr. Zehme (mein sächsicher Rechtsanwalt), Lachenal und Dr. Jentzer, Leiter der Frauenklinik in Genf, begleitet. Wir stiegen in den Zug und fuhren nach Nyon, wo ein Wagen an dem Bahnhofe auf uns wartete. Es war ein düsterer Tag. Der Himmel, von dem unausgesetzt ein feiner Sprühregen fiel, war dicht umzogen. Der Wagen war klein, und wir saßen zusammengepreßt darin.

Die Maiterie liegt ganz in der Nähe des Sees, auf einem ebenen Wiesengrund, der von einem kleinen Park umgeben ist. Mein erster Blick fiel auf ein großes Gebäude, vor dem wir hielten. Bei unserer Ankunft empfing uns der Direktor der Anstalt, Professor Dr. Martin, ein liebenswürdiger, etwas rauher Mann, der aber ein goldenes Herz besaß, wie ich später entdeckte, dann Prof. Forel, der größte Schweizer Spezialist für Geisteskrankheiten, früher an der Spitze einer Irrenanstalt, wo er viele Jahre tätig war. Später widmete er sich ausschließlich der Naturgeschichte und dem Volkserziehungswohle. Als mir sein Name genannt wurde, der mir so merkwürdig bekannt vorkam, erinnerte ich mich plötzlich, daß Mathilde ihn mir oft genannt hatte als einzigen Gelehrten, der genaue Studien über Ameisen und deren Leben gemacht habe.

Nach den Vorstellungen sagte mir Dr. Martin, daß ich eine Erklärung unterzeichnen müsse, daß ich freiwillig in die Maiterie einzutreten wünsche und ich damit einverstanden sei, mich seiner und seiner Kollegen Pflege zu überlassen. Etwas warnte mich instinktiv, und ich weigerte mich, das Dokument zu unterzeichnen; ich war aber damit einverstanden, daß mein Rechtsanwalt ein anderes Dokument vorbereiten sollte, in welchem ich erklärte, daß ich gewillt sei, so lange in der Maiterie zu verbleiben, als ich es wünschte, und jeden Tag dieselbe verlassen könnte. Diese Erklärung wurde hierauf in dieser Weise aufgesetzt und unterschrieben.

Eine hübsche Pflegerin in Tracht begleitete mich, nachdem ich mich von Leopold und den Advokaten verabschiedet hatte, nach der kleinen Villa, die ich bewohnen sollte. Ich war sehr müde, aber meine natürliche Neugierde zwang mich, mit Interesse meine sonderbare Umgebung zu betrachten. Als ich einen Gang durchschritt, erschreckten mich laute, durchdringende Schreie, die aus einem Zimmer gegenüber zu kommen schienen. Ich blieb stehen und wandte mich zu der Pflegerin, um den Grund zu erfahren. Sie sah mich lächelnd an und sagte hierauf mit vollkommener Gleichgültigkeit: »Dieser Lärm? Oh, das ist nur ein polnischer Graf, der seit fünfunddreißig Jahren hier ist.«

Bis dahin hatte ich angenommen, daß die Maiterie ein Erholungsheim sei. Zu meinem unbeschreiblichen Entsetzen wußte ich nun, daß es ein Irrenhaus war. Ich dachte, diese Entdeckung würde mich töten. Hier war ich nun an dem Ort, den ich am meisten auf der Welt fürchtete! Aus Angst vor diesem hatte ich meinen Ruf geopfert. Diese letzte Ironie des Schicksals war zuviel für meine abgespannten Nerven, völlig erschöpft und mutlos ging ich in meine Villa und sank halb ohnmächtig vor Ermattung auf einen Stuhl. Ich betrachtete die Fenster, sie waren vergittert, ein Blick in mein Schlafzimmer zeigte mir, daß ich auch da eine Gefangene war. Nur jene, die es selbst erlebt haben, können das Entsetzliche einer solchen Umgebung erfassen! Ich sehnte mich, daß Vergessenheit über mich

käme, nur für einige Zeit das Entsetzen der Gitter und Riegel zu verwischen. Aber anstatt Vergessenheit schien jede Fähigkeit, die ich besaß, doppelt wach und lebendig zu sein. Ich litt Qualen, deren Erinnerung selbst heute mich schaudern macht, und ich danke Gott, daß ich frei bin. Ich rief die Pflegerin und bat um etwas zu essen. Nach endloser Zeit wurden mir einige emaillierte Schüsseln gebracht, die kalte, schlecht gekochte, unappetitliche Speisen enthielten, deren Anblick mich ekelte, ich konnte nichts berühren. Man hatte mir nur einen gewöhnlichen Löffel gegeben, keine Gabel und kein Messer, der einfachste Komfort der gewöhnlichsten Mahlzeit fehlte. Ich wandte mich mit Abscheu fort. Ein Gefühl der Empörung erfaßte mich, und ich wünschte zu sterben, so trostlos, verlassen und allein fühlte ich mich.
Aber als ich weinte, schien es mir, als ob kleine, zarte Lippen meine Tränen fortküßten. Mir war, als fühlte ich weiche, zärtliche Ärmchen sich um meinen Hals legen, und ich sah unschuldige Augen, die mich mit einem Blick ansahen, dem man nur in Kinderaugen begegnet. Eine Stimme flüsterte mir zu, daß ich mich trösten solle, da soviel Leid in ebensogroße Freude verwandelt werden sollte, und bat mich, mutig zu sein, dem kleinen Wesen zulieb, dem ich bald das Leben schenken sollte. Getröstet und ermutigt stand ich auf, trocknete meine Tränen und ging daran, meine Zimmer einer genauen Untersuchung zu unterziehen, die wohnlich und geschmackvoll eingerichtet waren. Wenn ich auch hinter Schloß und Riegel war, so war doch damit auch die Außenwelt wirksam von mir abgesperrt, ein tröstender Gedanke nach meinen schrecklichen Erfahrungen.
Dr. Martin schlug mir vor, ich sollte zwei Pflegerinnen nehmen, ich lehnte jedoch dieses Anerbieten ab. Sicherlich gibt es kein so unsympathisches und taktloses Wesen wie eine Durschnittsirrenpflegerin. Je mehr Pflegerinnen ich während meines Aufenthalts in der Maiterie beobach-

Luise von Toscana im Sanatorium La Métairie bei Nyon

tete, desto mehr haßte ich sie. Mit wenigen Ausnahmen waren sie vollständig ungeeignet, die armen Leidenden zu pflegen, die ihrem Schutze anvertraut waren. Der einzige Gedanke, da die armen Patienten geisteskrank waren, schien der zu sein, daß alles gerade gut genug für sie sei, es war gleichgültig, ob sie hart oder lieblos behandelt wurden.
Es war die alte, alte Geschichte der Tyrannei des Starken, und es interessierte mich zu beobachten, wie Pflegerinnen von gewöhnlicher Herkunft eine Freude daran fanden, die armen, unglücklichen Damen, die unter ihrer Obhut waren, zu quälen und zu belästigen. Dies bewies mir wieder, daß der Haß der niederen Klassen gegen die Aristokratie unausrottbar weiterglimmt, und es braucht fast nichts, die Flammen auflodern zu machen.
Meine Kammerfrau hingegen war die Güte selbst, und jeden Morgen um sieben Uhr bereitete sie mir eine köstliche Tasse Schokolade, das einzige warme Getränk, das ich den ganzen Tag über bekam, und auf diese Tasse heißer Schokolade freute ich mich jeden Morgen.
Die Ärzte besuchten mich regelmäßig zweimal am Tage und zu den sonderbarsten Stunden, wann immer sie es für ratsam hielten. Zuerst durfte ich nur im Garten mit einer Pflegerin spazierengehen. Es war mir aber unmöglich, diesen Zwang, der mich aufrieb, länger zu ertragen. Ich sagte Dr. Martin, daß ich meine Kammerfrau als Begleiterin vorzöge, und der freundliche Mann gestattete, daß ich mich von der unangenehmen Gesellschaft meiner Pflegerin befreien konnte. Die Bewohnerin des an mein Schlafzimmer anstoßenden Zimmers war eine Dame, die an Wahnideen litt, und ich hörte nachts das Schreien der Kranken, was mich aus dem Schlaf auffahren ließ. Diese Nächte waren, abgesehen von den Störungen, die meine Nachbarin verursachte, schrecklich. Meine eigenen Gedanken verhinderten mich am Schlafen, ich lebte in wachen Träumen. Zu Zeiten schien mir, als wenn ich noch

ein junges Mädchen wäre und mit Papa, glücklich und frei, die reine, kalte Gebirgsluft atmete, der Fährte einer Gemse folgend. Dann war ich in der Hofburg in Wien, umgeben mit der gewohnten Pracht. Ich konnte das Schimmern der teuren Stoffe, das Glitzern der Juwelen sehen, ich lauschte berauschender Musik. Ich war gesucht und bewundert und war stolz, eine Erzherzogin aus dem Hause der Habsburger zu sein. Dann wechselte die Szene – ich war in Dresden – eine junge Braut voll Glück und Lebenslust, glückliche Mutter, vergötterte Prinzessin; doch als ich gerade bei diesen Gedanken verweilte – da – ein durchdringender Schrei – meine Vision der Vergangenheit versank, und mit erneuter Qual erfaßte mich die Wirklichkeit; ich war eine einsame, verlassene Frau, zu deren einzigem Schutz und Zuflucht sich die Türen eines Irrenhauses geöffnet hatten.

18. Kapitel

Ich verlasse die Maiterie. Versöhnung mit meinen Eltern. Monicas Geburt. Das Châlet zu Wartegg. Ein Interview mit Führern der Sozialisten. Die rote Königin. Der Tod meines Schwiegervaters, seine Gewissensbisse. Vereitelte Hoffnungen. Die Exzentrizitäten der Habsburger. Die Geschichte Johann Orths. Ich komme wieder.

Ich verblieb bis 1. März 1903 in der Maiterie. Damals schrieb ich meinem Vater, wie unsagbar ich, seitdem ich Salzburg verlassen, gelitten und was ich ertragen hatte, und bat ihn, gütig und nachgiebig zu sein. Mein Brief rührte ihn. Vielleicht verstand er doch, was ich durchgemacht hatte, und seine Liebe überwand die Strenge, mit der er den Weg, den ich eingeschlagen, mißbilligte. Es wurde mir mitgeteilt, daß ich nach Lindau kommen und dort, so lange ich wollte, verweilen dürfte. Ich war dankbar und tiefgerührt über Papas Güte und verließ sofort die Anstalt in Nyon.

Als ich in Lindau ankam, wartete Mama bereits auf mich. Es war ein peinliches Begegnen für uns beide. Sie blieb nur wenige Tage und kam später wieder, als Monica am 4. Mai 1903 geboren wurde. Ich litt unsagbar, die unerbittliche Natur verlangte, daß meine Konstitution und meine Nerven den Preis so furchtbarer Strapazen zahlen sollten. Ich durchkostete alle bitteren Qualen, die nur ein Herz kennt, und sann darüber nach, ob mein Kind in kommenden Jahren, wenn es wissen wird, wie hart die Welt seine Mutter verurteilte, sie dann noch lieben wird. Arme, kleine Prinzessin! Ihr Vater war nicht da, um sie wie die anderen kleinen Geschwister zu küssen und zu liebkosen. Kein schönes Spitzentaufkleidchen lag für sie bereit, es

gab kein Hofzeremoniell für Monicas Taufe. Nur ihre Mutter war da, die sie mit anbetender Liebe umgab, die aber die Zukunft für sie fürchtete, da sie wußte, daß die Freude unbestrittenen Besitzes durch die dunklen Wolken der Angst einer möglichen Trennung verdüstert wurden.
Ich blieb sechs Wochen nach Monicas Geburt in Lindau und brachte dann mein Kindchen nach Schloß Ronno bei Amplepuis, einem Besitz der Gräfin St. Victor, die eine Freundin und Bekannte meiner Mutter ist. Ronno war ein ruinenhaftes Schloß, das Ratten und Mäuse bewohnten. Ich blieb nur fünf Monate daselbst und ging für den Winter nach der Insel Wight, wo ich bis Juni 1904 verweilte.
Monica war das reizendste Kind, von großer, anziehender Schönheit und außerordentlicher Frühreife. Sie schien alles zu bemerken, was vorging, das herzige Geschöpfchen schien alle Liebe ihres kleinen Herzens ihrer Mama zuzuwenden.
Langsam schien ich wieder ins Leben zurückgerufen zu werden, erwachtes Interesse und erneute Hoffnung zogen in mein Herz ein. Mein Temperament war stets elastisch, und ich dachte, daß Friedrich August sicher Schritte tun würde, die mich Verlorenes wiederfinden ließen und meine Lage ändern würden.
Im Juni 1904 gestattete mir der Herzog von Parma, sein kleines Châlet, das mitten im Grün des Parks von Wartegg am Bodensee versteckt lag, zu bewohnen. Dort besuchten mich meine Eltern, und der herzliche Verkehr zwischen meinem Vater und mir wurde gänzlich wiederhergestellt, da er sagte: »Tout comprendre c'est tout pardonner.« (Alles verstehen heißt alles verzeihen.)
Ich war fast glücklich zu nennen in diesen Tagen, da ich wieder Eltern hatte, auch stellte mir Papa in freigebigster Weise alles zur Verfügung, und ich hatte nur den Haushalt zu bestreiten.
In Wartegg bot sich mir eine unerwartete Gelegenheit, um

mich an meinen Feinden zu rächen; doch ich benutzte sie nicht. Eines Tages wurde ich in das Châlet gerufen, da zwei Fremde mich in einer dringenden persönlichen Angelegenheit zu sprechen wünschten. Ich empfing sie, und sie sagten mir, daß sie die Führer der Sozialisten in Sachsen seien und daß ihre Botschaft vielleicht zu wichtigem Erfolg führen könne, wenn ich ihren Vorschlag prüfen wollte. Ich war natürlich sehr neugierig und bat sie um Aufklärung. »Kaiserliche Hoheit«, sagte der eine der beiden Männer, »wir sind gekommen, um sie zu bitten, unter unserem Schutz nach Dresden zurückzukehren. Wir haben, das können wir bezeugen, die Macht, die bestehenden Verhältnisse umzustürzen. Unsere Pläne sind seit langer Zeit bereit, und der Augenblick ist gekommen, wo sie zur Ausführung reif sind. Kommen Sie mit uns zurück, rächen Sie sich an Ihren Feinden, und Sie werden die rote Königin von Sachsen, der das sächsische Volk huldigen wird, das Ihnen stets treu und ergeben gewesen. Wir kennen die schwachen Punkte der Verfassung, und wir sind überzeugt, daß Sie und nur Sie allein die Bedürfnisse des Volkes verstehen. Wir wollen Ihnen Ihre Kinder zurückgeben, und Sie werden wieder glücklich werden. Weisen Sie nicht dieses Anerbieten zurück«, drang der Mann in mich, der tiefbewegt schien, »folgen Sie der Stimme Ihres Herzens und lassen Sie sich nicht länger durch von Metzsch Martern auferlegen wie bisher. Kommen Sie zurück, unsere Luisa, tausend Arme sind bereits ausgestreckt, um Sie zu bewillkommen, tausend Stimmen bereit, Ihnen entgegenzujubeln. Kommen Sie zurück und verwirklichen Sie die Reformen, die Sie, wie wir wissen, stets begünstigt haben. Zerstören Sie die Macht der Priester und säubern Sie den Hof von Parasiten und elenden Lügnern, die vergebens versucht haben, Sie zu verderben.«

Ich war tieferschüttert, und für einen Augenblick erlaubte ich meiner Phantasie, in Gedanken sich die Rache auszu-

malen, nach der ich die Hand nur auszustrecken brauchte, um sie zu erfassen. Mein besseres Ich triumphierte jedoch, und ich sagte ruhig und bestimmt: »Ich danke Ihnen vom Grunde meines Herzens für Ihr Anerbieten, das ich aber nicht annehmen kann. Es ist wahr, daß ich ungerecht gelitten habe; wenn ich mich aber rächen wollte, bedenken Sie den Preis, den ich zahlen müßte! Er würde mir viel zu teuer zu stehen kommen, da ich meinen Gemahl in den Augen aller Welt damit herabsetzen würde, und ich werde niemals das Geringste tun, was ihn beleidigen könnte. Die Urheber meines Sturzes sind der König und von Metzsch. Der König wird bald einer höheren Macht Rechenschaft ablegen müssen, und diese wird ihr Urteil gerecht fällen. Deshalb überlasse ich meinen Schwiegervater Gott allein. Baron von Metzsch wird in seiner eingebildeten Sicherheit dahinleben. Der Tag wird aber erscheinen, an dem das, was an mir gesündigt wurde, öffentlich bekannt wird. Meine Freunde, ich erwarte geduldig diesen Tag, der kommen muß.«
Diese Worte schienen auf die Sozialisten einen tiefen Eindruck zu machen; doch vermochten sie nicht, ihre Enttäuschung zu verbergen, da ich ihre Wünsche nicht erfüllte. Dieser Zwischenfall bewies mir, wie mich das Volk liebte, und es war dies eine Quelle größten Trostes für mich.
Nach langem Leiden starb mein Schwiegervater am 15. Oktober 1904. In den letzten Monaten wurde es ihm unmöglich, sich niederzulegen, der furchtbaren Erstikkungsanfälle wegen. Es wurde mir gesagt, daß es ein trauriger Anblick gewesen wäre, den alten Mann nach Atem ringend in einem Stuhle sitzen zu sehen. Als er das Sterben herannahen fühlte, verlangte er mich zu sehen, und er wiederholte, daß er nicht ruhig hinübergehen könnte, ehe ich zu ihm gebracht würde. Von Metzsch wurde wiederholt zu dem sterbenden Monarchen gerufen; trotzdem er aber König Georg versprochen hatte, mich rufen zu lassen, hatte er niemals die Absicht, daß mein Schwiegervater und ich uns diesseits des Grabes noch sehen sollten.

Der König bat Friedrich August, die Verhältnisse in Ordnung zu bringen. Man sagte aber meinem Gemahl, daß sein Vater im Delirium spräche, und wenn er völlig bei sich war, meinen Namen niemals genannt hätte. In diesen Stunden quälender Gewissensbisse wurde die jahrelange Qual, die mein Schwiegervater mich hatte erdulden lassen, gebüßt. Ich habe gelernt, einiges ihm zu verzeihen, was seinem bigotten Fanatismus zuzuschreiben war und dadurch seine bessere Natur unterdrückte. Ich sandte am Tage des Begräbnisses einen Kranz, auf dem als einzige Inschrift Luisa auf der weißen Moirèschleife stand. Als der Kranz in das Sterbezimmer gebracht wurde, überlegten einige, eifrige Hofbeamte, daß es besser wäre, man würde ihn entfernen. Meinem Gemahl wurde die Sache unterbreitet, und er wurde gefragt, ob er wünschte, daß der Kranz zurückgesandt würde. »Gewiß nicht«, sagte Friedrich August, »laßt den Kranz dort, wo er ist.« Für diese lieben Worte habe ich ihm oft in meinem Herzen noch nachträglich gedankt.

Ich hatte stets gehofft und mit mir die Meinen, daß mein Gemahl, sobald er König von Sachsen würde, sich von dem Einfluß seiner Umgebung befreien würde und bessere Tage dann für mich kämen. Ach, wenn eine leicht zu beeinflussende Natur von gewissenlosen Menschen beherrscht wird, hat sie wenig oder gar keine Aussicht, aus deren Gewalt zu entkommen. Trotzdem Friedrich August nun König war und alles tun konnte, getraute er sich nicht, etwas mir zugunsten zu ändern, und alles blieb, wie es vorher gewesen. Ich war bitter enttäuscht, da ich einsah, daß ich mich ganz allein mit der kommenden Zeit abfinden müsse, und da ich stets rasch im Entschluß war, überlegte ich, daß es für Monica und mich am besten sei, ein Heim in Italien zu gründen.

Leopolds Heirat war ein Mißgriff. Denn wie fast alle Mitglieder meiner Familie war er unglücklich in der Liebe und noch mehr in dem Gegenstande seiner Wahl. In den seltensten Fällen werden in den gewöhnlichen Fällen des Alltagslebens Mitglieder meiner Familie den althergebrachten Weg einschlagen; sie bieten daher für alle, die sich dafür interessieren, ein weites Feld für Theorien der Vererbung.

Wir Habsburger werden gewöhnlich als ganz normale Wesen hingestellt, die erstaunliche Dinge tun, weil es ihnen gerade gefällt, und unsere Sucht der Selbstzerstörung ist vielleicht die merkwürdigste aller unserer Idiosynkrasien oder Empfindungseigenheiten. Mir erscheint es, als wenn in gewissen Krisen unseres Lebens wir von anormalen, schlummernden Kräften erfaßt werden, die zeitweise neurotische Störungen hervorrufen, unter deren Einfluß wir impulsive Handlungen vollbringen, die meist lebenslängliche Folgen nach sich ziehen. Unsere gesellschaftliche Stellung erlaubt uns nicht, irgendeinen wahren, intimen Freund zu haben, der uns in einem Nervensturm beeinflußt oder berät, und der Erfolg ist, daß ein Habsburger von einem anderen Habsburger Rat sucht, was selten zu einem vernünftigen Entschlusse führt.

Oft habe ich darüber nachgesonnen, was der Grund dieser Nervenstürme sein könnte, die uns in Unglück und Verderben stürzen. Ich glaube, daß ich nichts Besseres tun kann, als einige Bemerkungen, die der junge, geistvolle Arzt D. W. Brown Thomson aus London einer Freundin mitgeteilt hat, hier anzuführen: »Es unterliegt keinem Zweifel, daß von Ferdinand I. von Österreich, dem Sohn eines lasterhaften Vaters und einer geisteskranken Mutter, Johanna der Wahnsinnigen, das Geschlecht der Habsburger seine Psychoneurose geerbt hat. Seine Geisteskrankheit brachten die spanischen Verbindungen mit sich, und diese Anlagen wurden noch durch das bourbonische Blut verstärkt, das eine Reihe moralischer Defekte mit sich brachte, welche diese Familie besonders kennzeichnet. Bis zur Zeit von Maria Theresia wurde verschiedentlich versucht, dem schädlichen Einfluß der spanischen Verbin-

Luise von Toscana

dungen entgegenzuwirken. Dem Kaiser Karl wurde aus dem gesunden bayrischen Hause der Wittelsbacher eine Gemahlin gewählt. Die Nachkommen dieser Verbindung, neun an der Zahl, zeigten keine Spuren von erblicher Belastung. Dies beweist jedoch nicht, daß die Gefahr vollständig beseitigt war. Sie war für damalige Zeit nur latent geblieben, da das normale Element stark genug war, um das Anormale völlig zu unterdrücken. Der Stamm dieser Periode schien eine Richtung einschlagen zu wollen, der alle Diathesis zu verbannen schien und sicher wäre es auch so geblieben, wenn nicht noch einmal der Stammbaum untergraben worden wäre, und zwar durch die Vermählung Ferdinands III. mit einer spanischen Prinzessin, die geistig völlig normal war. Der Erfolg dieser Verbindung war dazu geeignet, die fast verschwundenen Anlagen wieder zu stärken und neu aufleben zu lassen. Es ist dies ein Axiom in der Vererbung, daß das Wiedererscheinen irgendeines Familiendefektes in seinen Nachkommen in gewissem Maße proportioniert zu der häufigen Wiederholung steht, mit der er unter den Ahnen vorgekommen war. Wenn man sich dessen erinnert, so ist es nicht überraschend, einen Rückfall in den Nachkommen zu sehen, von deren zwei Kindern, die aus dieser Ehe stammen, das Geschlecht durch Leopold weiter fortgepflanzt wurde, der ein Mann von schwacher Konstitution und exzentrischer Veranlagung war. Seine Vermählung mit Magdalena Therese war in jeder Weise ein Glück, da ihr Geschlecht keine Spuren der Belastung trug, wie dies charakteristisch bei den Habsburgern war. Dies war eine glückliche Wendung, und man kann ohne Scheu sagen, daß diese Ehe das Morgengrauen einer neuen Zeit, die Befestigung der Hoffnungen der Habsburger zu bedeuten hatte.
In der nächsten Generation sind Spuren früherer geistiger Belastung zu finden; aus der Verbindung Kaiser Karls VI. von Österreich mit Elisabeth von Braunschweig wurde die berühmte Kaiserin Maria Theresia geboren, in deren

Person und unter deren Zepter die Habsburger die größte Höhe ihres Ruhmes erreicht haben.
Ursprünglich ein mächtiges und gesundes Geschlecht, bieten die Habsburger Anlaß zur Beobachtung dar für die verderblichen Einflüsse der Psychoneurose der königlichen spanischen Familie und andererseits für den Wert der vorsichtigen Wahl, welche in der Geburt der hochbedeutenden Maria Theresia ihre Berechtigung erwies. Durch diese Frau schien das Geschlecht der Habsburger sich von aller Erbbelastung befreit zu haben, unter deren Zwang ihre Ahnen gestanden hatten. Nur eine Erklärung gibt es für diese Verbesserung, und das war das Ergebnis glücklich gewählter Verbindungen.
Die zweite Epoche in der Geschichte der Habsburger zeigt die bedauernwerten Erfolge der Inzuchtsheiraten zwischen erbbelasteten Geschlechtern, und man kann sich nicht wundern, daß die Nachkommen der späteren Generationen in einem ungünstigen Licht erscheinen. Nicht unglücklicher könnten die Aussichten für die Zukunft eines Lebewesens gewählt werden, als wenn die Existenz mit dem Bewußtsein beginnt, daß beide Eltern und ihre Nebenverwandten erblich mit Neurosis oder Psychoneurosis belastet waren.
Wir haben eine besondere und eine begrenzte Vererbung; die erstere äußert sich in Geisteskrankheit und Epilepsie, die zweite in einer weniger definierbaren und trotzdem wichtigen Reihenfolge von Kundgebungen, die unter dem Namen Neurasthenie bekannt sind und die ungenügende Willenskraft, nervöse Entmutigung, Mangel an geistiger Sammlung, Selbstvernichtung, Haß der Umgebung und das nicht zu bezwingende Verlangen, die Gesellschaft ebenbürtiger Menschen zu fliehen, in sich schließen.
Als Zugabe gibt es dann noch sonderbare Äußerungen im Benehmen und Charakter, die gewöhnlich fast unerklärlich sind und mechanisch ausgeführt werden. Trotzdem können diese Leute zu Zeiten unter die Zahl der norma-

len Wesen gerechnet werden. Die vorhandene Anlage vermag in derselben Generation so gut wie in anderen Generationen zu wechseln. So finden wir Geisteskrankheit in einer Generation, auf die Epilepsie, Alkoholismus und Ausschweifung in einer anderen folgt. Das Gehirn antwortet instinktiv stets auf jeden Einfluß von außen, in dieser Beantwortung arbeiten nicht zwei Gehirne einander gleich. Das Gehirn kann für Jahre harmonisch arbeiten, aber unter dem Druck einer Krisis in der nervösen Konstitution, wo die geistigen Saiten bis zu den Grenzen der Ertragensfähigkeit gespannt wurden, springen, und geerbte Veranlagungen, die für Jahre geschlummert hatten, werden sich in der einen oder anderen der oben genannten Weisen offenbaren. Es ist nicht der andauernde Wunsch, offenkundige Unbesonnenheiten zu begehen, aber ein überwältigendes Verlangen, sich von seiner Umgebung zu trennen, was solche Naturen zu raschen Handlungen anstachelt. Alle diese Erscheinungen sind das Ergebnis vererbter Neurosis einer Konstitution, deren dynamische Kraft unbeständig und exzentrisch ist. Bei einer Vererbung wie die der Habsburger können wir nur vermuten, daß Unglück auf Unglück folgen kann, und der Same, der in dieser Weise von den Ahnen gesät wurde, konnte nicht anders, als solche Früchte in den Nachkommen zeitigen. Das Geschlecht der Habsburger veranschaulicht auf das treffendste den Einfluß des großen Gesetzes der Vererbung, der ein so wichtiger Faktor in der Charakterbildung der Herrscher und in deren Leitung des Schicksals ihrer Länder ist. Und wenn wir jedes Glied der genealogischen Kette untersuchen und die Würdigung oder Verachtung der Nachkommen als das Ergebnis ihrer Verbindung mit normalen oder ungesunden Familien betrachten, so können wir das Problem auf wissenschaftlicher Basis behandeln. Nur wenn wir eine Generation in Verbindung mit einer anderen bringen, alle psychologischen Erscheinungen aufeinander bezogen und erklärt werden, indem wir unser Operationsfeld neun oder zehn Generationen rückwärts legen, dann sind wir imstande, einige greifbare und treffende Gründe zu finden, um perverse und unstete Charaktere unter den Habsburgern zu erklären. Sie sind außerordentliche Menschen, begabt, bezaubernd, ungewöhnlich sorglos, aber ihre Sünden und Unbesonnenheiten sind nicht das Ergebnis einer Vorliebe weder für das eine noch für das andere. Sie sind meistens durch die Umgebung und deren Beeinflussung geworden, wie sie sind, und nach meiner Auffassung muß man sie als unglückliche Opfer der Vererbung bezeichnen.«

Ein ebenso interessantes wie außergewöhnliches Mitglied der Familie meines Vaters ist Onkel Johann, der in der ganzen Welt als Johann Orth bekannt ist. Ich sage »ist«, da ich glaube, daß er noch lebt und nur auf den Tod des Kaisers wartet, um nach Österreich zurückzukehren. Mein Onkel Johann war viel jünger als Papa, kleiner von Gestalt, mit braunem Haar und blauen Augen, sein Wesen von hinreißender Liebenswürdigkeit. Von allen wurde er angebetet. Wie Papa konnte auch er nichts tun, was er nicht gründlich und gut tat. Er war wie Papa von hoher, seltener Begabung, dabei sehr musikalisch. Oft kam er nach Salzburg, und innige Liebe und Freundschaft umschloß uns. Er wollte vom Vatikan die Erlaubnis erwirken, mich zu heiraten, da er mich als ideale Genossin für einen Mann seines Temperaments ansah. Trotzdem die Kirche öfters den Dispens für Verbindungen zwischen Onkel und Nichte gegeben, sah ich zwar in Onkel Johann einen reizenden Verwandten, den ich liebte, dachte dabei aber niemals an ein Band, das mich für immer an ihn fesseln könnte. Sein inniges Verständnis für mein Wesen und meine Auffassungsart machten ihn mir besonders lieb und wert. Viele verschiedenartige Vermutungen wurden in bezug auf das merkwürdige Verschwinden des Erzherzogs aufgebracht. Man sagte sogar, er sei mit in die

Tragödie von Meyerling verwickelt gewesen, und infolgedessen hätte er auf seine Titel und seinen Rang verzichtet und seine Heimat für immer verlassen. Das ist in keiner Weise wahr. Der wahre Grund, der Johann Orth zwang, Wien zu verlassen, war gekränkter Stolz, der aus einem unbeugsamen, unnachgiebigen Willen entsprang, der keinen Widerspruch ertragen wollte. Da diese Erklärung von seiner Nichte kommt, wird sie einiges des Geheimnisvollen und Romantischen der Geschichte, die sich um meinen Onkel gewoben, zerstören. Mein Onkel war Feldmarschall der österreichischen Armee und hatte außerdem eine wichtige Stellung inne. Der verstorbene Feldmarschall von Moltke sagte, er sei der vollendetste Stratege in Europa. Unter seinem Befehl stand die militärische Macht in Bosnien und der Herzegowina. Er huldigte dem Fortschritt in jeder Weise und erhielt vom Kaiser die Erlaubnis, ein Schema für die Neuorganisation der Armee aufzustellen. Sein Vorschlag wurde angenommen, und er wurde gebeten, eine Art Manifest zu schreiben, in welchem die hauptsächlichsten und wichtigsten Reformen enthalten sein sollten. Das Manifest wurde an alle Generäle und Offiziere gesandt, aber mein Onkel hatte nicht mit dem Armeekommandanten Erzherzog Albrecht gerechnet, der einer der Veteranen von 1866 war. Dieser fühlte sich tief beleidigt und machte einen solch großen Lärm, daß der Kaiser, der jede Art Störung haßt, nach Johann sandte und ihm befahl, alle Pläne erst dem Erzherzog Albrecht zu unterbreiten. Onkel Johann, außer sich vor Zorn und Demütigung, veröffentlichte sofort einen Aufruf an die Armee, die er bat, zwischen den betreffenden Verdiensten Albrechts und den seinen selbst zu urteilen. Das machte den Kaiser so zornig, daß er Johann rufen ließ und ihm sagte, er müsse sich sofort beim Armeekommandanten entschuldigen. Eine heftige Auseinandersetzung folgte zwischen dem rebellischen Erzherzog und Franz Josef. Onkel Johann sagte in seiner kühnen Art,

daß er lieber die Armee und den Hof verlassen würde, als daß er sich befehlen ließe, und er schloß damit, daß er sagte, es läge ihm gar nicht im geringsten daran, ob er ein Mitglied des Kaiserhauses sei. Ein furchtbarer Sturm folgte dieser Rangapostasie, und mein Onkel riß in einem Anfall unbändiger Wut das Goldene Vlies von seiner Brust und warf es dem Kaiser vor die Füße.
Nach dieser unverzeihlichen Beleidigung schrieb der Erzherzog dem Kaiser, um ihm mitzuteilen, daß er Österreich für immer verlasse und daß er auf alle seine Titel und Ämter verzichte und daß er von nun an unter dem Namen Johann Orth gekannt zu sein wünsche. Franz Josef antwortete, daß er frei sei, was immer für einen Namen anzunehmen, aber wenn er je versuchen sollte, die Grenze von Österreich zu überschreiten, so würde er augenblicklich festgenommen. Onkel Johann reiste nach Gmunden, wo Großmama lebte. Er hatte aber nicht den Mut, seiner Mutter zu sagen, daß er vielleicht für immer fortgehen würde. So schrieb er ihr einen Brief, der ihr später übergeben wurde, in dem er ihr alles erzählte, was vorgefallen war. Hierauf kam er nach Salzburg, und wir hörten aufgeregt der Erzählung des ihm zugefügten Unrechts zu und interessierten uns außerordentlich für seine Zukunftspläne. Johann Orth erklärte mit Nachdruck, daß er niemals mehr ein eingeschränktes Leben zu führen gedenke, da er sich selbst treu bleiben wolle. Er sagte uns, daß er sich entschlossen habe, Kapitän der Handelsmarine zu werden, und sofort seine Studien für seine Prüfung machen würde. Leopold und ich folgten ihm, als er das Zimmer verließ, und wir hofften, daß er uns noch mehr sagen würde, und unsere Hoffnung wurde nicht getäuscht. Mein Onkel sah uns liebvoll an, das Weinen war uns nahe, da wir an den Abschied dachten und daß wir ihn verlieren würden. Er sagte dann mit ruhigem Ernst: »Ich verlasse euch bald, um zu verschwinden, Kinder; aber ich werde es so einrichten, daß mich niemand finden wird. Wenn

der Kaiser gestorben sein wird, kehre ich zurück, da Österreich dann meine Dienste braucht. Ich wünschte, Luisa und Leopold, daß ihr mit mir kommen könntet, da wir drei ein Leben führen würden, das uns am besten paßt. Es kann aber nicht sein, und unsere Wege müssen hier auseinandergehen. Ihr seid alle beide, wie ich, Individualitäten, und wie ich werdet ihr eurem Schicksal nicht entrinnen. Wie sonderbar ist es«, fuhr er fort, wie in tiefen Gedanken, »daß unser Haus, durch Konventionalismus und Tradition gefesselt und ermattet, solche rebellische Zweige treiben soll. Es muß die Auflehnung gegen fesselnde Bande unserer Welt sein, die uns geschaffen. Nie dürft ihr glauben, daß ich tot bin, da ich eines Tages zurückkehren werde, und wir werden uns wiedersehen und von diesem unserem Abschied sprechen.«
Das waren die letzten Worte, die ich meinen Onkel sprechen hörte. Er verließ Salzburg, und bald darauf hörten wir von seiner Vermählung und dem Kauf des Segelschiffes »Margherita«. Die Bemannung waren Kroaten und Italiener, besonders ausgesuchte und vertrauenswerte geeignete Männer. Mein Onkel führte als Kapitän das Schiff selbst. Er hatte seine Prüfung kurz vor der Einschiffung abgelegt. In La Plata kam er glücklich an, und nach einigen Wochen Aufenthalts segelte er nach Valparaiso. Ehe er La Plata verließ, schiffte er neue Mannschaften ein, und von diesem Tage an verschwand Johann Orth samt seinem Schiff!
Die »Margherita« erreichte niemals Valparaiso, und wenn sie jemals einen anderen Hafen angelaufen hat, war es sicher unter einem anderen Namen.
Der erste Offizier des Schiffes kam eigens nach Salzburg, um Papa zu sehen, und dieser Mann sagte mir, daß er überzeugt sei, daß Johann Orth lebe und niemals nach Valparaiso gesegelt sei. Er beschrieb, wie, als die alten Mannschaften die »Margherita« in den Abendnebeln verschwinden sahen, der einsame Mann, der auf der Brücke

stand, in einen großen Radmantel eingehüllt, so daß man kaum die Augen sehen konnte, nicht Johann Orth gewesen wäre, sondern ein anderer. Die genannte Manschaft kehrte nach Triest zurück, und alle glaubten, was sie mit ihren eigenen Augen gesehen hatten, und weigerten sich, jemals der Nachricht, daß ihr Kapitän ertrunken sei, Glauben zu schenken. Wir hörten nichts mehr von Onkel Johann, aber man erzählte von einem M. Renaux, der früher in der argentinischen Republik lebte, daß er, nachdem er Johann Orth in La Plata getroffen hätte, ihm in Buenos Aires begenget sei und wieder in Rio Quarto. M. Renaux kehrte 1893 nach Frankreich zurück, und er ist überzeugt, daß mein Onkel lebt. Und auch ich bin davon überzeugt und glaube seinen Worten: »Ich komme wieder.«
Verschiedene Schurken haben versucht, da sie Großmama glauben machten, sie seien der verschollene Erzherzog, große Summen Geldes zu erschwindeln. Großmama glaubte den Briefen und sandte dem vermeintlichen Sohne Geld. Als sie einstmals Papa Briefe zeigte, in denen die Handschrift Onkel Johanns täuschend nachgemacht war, benachrichtigte Papa die Polizei, und als sie den Mann festnahm, stellte es sich heraus, daß derselbe ein gefährlicher Verbrecher war, den die Polizei schon seit Jahren suchte.
Der Erzherzog sollte Gelder in Schweizer Banken haben. Das ist aber unrichtig. Sein ganzes Vermögen wurde in Paris, Wien und London auf Banken hinterlegt. Er erhob niemals Geld, und die Zinsen des Kapitals müssen bereits eine hohe Summe erreicht haben. Papa war bis zu seinem Tode davon überzeugt, daß sein Bruder lebte. Die Zeit wird es zeigen und bei dem Tode des Kaisers wird vielleicht das Geheimnis gelöst, da Österreich die Dienste Johann Orths in den internationalen Komplikationen, die ohne Zweifel folgen werden, vielleicht brauchen wird.

19. Kapitel

Kaiser Franz Josef. Seine Macht in Familienangelegenheiten. Die Tragödie in Meyerling. Was ich darüber weiß. Der Leichnam unter der Decke. Die Geschichte Isabellas von Parma. Drei Stunden, drei Tage, drei Jahre. Ich entschließe mich zu einem coup de tête. Nochmals in Dresden. Ich werde vor dem Taschenberg-Palais festgenommen. Die Stellungnahme des Volkes. Von Dresden nach Leipzig. Ein großartiger Empfang daselbst. Ich lerne uninteressierte Freundschaft schätzen.

Das Geschlecht der Habsburger ist in der jetzigen Zeit vielleicht die interessanteste kaiserliche Familie in Europa, da in den letzten zwanzig Jahren fast alle ihre hervorragenden Mitglieder entweder im Exil leben oder gestorben sind. Kaiser Franz Josef hat unbeschränkte Gewalt über die Mitglieder seines Hauses. Er kann, wenn er will, sie aller ihrer Besitzungen berauben, sie ihrer Titel für verlustig erklären und sie ohne einen Pfennig in die Welt hinausziehen lassen; seine Ideen sind einzig in ihrer Art. Seine Milde und Größe zeigt sich jedenfalls nicht in seinem Urteil über Verwandte, die den Wunsch haben, die von Traditionen gepflasterten Hofwege zu verlassen, und als er von meiner Flucht hörte, sagte er: »Luisa ist tot, und ich will ihren Namen nie mehr nennen hören.«
Man sagt, Franz Josef habe eine stark ausgeprägte Individualität. Er sei willensstark und sei es stets gewesen. Er scheue keine Verantwortlichkeit und helfe gern in der Not, verstecke sich nie hinter dem Thron und handele als Monarch wie als Mensch. Mir gegenüber, das darf ich wohl sagen, hat er von alledem nichts gezeigt. Mag sein, daß all die Eigenschaften, die man ihm nachrühmt, ihn tatsächlich zieren und in die Weltgeschichte übergehen.

Mag sein, ich werde es wohl nicht besser verstehen. Aber ich habe sein Rhodus nicht gefunden.
In der englischen Version klingt der Absatz über Kaiser Franz Josef viel unverblümter. »Meiner Meinung nach ist Franz Josef keine starke Persönlichkeit, er ist willensschwach und ist es stets gewesen. Er scheut jede Verantwortung, und statt in der Not zu helfen, versteckt er sich hinter dem Thron und handelt als Monarch statt als Mensch.« Punktum. Die Erfahrung häuslicher Sorgen und bedrückender Leiden hat er gewiß zur Genüge erprobt. Seine eiserne Gesundheit hat ihm geholfen, Qualen zu ertragen, die einen schwachen Körper getötet hätten. Doch die furchtbare Tragödie von Meyerling war mehr, als er ertragen konnte. Dieses geheimnisvolle Geschehnis ist die dunkelste Geschichte im Leben der Habsburger, und viele Details sind selbst den meisten Mitgliedern der kaiserlichen Familie verborgen geblieben. Alles was ich weiß, wurde mir von meinem Papa gesagt, der einer der wenigen war, die wußten, was wirklich in dieser gräßlichen Nacht vorgefallen war. Am 30. Januar 1889, wir kamen eben vom Schlittschuhlaufen zurück, fanden wir in der Residenz alles in furchtbarer Aufregung. Ein Telegramm, das Papa erhalten hatte, trug folgenden Inhalt: »Rudolf ist ermordet worden.« Natürlich waren wir über diese Nachricht in furchtbarer Aufregung. Dem ersten Telegramm folgte rasch ein zweites mit der Nachricht, daß der Kronprinz Selbstmord begangen hätte. Papa reiste augenblicklich nach Wien; nach einigen Tagen kehrte er zurück und erzählte mir, daß er den Kammerdiener Rudolfs gesprochen hätte, der die Leiche seines Herrn nach Wien zurückgebracht hatte. Dieser vertraute Diener gab Papa einige besondere Details über die Tragödie. Es schien, als wenn an dem verhängnisvollen Abend die Jagdgesellschaft beim Abendessen besonders laut und heftig Rede und Gegenrede geführt hätte, dazu wurde viel und schwer getrunken. Der Kammerdiener hörte Lärm, aber er ach-

tete nicht darauf, bis furchtbares Stöhnen ihn aufmerksam machte, worauf er rasch seine Tür öffnete. Er sah mit unbeschreiblichem Entsetzen, wie der schwerverwundete Kronprinz die Treppe hinaufgetragen wurde. Als die Träger den Kammerdiener sahen, befahlen sie ihm, sofort in sein Zimmer zurückzugehen und zu warten, bis sie nach ihm schicken würden. Er gehorchte, und nach einiger Zeit wurde er zu seinem unglücklichen Herrn gerufen, der stundenlang in bewußtlosem Zustand zubrachte, ehe er starb. Papa sagte, daß, als er in Wien anlangte, Rudolf kaum acht Stunden tot war. Er durfte die Leiche, die in Rudolfs Schlafzimmer in der Hofburg lag, gleich sehen und war entsetzt über den Anblick, der sich ihm darbot. Der Schädel war eingeschlagen, und Stücke zerbrochenen Glases steckten an verschiedenen Stellen fest in demselben. Das Gesicht war völlig unerkennbar, und zwei Finger der rechten Hand schienen abgeschnitten. Als man den Leichnam für die Paradeausstellung herrichtete, wurden das Gesicht und der Kopf völlig mit einer Wachsmaske überzogen, damit das Publikum verhindert würde, die Wahrheit der furchtbaren Tragödie, die sich abgespielt hatte, zu ahnen.
Der Kaiser, dem in schonender Weise das schwere Unglück, das ihn getroffen, mitgeteilt wurde, rief eine geheime Sitzung zusammen, wobei die ganze grausame Wahrheit der nächtlichen Vorfälle enthüllt wurde, aber niemals erfuhr außer den wenigen, die bei dieser Sitzung dabei gewesen waren, irgend jemand ein Wort davon.
Eine schauerliche Geschichte wurde mir von einem Forstbeamten aus Meyerling erzählt, der damals in der Forstverwaltung dort angestellt war. Dieser Beamte war in dem kaiserlichen Forstamte bei Salzburg angestellt, als wir dort auf der Jagd waren. Ich fragte ihn, was er über den Tod des Kronprinzen wüßte, und was er erzählte, schien mir völlig der Wahrheit zu entsprechen. Er sagte, daß er an demselben Abend, an dem die Tragödie sich abspielte,

den Befehl erhalten hätte, am nächsten Morgen um halb acht in die Villa zu kommen, da der Kronprinz jagen wolle. Als er am nächsten Morgen kam und wartete, war er über die ungewohnte Stille, die alles zu umgeben schien, sehr erstaunt, und ahnungsvoll und besorgt öffnete er eine Tür, zu der er einen Schlüssel besaß, und ging in das Billardzimmer. Hier fand er eine wilde Unordnung. Die Tische und Stühle waren umgeworfen, zerbrochenes Glas lag auf dem Teppich zerstreut, und die Decke des Billards lag unordentlich auf dem Boden.

Der Forstbeamte war über diesen Anblick nicht sehr erstaunt, da wilde Nächte in Meyerling an der Tagesordnung waren. Aber etwas Ungewöhnliches in der Lage der herabgefallenen Billarddecke zog seine Aufmerksamkeit auf sich. Er bückte sich, um dieselbe aufzuheben, und als er dies tat, sah er einen Fuß unter der Decke hervorstehen, und als er dieselbe völlig aufhob, sah er zu seinem Entsetzen den nackten Leib einer toten Frau, der aus Revolverwunden blutete. Der erschreckte Mann stürzte aus dem Zimmer und rief um Hilfe, aber niemand kam, und die unheimliche Totenstille entsetzte ihn. Rasch stieg er zu dem Schlafzimmer des Kronprinzen hinauf, dort fand er den Kammerdiener bei dem Sterbenden.

Das war alles, was er über diese furchtbare Begebenheit sagen wollte und vielleicht durfte.

Der Kaiser wurde von dem österreichischen Volke gedrängt, die ganze Wahrheit über das geheimnisvolle Schicksal des Kronprinzen zu enthüllen, doch weigerte er sich, es zu tun, auch wenn es seiner Popularität schadete. Alle möglichen Vermutungen wurden in Umlauf gebracht, aber meiner Ansicht nach wurden Rudolf gewisse Enthüllungen gemacht, die ihm bewiesen, daß ein unübersteigbares Hindernis zwischen ihm und Maria Vetsera stand und daß jeder Verkehr zwischen ihnen dadurch unmöglich gemacht worden war. Ich denke, daß Rudolf ihr das in Meyerling gesagt hat, und halb wahnsinnig durch das Entsetzliche, was sie erfahren, muß das unglückliche Weib Rudolf mit einer Flasche angegriffen und ihm mit einem todbringenden Schlag Kopf und Gesicht getroffen haben. Sie muß dann aller Wahrscheinlichkeit nach von den andern Anwesenden, als diese sahen, was geschehen war, niedergeschossen worden sein.

Die ganze Wahrheit wird jedoch nie bekannt werden. Johann Orth war in das Geheimnis eingeweiht, doch das Schweigen, das es deckte, deckt es noch und wird es immer decken.

Eine interessante Geschichte, die Kaiser Josef II., den Sohn der Kaiserin Maria Theresia, betrifft, der Isabella, Tochter Ferdinands Herzogs von Parma – eines der spanischen Bourbonen – heiratete, möchte ich hier, da sie mir gerade einfällt, erzählen.

Isabella war schön und geistvoll. Ihre ehrgeizige Mutter, Tochter Ludwigs XV. von Frankreich, wünschte, daß sie eine glänzende Verbindung eingehen sollte. Die Befriedigung des Herzogs und der Herzogin von Parma war deshalb überaus groß, als der Gesandte des Kaisers Josef kam und um die Hand Isabellas anhielt. Die stolzen Eltern gaben sofort ihre Zustimmung. Doch unglücklicherweise hatte Isabella bereits ihre Liebe einem jungen Spanier geschenkt, der an ihres Vaters Hofe lebte. Die Liebenden trafen sich heimlich und des Nachts wie Romeo und Julia auf dem Balkon von Isabellas Zimmer. Es war nicht zu verwundern, daß die Nachricht ihrer geplanten Vermählung mit einem andern Isabella in einen Zustand der Verzweiflung warf. Sie beschwor den Geliebten, mit ihr zu fliehen und sich so rasch wie möglich mit ihr trauen zu lassen, trotzdem Gefahr und Sorgen, die ein solch kühner Schritt mit sich bringen würden, ihr völlig bewußt waren. Isabella weihte ihr Kammermädchen in das Geheimnis ein, und es ist unnütz zu sagen, daß sie von ihr verraten wurde, da Dienstboten einer gewissen Klasse immer

das Vertrauen und die Güte ihrer Arbeitgeber mißbrauchen.
Der langersehnte Abend kam endlich heran. Pferde standen für das fliehende Paar bereit, angstvoll wartete Isabella auf ihren Geliebten, doch vergebens. Von ihrem Fenster aus konnte sie dunkle Gestalten zwischen den Bäumen vorbeischleichen sehen. Plötzlich durchbrach ein Schrei die Stille der Nacht. Isabella konnte nicht länger die Todesangst, die sie erfaßt hatte, ertragen. Ohne Besinnen kletterte sie über den Balkon; in wilder Verzweiflung lief sie durch die Gärten. Dort auf dem Rasen lag eine Gestalt, lang hingestreckt; ihr angstvoller Blick erkannte sofort den Liebsten. Sterbend konnte er ihr nur noch sagen, daß zwei Männer ihn angegriffen und niederstochen hätten. Mit unsagbarer Liebe blickte Isabella in seine brechenden Augen und vermochte die letzten leise geflüsterten Worte von seinen Lippen zu lesen: »In drei ... der ...« Isabella wurde ohnmächtig ins Schloß zurückgetragen; lange Zeit lag sie ohne Bewußtsein. Als sie zu sich kam, betete sie, daß Gott sie sterben lassen möchte, und dachte, die Worte: »In drei ...« sollten heißen, daß sie in drei Stunden ihrem ermordeten Liebsten folgen sollte. Doch der erwünschte Tod kam nicht, und am nächstfolgenden Tage mußte Isabella den österreichischen Gesandten empfangen. Da wandte sie sich verzweifelt an ihren Vater: »Sie zwingen mich, das zu tun?« stammelte sie unter Schluchzen. – »Ja«, sagte der Herzog, »ich tue es, Euer Liebster wird mich jetzt nicht mehr stören, und ich kann über Euch verfügen, wie ich will.« Nachdem der Prinzessin der Verlobungsring übergeben worden war, ging sie in ihre Gemächer zurück und hoffte, daß in drei Tagen das Ende ihrer Leiden kommen würde. Doch als der dritte Tag verging, dachte sie, daß sie erst in drei Wochen sterben würde. Die Vermählung durch Prokuration wurde mit aller Pracht gefeiert, und Isabella verließ Parma und zog nach Wien. Als der Kaiser sein schönes,

junges Weib sah, verliebte er sich sterblich in sie. Alle Versicherungen seiner Zärtlichkeit und Liebe nahm sie mit traurigem Lächeln entgegen, das unendlich rührend war. Als sich das neuvermählte Paar allein in ihrem Brautgemach befand, ging Isabella schweigend zum Fenster und blickte in die Nacht hinaus. Der Mond stand hoch am dunklen, klaren Himmel, und ihre Gedanken wanderten zurück zu jener Nacht, als blasse Strahlen ihr das Antlitz des sterbenden Geliebten zeigten. Ihr Gemahl beugte sich über sie mit leidenschaftlichen Liebkosungen. Isabella sagte mit sanfter Stimme: »Ich will Euch eine gute Gattin sein. Aber ich bin dazu bestimmt, entweder in drei Monaten oder drei Jahren zu sterben.« Isabella wurde von allen, die mit ihr in Berührung kamen, geliebt; doch ihre zarte Gesundheit beunruhigte Josef II., da ihre Kräfte seit ihrer Vermählung rasch abnahmen. Die Geburt eines Töchterleins wurde die Quelle unendlicher Freude für den Kaiser; doch sorgten sich die Ärzte über die Schwäche der Mutter. Die Kaiserin schien einer anderen Welt anzugehören und hielt mit unsichtbaren Wesen leise Unterredungen. Die starke Spannung der Nerven ließ einmal in besorgniserregender Weise nach, als Isabella der Aufführung einer neuen Oper von Gluck beiwohnte. Eine Szene brachte mit solcher Macht die Erinnerung an das grausame Ende ihres Liebesglückes zurück, daß sie ohnmächtig wurde, und man bangte, ob sie sich jemals wieder von diesem Anfall erholen würde.
Drei Jahre vergingen. Als der Jahrestag, an dem Isabella den Geliebten sterben sah, sich näherte, schien sie völlig verwandelt zu sein und wurde wieder wie ein glückliches, sorgloses, junges Mädchen. Als der Abend kam, setzte sich Isabella in reizendem, duftigem Gewand, strahlend von Jugend und Liebreiz, mit dem Kaiser in ihrem Privatappartement in Schönbrunn zum Abendessen. Doch plötzlich stand sie, ohne ein Wort zu sagen, von der Tafel auf und ging rasch durch die offene Tür in den Garten

hinab. Doch als sie die Blumenbeete durchschreiten wollte, blieb sie plötzlich stehen, und indem sie die Arme, als wenn sie jemand begrüßen wollte, ausstreckte, fiel sie tot zwischen die duftenden Blumen.
Man erzählt, daß die Kaiserin in ihrem mit Rosen gefüllten Sarg so schön und friedlich aussah, und daß niemand wußte, woher die weißen Rosen, zwischen denen die Tote zu schlafen schien, kamen. Der Kaiser war trostlos. Als auch das Kind bald seiner Mutter folgte, mußte er sich nochmals vermählen, und zwar aus Staatsgründen. Auch diese Vermählung wurde per Prokuration gefeiert; doch Josef II. zog sich von seiner zweiten Gattin zurück und lebte nicht mir ihr. Josef sagte stets, daß es kein anderes Weib auf Erden gäbe, das je mit seiner Gemahlin, der liebreizenden Isabella von Parma, zu vergleichen gewesen wäre.

Ich füchte, ich bin zu weit von meinem Weg abgeirrt, und muß nun wieder zu meiner eigenen Erzählung zurückkehren.
Im Dezember 1904 mietete ich eine Villa in S. Domenico auf den Fiesolaner Hügeln, da ich dachte, daß sowohl Luft wie Lage für die zarte, kleine Monica vorteilhaft wären. Doch der eine Gedanke beschäftigte mich Tag und Nacht, meine geliebten Kinder wiederzusehen, da kein Gesetz der Welt einer Mutter dieses Recht nehmen kann. Nicht eine Stunde verging, ohne daß nicht mein Herz sich in Sehnsucht nach ihnen verzehrte, und ich fühlte, daß ich diese harte Trennung nicht länger mehr ertragen konnte. Doch alle meine Bitten wurden mir abgeschlagen; so entschloß ich mich, Vernunft Vernunft sein zu lassen und anstatt dessen einen coup de tête zu wagen.
Ich verlor daher keine Zeit und reiste nach Leipzig, wo mein Rechtsanwalt wohnte. Ich fuhr zu seiner Villa und bat ihn, mich nach Dresden zu begleiten, da ich annahm, daß ich mich völlig auf seine Verschwiegenheit verlassen könnte. Doch ehe wir noch Leipzig verließen, telepho-

nierte mein »ritterlicher« gesetzlicher Ratgeber an die Dresdener Geheimpolizei und benachrichtigte sie von meiner Ankunft.
Wir kamen am frühen Morgen in Dresden an. Es war kalt und neblig, und die Sonne hing in dem winterlichen Nebel wie ein Feuerball. Als ich über die alte Augustusbrücke fuhr, überwältigten mich meine Gefühle. Mir war, als wenn ich, eine Träumende, selbst in einer Traumstadt sei, bis der Gedanke, daß ich in unmittelbarer Nähe meiner geliebten Kinder mich befand, mich aus diesem traumhaften Zustand riß.
Ich stieg vor dem Laden eines Parfümeriegeschäftes, wo ich sonst einzukaufen gewohnt war, aus meiner Droschke und trat ruhig ein. Alles war geschäftig bei der Arbeit. Einige Verkäufer räumten die Schaufenster ein, während andere Seifen und Essenzen auf dem Ladentisch ordneten. Als der Besitzer kam, um mich zu bedienen, drehte ich mich um, hob meinen schweren Kreppschleier und sah ihn an. Der arme Mann war so überwältigt, daß er kein Wort über die Lippen brachte, und erst nach einigen Sekunden, als er sprechen konnte, stammelte er: »Unsere Luisa! Unsere Luisa!« Ich sagte ihm, was mich nach Dresden geführt hätte, und mit großer Spannung hörte er mir zu. Er sagte mir, in welchem Teile des Schlosses die Zimmer meiner Kinder sich befänden, und da das alles war, was ich wissen wollte, stieg ich wieder in meine Droschke und fuhr nach dem Neumarkt, wo ich den Kutscher bezahlte. Ich war in Todesangst, daß man mich erkennen würde, und ging rasch über den Platz durch enge Gassen nach dem Taschenbergpalais. Da bemerkte ich einen Mann, der stehenblieb und mich anstarrte. Doch legte ich keinen Wert auf dieses Erkennen und eilte nach dem Palaiseingang. Mit zitternden Fingern wollte ich eben den Knopf der elektrischen Klingel drücken – als plötzlich jemand meine Hand faßte und ich demselben Mann gegenüber stand, der vorher stehengeblieben war.

Er nahm den Hut ab und grüßte. »Kaiserliche Hoheit«, sagte er, »Sie können weder den König noch die königlichen Kinder sehen.« »Wer sind Sie?« fragte ich. Der Mann zog eine große Münze hervor und sagte mir, daß er ein Beamter der Kriminalpolizei sei. »Ihre Ankunft war uns bekannt, das Palais und Schloß sind von unseren Leuten umstellt, und Sie müssen gleich mit mir nach Ihrem Hotel zurückkehren.« Als er so sprach, pfiff er, und zwei Geheimpolizisten in Zivil erschienen. Ich sah ein, daß jeder Widerstand unnütz sei, und machte keine weiteren Bemerkungen. Doch dieser Augenblick war der demütigendste und verlegenste meines Lebens. Ich sah zu den Fenstern meiner Zimmer hinauf, wo ich elf Jahre gewohnt hatte, doch ich sah sie nur durch einen Tränenschleier. Aber ich ließ mich nicht werfen und nahm all meinen Mut zusammen. Ein eisiger Wind blies feine Schneeflocken mir entgegen, als ich mit meiner »Ehrenkompagnie« über den Platz schritt. Als der Tramwagen, der mit Geschäftsleuten gefüllt war, an mir vorüberfuhr, sah ich entsetzte Gesichter, die mich ansahen und erkannt hatten. Die Polizei begleitete mich nach dem Hotel Bellevue, das sich gegenüber dem Opernhaus befindet, und dies war wieder eine wohlbekannte Gegend für mich, und ich dachte an die Tage, wo ich im königlichen Hofwagen hier vorbeifuhr und nie geträumt hätte, daß ich in meiner eigenen Hauptstadt festgenommen würde und zwischen Polizisten zu Fuß gehen müßte.

Als ich in das Hotel kam, wurde ich gebeten, mit dem Manne, der mich in Verwahrung genommen, hinaufzugehen in das Zimmer, das für mich ausgewählt wurde und das keinen Ausblick auf den Theaterplatz hatte. Es war ein unfreundlicher Raum, aber ich setze mich nieder und erwartete das Nächstkommende mit Ruhe. Ich wußte nun, daß mein Rechtsanwalt mich verraten hatte, und als er zu mir kam, sagte ich ihm offen meine Meinung wegen seines verächtlichen Benehmens.

Der Direktor des Hotels brachte mir einen wunderbaren Rosenstrauß, den er mir mit Tränen in den Augen überreichte und mich dabei seiner unwandelbaren Liebe und Treue versicherte.
Der Polizeipräsident war mein nächster Besuch. Er kam mit dem Hut auf dem Kopf in das Zimmer, worauf ihm erst einfiel, ihn abzunehmen. Würdevoll sagte er: »Das Ministerium sendet mich, Gräfin, um Ihnen einen Extrazug anzubieten, der Sie bis an die Grenze bringen soll. Es steht demnach kein Hindernis im Wege, daß Sie sofort Dresden verlassen.« Ich schritt bis in die Mitte des Zimmers. »Sie irren«, sagte ich ruhig, »Sie können nur einer Königin einen Extrazug anbieten, es wäre nicht erlaubt, dies für die Gräfin Montignoso zu tun.« (Der Titel Gräfin Montignoso wurde von mir gelegentlich als Reise-Inkognitoname angenommen.) »Sagen Sie dem Ministerium, daß Luisa von Toscana die Stunde ihrer Abreise selbst bestimmen wird. Sie können den Ministerien auch mitteilen, daß sie keinen Grund zur Sorge hätten. Ich werde mich nicht an das Volk wenden, wie Sie füchten. Mein einziger Wunsch war, meinen Gemahl und meine Kinder zu sehen.«
Nachdem der Polizeipräsident das Hotel verlassen hatte, begann ich mit seinem Untergebenen zu sprechen, der ganz unglücklich dasaß. »Ach, verzeihen Sie mir, verzeihen Sie mir«, wiederholte er immer wieder. »Ach Gott, daß ich gerade dazu ausersehen sein mußte, ‚unsere Luisa' zu arretieren!« Ich tröstete ihn, und er versicherte mich, wie sehr das Volk mich liebte und daß er der ersten Zeit meiner Verheiratung sich wohl erinnere. Armer Mann! Ich hoffe, daß er begriffen hat, daß ich in keiner Weise ihm die unfreiwillige Rolle verargt habe, die er spielen mußte. Ich schrieb dem König, und als Kammerherr von Criegern kam, um mich zu sprechen, bat ich ihn, den Brief meinem Gemahl zu übergeben. Er lachte grob: »Ihren Brief dem König geben? Gewiß nicht. Können Sie

denn für einen Augenblick annehmen, daß Seine Majestät je einen Brief oder eine Mitteilung von Ihnen erhält? Andere Leute sind dafür besorgt, daß er nicht von Ihnen belästigt wird.«
Ich hätte den Mann niederschlagen mögen. »Wie können Sie es wagen, mir das zu sagen?« fragte ich. »Wenn Sie meinem Gemahl diesen Brief nicht geben, werde ich schon jemand finden, der es tun wird.« Friedrich August erhielt meinen Brief auf der Jagd, die in aller Eile denselben Morgen arrangiert wurde, um ihn von Dresden zu entfernen. Man sagte mir, daß, als Friedrich August den Brief las, er sich fast ohnmächtig an einen Baum lehnte und sofort seinen Wagen befahl, der ihn nach Dresden zurückbringen sollte, um mich zu sehen. Meine Feinde hatten dies erwartet, und so wurde ihm gesagt, daß ich Dresden bereits verlassen hätte.
Ich verlangte von Metzsch zu sprechen, aber er hatte nicht den Mut, mir entgegenzutreten; dafür entsandte er den Kammerherrn von Criegern, der mir sagte, daß nichts getan werden könnte. Ich wußte, daß Criegern mich nicht mochte, aber irgendwie schien er Mitgefühl für mich zu haben; er drang in mich, daß ich Dresden so rasch wie möglich verlassen sollte, da die Nachricht meiner Ankunft sich bereits verbreitet hätte und die Polizei in Sorge wäre der feindlich gesinnten Volksmasse wegen, die alle für mich einzustehen bereit wären. Lächelnd sagte ich darauf, daß ich bald Dresden zu verlassen gedächte. Ich nahm hierauf das Dejeuner mit Dr. Zehme ein. Mein unfreundliches Zimmer wurde unterdessen in einen wahren Blumengarten verwandelt. Während des Essens wurde meine Aufmerksamkeit auf ein Geräusch gelenkt, das große Ähnlichkeit mit fernem Donner hatte. »Was ist das für ein Lärm?« fragte ich. Die Antwort auf meine Frage wurde mir durch den Polizeipräsidenten gegeben, der ohne anzuklopfen in das Zimmer hereingestürzt kam. »Kaiserliche Hoheit«, schrie er, »ich bitte Sie dringend,

Dresden sofort zu verlassen, da wir in wenigen Augenblicken machtlos sind. Die Volksmenge füllt bereits die Straßen und Plätze. Sie droht, in das Hotel gewaltsam einzudringen, um Sie fortzutragen. Ich beschwöre Sie nicht der Grund zum Blutvergießen zu werden.«
»Alles dies ist nur Ihre Schuld«, sagte ich kalt. »Sie haben mich am hellen Tage arretieren lassen und wundern sich noch über die Unruhe? Seien Sie ruhig, es wird nichts geschehen. Ich werde das Hotel erst verlassen, nachdem ich mein Dejeuner beendet habe.«
Ich hielt mein Wort, und nachdem ich meine wenigen Habseligkeiten zusammengesucht und geordnet hatte, ging ich mit den Polizeibeamten die Treppe hinab. Als wir die Eingangshalle erreicht hatten, sah mich das Volk, das vor der Tür gedrängt stand, und ein einstimmiger Ruf ertönte: »Unsere Luisa!« Der Polizeipräsident verlangte, ich sollte in einem geschlossenen Wagen fahren; doch ich lehnte es ab, und als ich zuletzt vor das Hotel trat, bot sich mir ein Anblick, den ich niemals vergessen werde.
Der ganze Platz stand dichtgedrängt von Leuten. Murren, Durcheinanderrufen und Drohungen kamen aus der Menge, als mein Wagen erschien. Die Menge durchbrach den Polizeikordon und stürzte mir entgegen. »Luisa, bleib bei uns!« »Tod dem Metzsch!« »Nieder mit der Kirche!« schrie es wild durcheinander. Einige liefen zu den Pferden und hielten sie fest, andere versuchten den Kutscher von seinem Bock herunterzureißen, wieder andere drängten vorwärts, um meine Hand zu fassen. Ich stieg in den Wagen und versuchte zu sprechen. Ein lautes, tobendes Geschrei ertönte. »Laß dein Volk wissen, wie du behandelt worden bist! Schreibe ein Manifest und rechtfertige dich! Fürchte dich nicht, ganz Sachsen ist mit dir!«
»Still«, sagte ich, als man mich hören konnte, »macht keine Unruhe, ich liebe euch von ganzem Herzen. Denkt an mich als eine unglückliche Mutter. Ich werde eines Tages reden und euch die ganze Wahrheit wissen lassen.«

Mit Mühe konnten wir die Eisenbahnstation erreichen. Den ganzen Weg bis dahin stand die Hoch rufende Menge dicht gedrängt rechts und links auf der Straße. Niemals vorher habe ich eine derartig begeisterte Kundgebung gesehen. Auf dem Abfahrtsbahnsteig ging ich durch den erst kürzlich neuerbauten Zugang. Auf dem Bahnsteig stand eine wartende Menge, vielen rollten Tränen über das Gesicht. Sie schienen glücklich, mir ihre Verehrung und Liebe zeigen zu können. Mein Coupé duftete von unzähligen Blumensträußen, viele Briefe steckten daran, und immer wiederholten sich die Worte: »Rechtfertige dich!«
Zwischen wehenden Taschentüchern und unter dem Rufe: »Auf Wiedersehen, Luisa!« dampfte der Zug aus der Halle. Wo immer der Zug hielt, stand Volk, und überall versicherte man mich der Liebe, Treue und Anhänglichkeit des Sachsenvolkes. Mit dem Polizeipräsidenten unterhielt ich mich lange Zeit hindurch. Ich erinnerte ihn daran, daß, als er mir vorgestellt wurde, er eine sehr untergeordnete Stellung innehatte, und konnte nicht anders, als zu bemerken: »Nun, es ist einmal eine sonderbare Welt. In Ihren wildesten Träumen hatten Sie sich gewiß nicht vorgestellt, daß es Ihr Los werden könnte, mich zwar nicht als Königin, doch wenigstens als Gräfin Montignoso bis an die Grenze zu begleiten.«
Abends kam ich in Leipzig an. Die ganze Station füllte eine dichtgedrängte Schar von Studenten, die alle in Schwarz gekleidet waren. Der Leipziger Polizeipräsident empfing mich. Sein Dresdener Kollege und er geleiteten mich durch die schwarze, schweigende Menge. Plötzlich wurde der Ruf: »Luisa, Luisa!« laut, »wir wollen dich nach Dresden zurücktragen!« Bei diesen Worten fühlte ich mich von starken Armen aufgehoben, und trotzdem ich meine Träger bat, mich ruhig weitergehen zu lassen, tönten die Rufe fort. »Seien Sie ruhig«, sagte ich zu denen, die mir am nächsten standen, »Sie dürfen keine sol-

che Demonstration machen. Ich verspreche euch, daß ihr eines Tages alles erfahren werdet.« Ich fuhr nach der Villa meines Rechtsanwalts. Viele Leute liefen hinter meinem Wagen her, warfen mir Blumen zu und beschworen mich, daß ich mich nicht aus Sachsen vertreiben lassen sollte. Trotzdem ich erschöpft von den Erregungen des Tages war, mußte ich Leipzig diese Nacht noch verlassen und kehrte zur Station zurück, nachdem ich mit meinem Rechtsanwalt alle geschäftlichen Angelegenheiten geordnet hatte.

Eine erregte Menge füllte die Station, und das laute Schreien und Rufen nahm kein Ende. »Wir wollen deine Feinde töten. Du erlaubst, daß man auf dich tritt, aber dein Schweigen ist beredter als Worte.« »Sage alles, wir wissen, wer deine Feinde sind.« Andere schrien: »Rache, Rache! Wir wollen Luisa nicht fortlassen!« Die geheime Polizei versuchte die Anstifter dieser verräterischen Rufe zu entdecken, doch hatte sie wenig oder keinen Erfolg. Ich dachte, daß man im Zuge einen Platz für mich reserviert hätte, aber dem war nicht so. Im Durchgangswagen nach Frankfurt fand ich keinen Platz. Der Zug war überfüllt, und wäre nicht ein liebenswürdiger Herr gewesen, der mir seinen Sitz abgetreten hätte, wäre ich gezwungen gewesen, die Reise bis dahin stehend zuzubringen.

So endete mein coup de tête.

Und doch bedauerte ich nicht, diese erfolglose und peinvolle Erfahrung gemacht zu haben, da sie mir gezeigt hat, wie groß die Liebe zu mir in Sachsen noch ist. Ich erkannte vollständig den wunderbaren Wert uninteressierter Liebe. Als ich in dem heißen Coupé saß, von neugierigen Blicken angestaunt, all meiner königlichen Würde bar, eine trostlose Mutter, die fern von ihren geliebten Kindern im Exil leben mußte, fühlte ich doch einen Schimmer von Stolz, wenn ich an die Begeisterung meiner Sachsen dachte, und immer wieder hörte ich den aus treuem, anhänglichem Herzen kommenden Ruf: »Komm wieder, Luisa!«

20. Kapitel

Volksstimmung in Sachsen. Leben in San Domenico. Mir ist keine Ruhe vergönnt. Alma Muth, ein Spion. Die Ankunft des Rechtsanwalts des Königs von Sachsen in Florenz. Eine Besprechung im deutschen Konsulat. Ich weigere mich, Monica herauszugeben. Belagerung der Villa. Alma Muth wird vor die Tür gesetzt. Sie reist mit Herrn Körner nach Pegli. Das Gespräch, das im Restaurationswagen gehört wurde. Ich lerne einen anderen Spion kennen. Frau Ida Kremer. Ihre Methode. Ein gemeines Buch. Mir wird erlaubt, meine Kinder zu sehen. Unser Zusammentreffen in München. Ich entschließe mich, Monica nach Sachsen zurückkehren zu lassen. Meine zweite Heirat. Hier endet meine Geschichte.

Mein coup de tête verbreitete eine furchtbare Aufregung über ganz Sachsen. Es wurde angeordnet, daß alle Zeitungen die Berichte über meine Ankunft in Dresden und meinen Empfang in Leipzig unterdrücken sollten. Wäre ich damals noch vierundzwanzig Stunden in Sachsen geblieben, so wäre eine Revolution ausgebrochen. Die Behörden waren sich der Schwere der Lage völlig bewußt. An dem Tage, als ich Sachsen verließ, waren ich und das Unrecht, das mir angetan worden war, der einzige Gesprächsinhalt. In kleinen armen Hütten weit draußen in wenig bewohnten Gegenden und verschneiten Gebirgsdörfern wurde meine Photographie mit Blumen bekränzt. Frauen trugen Broschen mit meinem Bilde, und trotzdem die Polizei den Verkauf von Ansichtspostkarten verbot, wurden Hunderte und Tausende an einem Tage verkauft, und das besonders in den Monaten Januar und Februar 1903, nachdem ich Dresden verlassen hatte. Wenn es irgend bekannt wurde, daß königliche Beamte zu mir hielten, merkten sie bald, daß sie bei Beförderungen übergangen wurden.

Als ich Dresden zum ersten Male verließ, verkaufte der Restaurateur beim Büfett in der Oper sogenannte »Luisa-Schokolade«, die mit meinem Bilde versehen war und sehr gern gekauft wurde. Eines Tages wurde der genannte Restaurateur in die Generaldirektion gerufen, und es wurde ihm bedeutet, daß er binnen vierundzwanzig Stunden seine Stelle verlassen müsse, weil er »Luisa-Schokolade« verkaufe. Der unglückliche Restaurateur, einer meiner Anhänger, schrieb mir das Vorgefallene und versicherte mich zugleich, daß seine Treue und Ergebenheit niemals schwinden würden.
Diese Gefühle der Anhänglichkeit und Treue sind mir stets erhalten geblieben und sind für mich die Quelle größten Trostes.
Ich danke hier allen meinen unbekannten Freunden, die mir so herzlich und liebevoll schreiben, und sie sollen versichert sein, daß für mich jeder Brief und jede Karte lieb und wertvoll ist.
An meinem letzten Geburtstag habe ich viertausend Karten erhalten, deren Beantwortung eine erschöpfende Arbeit, durch die Liebe mir aber eine leichte wurde.
Das Leben in S. Domenico war für einige Zeit ein ereignisloses. Doch meine Feinde gestatteten mir niemals, lange den Frieden zu genießen. Sie suchten irgendeine Liebesgeschichte ausfindig zu machen, und wandten die niedrigsten Mittel an, zu ihrem Ziele zu gelangen. Spione wurden gedrungen. Als Monica geboren wurde, hatte ich eine evangelische Pflegerin als Kinderfräulein genommen, die mein vollstes Vertrauen besaß und die ich sehr gern hatte. Aber diese paßte dem Hofe nicht, der darauf bestand, ich müßte ein katholisches Fräulein ihrer Wahl für die Kleine haben. Da ich aus verschiedenen Gründen wünschte, dem König gegenüber mich stets nachgiebig zu zeigen, so gab ich dem Drängen nach, und Fräulein Alma Muth traf von Dresden ein, um Monicas Pflege zu übernehmen. Eines Tages wurde ich ans Telephon gerufen,

und mir wurde mitgeteilt, daß ein Spion in meinem Haus sei, und zwar in der Person der Pflegerin meines Kindes. Da diese Mitteilung mich überraschte, mir aber doch glaubwürdig erschien, machte ich heimliche Nachforschungen und entdeckte, daß Alma Muth durch Vermittlung des deutschen Konsulats in Florenz mit dem sächsischen Hofe in brieflichem Verkehr stand.
Alma Muth bat jeden Tag, daß ich ihr einen Spaziergang im Garten der Villa erlauben möchte, und ich entdeckte, daß sie diesen Vorwand dazu benützte, unbeobachtet, wie sie glaubte, mit einem Beamten des Konsulats zu sprechen, der dahin gesandt wurde, um genau von meinen Bewegungen und meinem Tun und Lassen unterrichtet zu werden.
Ich überraschte sie einstmals, als sie an das Konsulat telephonierte. Als ich ihr das Verräterische ihres Benehmens vorhielt, leugnete sie kühn alles.
Des anderen Morgens erhielt ich von einem Hotel in Florenz die telephonische Nachricht, der Rechtsanwalt des Königs von Sachsen, Justizrat Dr. Körner, wäre eben eingetroffen und fragte, wann er mich sehen könnte. Ich antwortete daraufhin, daß ich bereit sei, ihn jederzeit zu empfangen. Nach kaum einer Stunde fuhr er an meiner Villa vor.
Dr. Körner sprach lange mit mir über die Zukunft Monicas; zu meiner Verwunderung wurde aber nichts Bestimmtes festgestellt, und ich merkte sofort, daß es sich um eine List handelte. Am nächstfolgenden Tage wurde ich auf das deutsche Konsulat gerufen. Aber als ich daselbst ankam, fand ich niemand, mich zu empfangen. Nach langem Warten erschien Körner auf der Szene und sagte in barscher Weise, daß er den Befehl habe, Monica nach Dresden zurückzubegleiten. Er zeigte mir ein Dokument, das ihm Vollmacht gab, wie es ihm am geeignetsten erschien, zu handeln. Ich gab ihm das Dokument in derselben Weise zurück, wie er es mir gegeben, d. h. warf es

ihm hin. Alles, was er mir sagte, war: »Gräfin, bereiten Sie alles vor, um zwei Uhr müssen Sie mir Prinzessin Monica übergeben.« – »Sie werden mir erst den Grund angeben«, sagte ich kalt, »ehe ich Ihnen erlauben werde, Monica fortzunehmen. Versuchen Sie es nur mit Gewalt; so lange ich frei bin, werde ich mein Kind verteidigen und Ihnen trotzen.« – Mir war, als spuckte er auf den Boden. »Was können Sie tun?« sagte er spöttisch, als ich mich wandte und zur Tür hinausschritt. Sofort fuhr ich nach meiner Villa zurück, wo ich meinen Kammerdiener und den Koch sofort rufen ließ und ihnen befahl, das Haus wohl zu bewachen. »Wenn irgendeiner von euch mich verrät«, fügte ich hinzu, »lasse ich ihn sofort festnehmen.« Als erstes wurden das Telephon ausgeschaltet und die Klingeldrähte abgeschnitten. Alma Muth wurde nicht einen Augenblick allein gelassen und fortgesetzt bewacht. Um zwei Uhr kam die Muth, mich zu fragen, ob ich den Rechtsanwalt des Königs gesehen hätte. Sie war wütend über mein stolzes, verächtliches Schweigen. Bald hörte ich einen Wagen vorfahren, und als ich durch die Fensterläden blickte, sah ich Dr. Körner würdevoll in einem Landauer zurückgelehnt sitzen. Außer Körner saß noch jemand in dem Wagen, und zwar der von mir bereits genannte Diener aus dem Taschenbergpalais, der, wie ich später erfuhr, besonders darum gebeten hatte, Dr. Körner begleiten zu dürfen, um sich an meinem Unglück zu laben. Beide Männer stiegen aus. Nachdem sie vergebens dreiviertel Stunden lang Eingang gesucht, an allen Klingeln geläutet, überall geklopft, sahen sie ein, daß ihnen nichts anderes übrigblieb, als wieder nach Florenz zurückzukehren. Sofort ließ ich die telephonische Verbindung wiederherstellen. Dr. Körner kam bald wütend aufs neue angefahren. Eine regelrechte Belagerung wurde nun begonnen. Die Muth verlangte von den Hausmädchen, daß sie hinausgelassen würde. Bisher glaubte sie sich auf diese Mädchen verlassen zu können, da sie bestochen waren;

aber sie rechnete nicht mit dem italienischen Temperament. Als diese mein energisches Vorgehen sahen, weigerten sie sich, der Muth in irgendeiner Weise zu helfen. Meine Festung machte mir viel Spaß, da der Koch mit einem Revolver bewaffnet umherging, damit die Muth nicht vergessen sollte, daß sie als meine Gefangene zu betrachten sei.

Am nächsten Tage ging ich nach Florenz, den italienischen Rechtsanwalt des Königs zu sprechen und verbrachte acht Stunden in nutzlosen Widerreden. Körner las ein langatmiges Protokoll vor, das die Muth ihm gesandt hatte; er drohte und disputierte, bis meine Geduld riß. Ich war erschöpft, da ich nichts gegessen hatte, und mir wurde auch in diesen endlos langweiligen Stunden keine Erfrischung angeboten, obwohl Körner Fräulein Muth liebevoll mit Schokolade und Biskuit versah. Um fünf Uhr ging ich nach Hause und fuhr dann wieder nach der Stadt, wo nochmals das Protokoll der Muth vorgezeigt wurde. Sie war halb rasend vor Wut, als es verlesen wurde, und erklärte, daß sie nichts beschwören könne. Die beiden Hausmädchen wurden dann ausgefragt; aber diese erklärten einmütig, daß sie weder lesen noch schreiben könnten und daß jedes Protokoll, das über sie aufgenommen sei, Erfindung sein müsse. Dr. Körner war sehr ärgerlich und sagte bitter: »Wer am Ende lacht, lacht am besten.« Ich dachte, daß er recht hätte und dies oft vorkäme. Hierauf setzte er hinzu: »Ich werde, wenn ich das nächstemal komme, um die kleine Prinzessin zu holen, Koffer mitbringen, denn das Kind soll nicht ein Stück von den Sachen mitnehmen, die Sie ihm gegeben haben.« Als er wieder nach S. Domenico kam, fand er wieder alle Türen verschlossen. Diesmal begleitete ihn der deutsche Konsul, der mit lauter, pompöser Stimme rief: »Im Namen Seiner Majestät des Deutschen Kaisers ersuche ich Sie, Gräfin Montignoso, die Türe zu öffnen.« Doch als ich nicht im geringsten seinen Befehl beachtete, fuhr Körner nach Fiesole, die dortigen Carabinieri um ihre Hilfe zu bitten, daß sie mich zwängen, seines Herrn Befehl zu gehorchen. Er erhielt aber lächelnd die Antwort, daß die italienische Polizei nur dem Befehl des Königs von Italien Folge leisten würde. Mittlerweile brach die Nacht herein, und von meinem Schlafzimmerfenster aus konnte ich den Fortschritt der Begebenheiten beobachten. Ich sah einen Wagen die Straße nach S.Domenico herauffahren; er hielt, und jemand machte mit einer elektrischen Handlaterne Zeichen. Dies war, wie ich nachträglich erfuhr, das verabredete Signal, mit dem Körner die Muth aufmerksam machte, daß er warte und sie Monica durch den Garten (ohne mein Wissen natürlich) zu seinem Wagen bringen sollte.

Von Schlaf war diese Nacht natürlich keine Rede. Um zwei Uhr kam mein Kammerdiener an die Tür mit zwei Telegrammen und sagte, daß die Boten mich zu sprechen wünschten. Diese erzählten mir, daß, als sie bei dem Wagen vorüberkamen, der auf der einen Seite der Straße stand, jemand im Wagen sie anrief, wohin sie gingen. Sie antworteten: »In die Villa mit Telegrammen.« Die Boten wandten sich hierauf an den Kutscher: »Was macht denn ihr da?« – »O«, antwortete der Kutscher, »wir warten auf eine geisteskranke Dame, die wir fortbringen sollen.«

Es war bitter kalt, und Körner nebst seinen Freunden erwärmten sich, indem sie die Kognakflasche abwechselnd eifrig kreisen ließen. Als es jedoch vier Uhr morgens schlug, schienen sie müde geworden zu sein und fuhren ab, indem sie mir den Sieg überließen!

Trotzdem fühlte ich instinktiv, daß noch etwas im Hinterhalt lauerte. So ging ich in Monicas Schlafzimmer, wo ich die Kleine im Reisemäntelchen auf ihrem Bettchen sitzend fand, ein gepackter Koffer stand fertig mitten im Zimmer. Da die Muth packte, sandte ich meinen Kammerdiener zu ihr und ließ ihr sagen, daß jemand vom Konsulat gekommen wäre und sie im Garten zu sprechen wünsche und daß er ohne mein Wissen ihr diese Nachricht brächte. Die List hatte einen glänzenden Erfolg. Der Kammerdiener schloß eine Seitentüre auf, die Muth stürzte ohne Hut und Jacke in den Garten hinaus, um sofort zu entdecken, daß sie betrogen und vor die Tür gesetzt war. Ich rief hierauf die zitternden Diener alle zusammen und sagte mit Strenge: »Wer es wagt, mir zuwiderzuhandeln, wird sofort arretiert.« Dann befahl ich den bebenden Mädchen, die Kleider der Muth zu nehmen und sie aus dem Fenster zu werfen; ihr Gepäck wurde darauf von den Mädchen vor die Tür gestellt, während der Koch, mit dem Revolver in der Hand, Wache hielt, daß alles meinem Befehl gemäß ausgeführt würde.

Wie eine Wahnsinnige raste die Muth im Garten umher und rannte zuletzt nach S. Domenico, um an Körner zu telephonieren, der alsbald in seinem Landauer angefahren kam und die Muth samt ihren Habseligkeiten nach Florenz brachte.

Vierzehn Tage blieb ich in meiner Villa eingeschlossen, da ich meinen Feinden nicht traute. Eine Menge herrlicher Karikaturen erschienen in Dresdner Witzblättern über Körner und seine erfolglosen Bemühungen in Florenz. Dieser verließ Florenz; aber da Fräulein Muths Nerven nach allem, was sie hatte durchleben müssen, angegriffen waren, nahm er sie liebevoll in seinen Schutz und geleitete sie nach Pegli an der italienischen Riviera, damit sie sich erhole. Zusammen kehrten beide dann nach Dresden zurück. Doch waren Dr. Körner wie Fräulein Muth unvorsichtig genug, über den König von Sachsen und seine Minister, während sie im Restaurationswagen zu Mittag aßen, abfällig und beleidigend sich zu äußern. Ihre Bemerkungen wurden von einem deutschen Rechtsanwalt gehört und in Dresden direkt an höchster Stelle mit dem Erfolge hinterbracht, daß Körner von dem König seiner Stellung enthoben wurde.

Nach Fräulein Muths Abreise versuchte von Metzsch aufs

Prinzessin Monica

neue, mit allen Mitteln meine Stellung zu untergraben. Da ich darauf bestand, daß das treue Kinderfräulein, das ich früher für Monica hatte, wieder in meinen Dienst zurückkehrte, störte das meine Feinde ungemein; wieder kam ein Befehl, daß Monica eine katholische Erzieherin haben müsse. Eine katholisch gewordene Jüdin, Frau Ida Kremer, die gänzlich in den Händen der Geistlichkeit war, wurde vom Hofe nach Florenz gesandt. In ihrem häßlichen, buckeligen Leib lebte eine ebenso häßliche, krumme Seele, und es ist wahr, wenn ich sage, daß sie eine vollendete Spionin war. In ihrer sehr lebhaften Einbildungskraft erfand sie alles, was sie nicht erfahren konnte.

Frau Kremer war erst einige Tage bei mir, als ich durch einen Unbekannten telephonisch gewarnt wurde, daß mein Haus wieder einen Verräter beherberge und daß die von Metzsch Beauftragten die Absicht hätten, mich in einer Lage, die mich kompromittieren könnte, durch einen nächtlichen Einfall zu fangen.

Dieser Plan wurde auch wirklich ausgeführt. Einmal wurde in der Villa eingebrochen, aber nichts gestohlen; die Diebe wurden gestört und liefen davon. Ein anderes Mal wurde meine Garage als Ziel genommen, und einige Pneumatiks wurden mir fortgetragen. Ich hörte oft merkwürdige Geräusche in der Nacht. Da Frau Kremers Berichte den Hof überzeugt haben mußten, daß die Art, wie ich lebte, über allen Verdacht erhaben sei, störte von da ab nichts mehr meine Nachtruhe.

Nach sechs Wochen verließ mich Frau Kremer, nachdem sie in dieser Zeit genügend Material gesammelt hatte, um ein gemeines Buch zu schreiben, das meine Person und mein Leben in Florenz schilderte. Es war ein elendes Machwerk, und es wurde von jenen, die ihr den Auftrag dazu gegeben, gewiß mit Freuden begrüßt. – Die Kremer versuchte es bei einem Hintertreppenverleger in Berlin anzubringen und zu verkaufen. Doch kaum hatten meine

sächsischen Freunde in Erfahrung gebracht, daß die Verhandlungen Fortschritte machten, als sie die Buchhändler mit Boykott bedrohten, welche der Verbreitung Vorschub leisten wollten. Als Feuilleton erschien in einem Berliner Blatt dieser gemeine Hintertreppenroman. Das Ganze war ein Gewebe von Lügen mit ab und zu einem Körnchen Wahrheit, und da der Autor mit mir in enge Berührung gekommen war, so hatte er Gelegenheit genug, scheinbar intime Kenntnisse auszukramen.
Dieses gemeine Machwerk, wie auch die fälschlich mir zugeschriebenen »Bekenntnisse einer Prinzessin« taten mir viel Schaden; doch die in beiden enthaltenen Anschuldigungen waren zu niedrig, als daß ich sie hätte beantworten wollen. Ich tat deshalb keine Schritte, um sie zurückzuweisen. In dieser Zeit gewöhnte ich mich daran, daß allgemein lügenhafte Berichte über mich verbreitet wurden. Ich konnte selten eine Zeitung zur Hand nehmen, ohne daß nicht irgendeine erfundene Nachricht über mich darin stand. Belustigt las ich, was über meine außerordentlichen und extravaganten Ideen erzählt wurde; doch mit Widerwillen und Empörung sah ich die unbegründeten falschen Berichte über mein Privatleben. Mit keinem Herrn konnte ich sprechen, der nicht augenblicklich zum Liebhaber gestempelt wurde. In keiner Weise durfte ich Bekannte besuchen, ohne daß nicht sofort die häßlichsten Vermutungen verbreitet wurden. Mein Leben war einsam und traurig. Ich ritt und fuhr spazieren, im Sommer reiste ich mit Monica und besuchte dann auch Papa und Mama, mit denen ich in bestem Einverständnis lebte.
Der einzige Lichtpunkt dieser einsamen Zeit war, als der König mir die Erlaubnis erteilte, meine geliebten ältesten Söhne wiederzusehen. Dieses Zusammentreffen war zwar nur auf anderthalb Stunden berechnet, ich war aber überglücklich und dankbar für die Güte des Königs. Monica sollte ebenfalls die Bekanntschaft ihrer Brüder machen,

Georg, Ernst, Christian (v. l. n. r.)

Ältester Sohn Georg

deswegen reiste ich mit ihr nach München. Das Wiedersehen fand in der sächsischen Gesandschaft zu München statt. Mama fuhr mit mir dahin. Es wurden mir vorher genaue Vorschriften über mein Benehmen gegeben; kein ungestörtes Zusammensein wurde mir gestattet; besonders wurde mir eingeschärft, ich sollte kein Wort über mein Verlassen Dresdens wie auch mein jetziges Leben zu den Kindern sagen. Der sächsische Botschafter kam an den Wagen, anstatt auf mich oben an der Treppe zu warten; indem er meine Hand küßte, sagte er mit Tränen in den Augen: »Kommen Sie schnell, Prinzessin. Ihre Kleinen warten voll Sehnsucht auf ihre Mama.« Wir gingen rasch die Treppen hinauf, und der Gesandte voraus, um mir die Türe des Salons selbst zu öffnen.

Es war ein düsterer nebeliger Herbsttag; das erste, was ich in dem dunklen Raume sah, waren die Umrisse von Jury und Tia, die bei dem Fenster standen. Mechanisch ging ich vorwärts; es war mir, als wenn das ganze Zimmer mit mir versänke. Tausende der verschiedenartigsten Empfindungen überkamen mich; mir schien es ein Traum, daß meine heißersehnten Kleinen wirklich vor mir ständen. Bebend, das Herz von qualvoller Mutterliebe erfüllt, schloß ich meine geliebten Kinder in meine Arme, und sie klammerten sich an mich, als wenn wir niemals getrennt worden wären. Wir nahmen ein kurzes Dejeuner ein, und die geliebten Buben erzählten mir, daß Papa sie immer für Mama beten ließe! Diese Erinnerung war für mich freudig und traurig zugleich, und ich dachte, wenn Friedrich August die Kinder selbst nach München mir gebracht hätte, daß die Dinge jetzt anders geworden wären. Die Zeit verflog, und der Abschied mußte kommen. Kein Wort kann dieses Auseinanderreißen beschreiben auf der Reise nach Florenz trug ich das Qualvolle dieser Begegnung mit mir zurück.

Jedes Jahr verlangte der König, daß ich ihm Monica zurückgeben sollte, und jedesmal bat ich darum, daß sie mir noch länger gelassen würde.

Monica war ein wunderschönes Kind. Sie besaß die liebenwürdigsten Eigenschaften, hatte ein reizendes Wesen. Wir waren unzertrennbar, und ihre Gesellschaft machte mir das Leben so glücklich, daß ich an den Gedanken, auch nur für einen Tag von ihr getrennt zu sein, mich nicht gewöhnen konnte. Oft fühlte ich, wie eine schwere Verantwortung auf mir lastete. Es wurde mir oft gesagt, daß meine Liebe zu Monica egoistisch sei, ich dürfe meinem Kind die Vorteile ihrer Geburt nicht entziehen, indem ich darauf bestände, daß sie mein unglückliches Exilleben mit mir teilen sollte. Stets habe ich versucht, mir ein völlig objektives Urteil in allen meinen Lebenslagen zu erhalten, und so versuchte ich Monicas Zukunft von allen Seiten zu betrachten. Ich entschloß mich nach hartem Kampfe, meine Mutterliebe in den Hintergrund zu stellen, und begriff, daß, wenn Monica nach Sachsen zurückgehen solle, es für sie viel besser sei, wenn dies, solange sie noch ein kleines Kind ist, geschähe. Niemand wäre dann imstande zu sagen, ich hätte das Kind so lange behalten, bis sie groß genug war, damit ich sie gegen ihre Familie einnehmen konnte. Auch wollte ich nicht, daß jemals Monica mir vorwerfen könnte, daß ich sie nicht als Prinzessin am sächsischen Hofe habe aufwachsen lassen. Ich fühlte meine Pflicht, sie ihrem Vater zurückzugeben, und hoffe, daß meine kleine herzige Monica ein glücklicheres Leben als Prinzessin haben möge, als das meine war und nun geworden ist.

Es kostete einen furchtbaren Kampf, das letzte Glied der Kette, das mich mit meinem vergangenen Leben verband, zu zerreißen. Trotzdem fühlte ich, daß mein Gemahl Monica lieben würde, daß es ihr von seiner Seite niemals an Liebe fehlen würde. Dieser Gedanke ließ mich den Abschied leichter ertragen. Eine barmherzige Vorsehung verhülle die Zukunft und was sie für mich aufbewahren mag. Der Gedanke, daß mir niemals mehr gestattet sein würde, meine geliebten Kinder zu sehen, kam mir niemals, und daß ihre Liebe für mich der Zeit angehören sollte, die ihre frühesten Kindererinnerungen bildet. Eine Mutter darf nicht der Rechte ihrer Mutterschaft beraubt werden, wenn nicht ganz besondere Gründe vorliegen. Es können Verhältnisse eintreten, die Gatten und Gattin entfremden, Liebe und Zuneigung verschwinden, aber es ist grausam und unrecht, eine Mutter daran zu hindern, ihre Kinder zu sehen.

Ich wünschte als Gattin vor Verfolgung und Verleumdung beschützt zu sein, deshalb heiratete ich Signor Toselli.

Meine zweite Vermählung entfremdete mich meinen Eltern, die als strenge Katholiken, nachdem meine Ehe mit Friedrich August vom Vatikan nicht annulliert worden war, den Gedanken an eine zweite Ehe verwarfen.

Ich bin am Ende meiner Geschichte angelangt und habe ehrlich versucht, der Welt zu zeigen, was wirklich am Hofe in Dresden vorgekommen ist und wie ich durch meine gewissenlosen Feinde zugrunde gerichtet wurde.

Bisher bin ich, ohne daß man mich gehört hatte, beurteilt und verurteilt worden; jetzt übernehme ich selbst meine Verteidigung.

Glanz und Schatten des Lebens habe ich kennengelernt, die Höhen des Glücks habe ich erreicht, in die Tiefen des Schmerzes bin ich hinabgestiegen, doch mein Blick wendet sich jetzt vertrauensvoll der helleren Zukunft zu, die mir entgegenleuchtet.

Luise von Toscana mit Enrico Toselli

Nachwort

Auch in unserer scheinbar aufgeklärten Zeit geht noch immer das berühmte Rauschen durch den Blätterwald, wenn es in irgendeiner Prominentenehe kriselt oder gar eine Scheidung ausgesprochen wird. Je mehr die davon betroffenen Personen in der Öffentlichkeit stehen, desto stärker ist der erzeugte Wind. Eines der bekanntesten Beispiele ist Eduard VIII., der 1936 aus Staatsraison noch vor seiner Krönung als englischer König auf den Thron verzichten mußte. Hier war eine zweimal geschiedene Frau der offizielle Vorwand. Auch im österreichischen Herrscherhaus führten des öfteren mißliebige Eheschließungen zu Konflikten, wenngleich dabei nicht unmittelbar Regierende betroffen waren (z. B. Erzherzog Johann, Erzherzog-Thronfolger Franz Ferdinand und die aus dem Verband des Kaiserhauses ausgeschiedenen ehemaligen Erzherzoge Johann Orth, Leopold Wölfling und Ferdinand Burg.
Einer der größten Skandale der Zeit aber war die Flucht Luisas von Toskana aus Dresden. Ende Dezember 1902 zitiert Karl Kraus in seiner »Fackel« einen Zeitungsabschnitt: »Eine Frau ist über Bord, welche, obwohl künftige Königin, Gattin und Mutter von fünf Kindern, obwohl aus ältestem Herrscherblut entsprossen, dem Spiel ihrer natürlichen Triebe sich williger als den Forderungen des königlichen Stolzes hingab.« Unzählige Artikel zu dieser Angelegenheit sollten folgen, für Kraus Gelegenheit, die journalistischen Methoden bloßzulegen. Doch wer war diese Rabenmutter, die hier sichtlich mit einem Liebhaber durchgegangen ist?

Ihre »Erinnerungen« geben ein biographisches Bild aus der Sicht der Betroffenen, aber jede »Erinnerung« ist nicht nur subjektiv, sie verändert sich auch, je weiter man sich vom Geschehen entfernt. Man muß kritisch lesen, und gerade im Fall von Luise, Ex-Kronprinzessin von Sachsen, ist es geboten, nicht alle Anschuldigungen von ihrer Seite für berechtigt zu halten.

Im Februar 1911 trat ein französischer Journalist an Luise Toselli, wie sie rechtens nach ihrer Wiederverheiratung 1907 hieß, heran und riet ihr, Memoiren zu schreiben. Der englische Verleger Eveleigh Nash interessierte sich dafür. Er bot 25 Prozent von den Einnahmen für den Verkauf und ein Honorar von 10 000 Franc. Ihr Gatte Enrico versuchte die ehemalige Prinzessin davon abzuhalten: »Wie kannst Du nur so Törichtes beginnen? Willst Du mit einer Verteidigungsschrift Aufsehen erregen, obwohl Dich niemand angreift? Das ist doch einfach unsinnig. Hast Du Dir überlegt, welchem Skandal Du Dich aussetzt? Du willst Memoiren veröffentlichen! Das kannst Du nicht, ohne peinliche Erinnerungen zu wecken, ohne den sächsichen Hof zu brüskieren, ohne Deine Familie, Deine Kinder in den Mittelpunkt eines pöbelhaften und peinlichen Interesses zu rücken. Du hast immer behauptet, Dein Leben hätte einen neuen Kurs eingeschlagen. Du führtest heute ein ganz anderes Leben.« Aber die Dame, die seit 1903 durch sächsische Verleihung den Titel einer Gräfin von Montignoso führen durfte, erklärte auf diese Vorhaltungen nur, daß sie ein Buch für Mütter schreiben wolle, um zu »beweisen, daß mein Herz reich an Mütterlichkeit ist«. Gemeinsam mit einer englischen Schriftstellerin namens Chester ffoulkes ging Luise an die Redaktion des Memoirenwerkes »My own story«. Zwei Wochen arbeiteten die beiden Damen, dann war das Buch fertig. Frau Chester ffoulkes hatte es auf Englisch nach Luises Erzählungen niedergeschrieben. Es wurde nicht der von der Herausgeberin erwartete Welterfolg, die deutsche Übersetzung gefiel ihr gar nicht (der Text »war so minderwertig im Vergleich zu den großen Gedanken und der Tiefe des Originals«), aber schon am 19. Oktober 1911 konnte sie auf die Titelseite der italienischen Ausgabe von »La mia storia« die Widmung setzen: »Al mio caro Enrico!«

Das Erinnerungsbuch, das hier vorliegt, war nicht die erste »literarische« Arbeit der Habsburgerprinzessin. Ihr zweiter Gatte, der Komponist Enrico Toselli, dessen Serenade op. 6/1 noch heute gerne gespielt wird, hat einige Gedichte von ihr vertont und berichtet in seinen Erinnerungen von der Komposition der kleinen einaktigen Oper »Der Graalsritter« nach einem Libretto aus ihrer Feder. Mit ihrer Biographie glaubte Luise jedoch, in die Weltliteratur eingegangen zu sein und sprach davon, ein Buch über Napoleon I. schreiben zu wollen, wenn ihr Bekenntnisbuch seine Wirkung getan hätte.

Was erwartete sich die Autorin von ihren Erinnerungen? Sie glaubte fest daran, daß die vorgenommenen Enthüllungen alle, die ihr übel mitgespielt hatten, ruinieren würden. Vor allem betraf dies den sächsischen Hof, aber auch ihre übrige Verwandtschaft, die seit den Vorgängen in Dresden nichts mehr mit ihr zu tun haben wollte. Eine seelisch sehr unstabile, nicht sehr charakterfeste und labile Frau glaubte, es ihren Feinden gezeigt zu haben. Ein Irrtum? Ja. Denn nicht nur, daß viel Behauptungen Luises nicht stimmten, auch sie selbst setzte sich durch ihre Vorgangsweisen ins Unrecht, und sie verhielt sich in ihrer zweiten Ehe in vielen Dingen nicht anders als am sächsischen Hof, so daß die einseitige Schuldzuweisung sehr zweifelhaft erscheint.

Aus der toskanischen Linie des Hauses Habsburg-Lothringen stammend, die 1859 im Zuge der Einigung Italiens der Herrschaft in Florenz entsagen mußte, wurde Luise Antonia Maria am 2. Dezember 1870 in Salzburg geboren. Ihr Großvater Leopold II. war der letzte regierende

Großherzog der Toskana. Sie war das zweite Kind der mit neun Kindern gesegneten zweiten Ehe ihres Vaters Ferdinand Salvator mit Alice von Bourbon-Parma. Fern vom Wiener Hofleben wurde in Salzburg noch der Schein eines Regierungssitzes aufrecht erhalten. Die Verwandten in der Reichshaupt- und Residenzstadt an der Donau wurden meist nur zu besonderen Anlässen besucht. Die Toskaner waren daher in vielen Dingen »freier«, und es ist interessant zu beobachten, daß gerade in diesem Familienzweig in der zweiten Hälfte des 19. und am Beginn des 20. Jahrhunderts die meisten »Aussteiger« zu finden sind, man denke an Luises Onkel Johann Salvator (Orth) und ihren Bruder Leopold Ferdinand (Wölfling) und sie selbst.

Vielleicht ist dieses »Aussteigen«, vor allem bei Orth und Wölfling, darauf zurückzuführen, daß sie von Salzburg nach Wien gingen und hier das »Klima« nicht vertrugen, das auch andere Kontaktpersonen zum Hof krank gemacht hatte.

Luise schildert sehr anschaulich ihre Kindheit in Salzburg, und die Sehnsucht nach der großen Welt liest man nicht nur zwischen den Zeilen.

Sie wurde, nach dem Brauch der damaligen Zeit, verheiratet. Luise liebte ihre Eltern, vor allem den Vater, und fügte sich deren Wünschen. Sie liebte auch ihren Gatten, wurde freundlich in ihrer neuen Heimat aufgenommen, vor allem durch den König. Die Schwierigkeiten, die von Anfang an der Einundzwanzigjährigen das Leben am sächsischen Hof verleideten, kamen von ihrem bigotten Schwiegervater, dem Prinzen Georg, und der Prinzessin Mathilde. Diese beiden verstanden nicht, daß ein so unruhiger Geist, wie Luise einer war, Freiheiten brauchte. Sie kam aus dem katholischen Österreich, aber was sie in Dresden erlebte, hat ihr viel von ihrem Glauben geraubt. Und wenn ein Schwiegervater sagt:»Cést malheureux que tu sois venue dans notre famille, parceque tu ne seras jamais une des nôtres« (Es ist ein Unglück, daß Du in unsere Familie gekommen bist, denn Du wirst niemals eine der Unsrigen), so würde eine solche Aussage auch stärkere Charaktere aus dem Gleichgewicht bringen.

So manche Schilderung aus Luisens Leben mag den Leser an die Kaiserin Elisabeth und ihr Verhältnis zum Wiener Hof erinnern. Die sächsische Kronprinzessin fühlte sich immer beobachtet, verfolgt, von Intriganten umgeben, ein Zustand, der auch während ihrer Ehe mit Toselli anhalten sollte. Es fehlte Luise der Ansprechpartner, das geht eindeutig aus den Erinnerungen hervor. In ihrem Gatten fand sie ihn nicht, und es dürfte in den letzten Jahren der Sprachlehrer ihrer Kinder Andre Giron gewesen sein, ein intelligenter und charmanter Mann, wie sie selbst ihn bezeichnet. Der Hof hatte sicher einen Vorwand gesucht, um die sich nicht einfügen wollende Prinzessin zur Raison zu bringen; jetzt war er da – ein Liebhaber. Man drohte sie in ein Kloster oder ein Krankenhaus zu bringen. Luise floh aus Dresden, der Skandal war perfekt.

Daß gerade zur selben Zeit ihr Bruder Leopold Ferdinand aus dem Verband des österreichischen Kaiserhauses ausscheiden wollte, erscheint wie eine Ironie des Schicksals. Begreiflicherweise stellte er sich auf die Seite seiner Schwester. Seinem späteren Schwager Toselli wird er sagen: »Der König von Sachsen ist – (ich mag den allzu persönlichen Ausdruck hier nicht gern wiedergeben). Und Könige sind überhaupt nicht anders als gewöhnliche Menschen. Vielleicht gibt's einen guten unter hundert. Aber ich fürchte, auch noch hiermit zu übertreiben«. Mit Leopold (Wölfling) hat Luise bis an dessen Lebensende enge Verbindung gehalten und über seinen Tod hinaus sich mit dessen letzter Gattin Clara bestens verstanden.

Die geflohene Kronprinzessin hätte ahnen müssen, daß eine derartige Aktion Folgen nach sich ziehen würde, zumal sie gerade in der Hoffnung war. Nach erfolgter Scheidung wurden die Schritte der Ex-Kronprinzessin weiter beobachtet, und nachdem sie sich wiederverheiratet hatte, mußte sie die letztgeboren Tochter an den sächsischen Hof »zurückgeben«. Ihre Ehe mit Toselli stieß nicht nur in Dresden auf Ablehnung: Sie war zwar von Friedrich August geschieden, aber eine Auflösung der Ehe von Rom aus nicht erfolgt. So war lediglich eine standesamtliche Trauung in London möglich (1907).

Toselli erinnert sich an »Meine Ehe mit Luise von Toscana«, die ihn durch Himmel und Hölle führte, und er berichtet: »Sie ist das wunderlichste Gemisch von Gut und Böse! Wie voll des Glückes könnte ihr Leben sein! Unseliges Geschöpf! Wie trostlos ist dein Lebensweg! Nichts als Schande und Verzweiflung – Zusammenbruch über Zusammenbruch liegen hinter ihr! Zu einem Verhängnis wird sie jedem, der sich ihr nähert – aber sich selbst ist sie das böseste!«

Ihre Erwartung, daß ihr Bekenntnisbuch wie eine Bombe einschlagen und ihre Feinde vernichten würde, hat sich nicht erfüllt. Zu krankhaft muteten manche ihrer Äußerungen an, zu sehr schien das Recht auf Seite der Angegriffenen (da konnte nicht einmal die kolportierte Nachricht daran rütteln, daß der Kronprinz sie mit einer »ansteckenden Krankheit« infiziert hätte).

Bei ihrem Tod 1947 hatte die Welt ganz andere Sorgen, als sich der »exzentrischen« Prinzessin zu erinnern.

Lorenz Mikoletzky

(Literatur: My own story by Luisa of Tuscany. Ex-Crown Princess of Saxony. London 1911 – Englisches Original der hier vorliegenden Erinnerungen. Abweichungen zu dieser Ausgabe sind in Textanmerkungen ausgewiesen; Enrico Toselli, Meine Ehe mit Luise von Toscana. Basel – St. Ludwig o. J.

Zur Geschichte der hier behandelten Epoche: Hanns Leo MIKOLETZKY, Österreich, das entscheidende 19. Jahrhundert. Geschichte, Kultur und Wirtschaft, Wien 1972; Erich ZÖLLNER, Geschichte Österreichs. Von den Anfängen bis zur Gegenwart. Wien – München ^{7}1984).

Anhang

Die Flucht der sächsischen Kronprinzessin Luise von Toscana vom Dresdner Hof wurde, angeheizt von der Presse, zu einem der größten Skandale zu Beginn des zwanzigsten Jahrhunderts. Zur gleichen Zeit trat der Bruder der Kronprinzessin, Erzherzog Leopold Ferdinand, von seinen fürstlichen Würden zurück, um Wilhelmine Adamovics, die bürgerlicher Herkunft war, heiraten zu können.
Die geschliffenen Kommentare der »Fackel« zu den Sensationsmeldungen des Pressepöbels, in denen das Intimleben der Geschwister in dümmlich-schmutziger Manier ans Licht der Öffentlichkeit gezerrt wurde, sollen hier auszugsweise, als ein kulturhistorisches Zeugnis ganz eigener Art, zitiert werden:

Den Chorus der fürstliche Bettlinnen beschnuppernden Schmockgeister hat diesmal die ›Zeit‹ geführt. Und da ihr mit der »Recherchierung des Vorlebens« ein Meisterstück gelungen war, begann flink die Meute ein »pikantes Detail« nach dem andern zu apportieren. Im Nu waren Adressen von Kupplerinnen und sämmtliche früheren Liebschaften des Erzherzogs herbeigeschafft, mit vollem Namen mußten aus Brünn, Iglau und Przemysl alle erledigten Geliebten aufmarschieren, Verhältnisse mit und ohne Folgen wurden erörtert, Abfindungssummen berechnet, Alimente vertheilt. Wahrlich, unverschämter und ordinärer hat sich der Presspöbel nie zuvor geberdet. Und am 27. December rühmte sich die Führerin: »Die Mittheilungen unseres Donnerstag-Blattes, das diese überraschenden Enthüllungen brachte, haben das allgemeinste und weiteste Aufsehen hervorgerufen«, und wiederholte die Infamie, daß die sächsische Kronprinzessin »eine hässliche Krankheit, die sie vom Gatten übernommen«, in die Flucht getrieben habe und daß die Braut des Erzherzogs ein »feiles Mädchen niedrigster Art« sei.

*

Den Ton hat aber eigentlich doch der Börsenwöchner in der ›Neuen Freien Presse‹ angegeben. Hätte er am 23. December nicht seinen denkwürdigen Leitartikel mit dem Aufschrei begonnen: »Ein Ereignis hat sich zugetragen« und mit den Worten geschlossen: »Eine Frau ist über Bord, welche, obwohl künftige Königin, Gattin und Mutter von fünf Kindern, obwohl aus ältestem Herrscherblut entsprossen, dem Spiel ihrer natürlichen Triebe sich williger, als den Forderungen des königlichen Stolzes hingab«, nie wäre es soweit gekommen. Unvergesslich bleibt uns allen der Satz: »Im Thale, wo die ›freie Liebe‹ ihre Adepten und Adeptinnen hat, ist solches nicht mehr selten; doch auch bergaufwärts mehren sich die Beispiele.« So zog denn alles bergaufwärts, und es brachen die schrecklichen Tage an, da von nichts anderem mehr die Rede war als von Louise Giron und Wilhelmine Wölfling.[1)]

Auf die ›Zeit‹ hat die Nachricht, daß der Geliebte der Kronprinzessin von Sachsen ein französischer Sprachlehrer sei, so fascinierend gewirkt, daß sie sofort (siehe die Nr. vom 23. December) nach der Methode Ollendorf zu plaudern begann: »Der Beinbruch, den der Kronprinz in Salzburg erlitten haben soll, hat angeblich gar nicht stattgefunden, dagegen soll der Bruder der Kronprinzessin den Kronprinz in Salzburg durchgeprügelt haben.«

*

Immer neue Enthüllungen: ›Wiener Morgenzeitung‹ vom 24. December: »Er verlangte stricte, man möge ihn stets nur

›Herr Wölfling‹ ansprechen. Von der jungen Dame seiner Wahl ließ er sich am liebsten ›Poldi‹ nennen. Wurde diesem seinem Begehren nicht willfahrt, so war er darüber oft ernstlich böse.« – ›Neues Wiener Tagblatt‹ vom 24. December: »Trotzdem war ein Bruch oder ein Conflict zwischen dem Kronprinzenpaar bis dahin nicht erfolgt. Damals noch sagte die Kronprinzessin zu ihrem Gatten, als er in den Wagen gehoben wurde: ›Alterle, Du hast ja den Hut schief auf‹«.

*

Aufklärung und Fortschritt! Die ›Zeit‹ vom 24. December schreibt:
»Nun gibt es mit einemmal zwei Affairen, deren jede einzelne genügt, das Interesse auch des aufgeklärten vorgeschrittenen Menschen, dessen Erfahrung und Verständnis vom Wesen der Dinge ihn über die Urtheilskraft der Masse erhebt, wachzurufen. Die in unserem Morgenblatte enthaltene Ankündigung, daß in unserem Depeschensaal die Photographie der Braut des Erzherzogs Leopold Ferdinand, um derentwillen er auf Rang und Würden verzichtet hat, ausgestellt ist, genügte, die Scharen Neugieriger herbeizuführen, die sich vor dem Bilde drängten und mit Ungeduld den Augenblick erwarteten, da die Vorderen es mit Muße betrachtet hatten und sie an die Reihe kamen«.[2)]

›Zeit‹-Genosse: Man muß in die abgründige sittliche und geistige Uncultur der Leute, die uns die Schaffung der ›Zeit‹ als eine Culturthat angepriesen haben, hineinleuchten. Aber Zorn und Ekel lösen sich schließlich, selbst nach dem Fall Adamovics, in befreiende Heiterkeit auf, und man erkennt, daß die ›Zeit‹, die man eben erst eine unlautere Wettbewerberin gescholten, in Wahrheit hors concours ist. Glimpfliche Richter werden sich am Ende durch Milderungsgründe zu einem Freispruch bewegen lassen und um ihrer Dummheit willen der Journaille ihre Schandthaten verzeihen. Die Verantwortlichkeit des Publicisten, die

Pflicht, den zugetragenen Nachrichtenwust kritisch zu sichten, lässt sich Redacteuren gegenüber nicht ernstlich geltend machen, denen jede Fähigkeit der Kritik augenscheinlich mangelt und die es noch nicht einmal zur Erkenntnis gebracht haben, daß ein Blatt höchstens zweierlei Meinung über eine Thatsache, aber keinesfalls eine Meinung über zwei verschiedene und gleichzeitig als richtig angenommene Thatsachenversionen haben kann. Aber die ›Zeit‹ lässt immer nur eine Meinung und mehrere Versionen der Thatsachen gelten. Man liest am 23. December: »Diese Enthüllung ist eine große Ueberraschung. Die Ehe des Kronprinzen Friedrich August mit der Prinzessin Maria Louise galt bisher allgemein als eine der wenigen glücklichen Fürstenehen, als ein Bund, den wirklich die Liebe geschlossen hatte und den sie unangetastet ließ«. Und etwas weiter unten wird fortgefahren: »Es trug nur dazu bei, ihr die Neigung aller Dresdener zu bewahren, als man erfuhr, was hier lange kein Geheimnis ist, daß die Kronprinzessin an der Seite ihres hohen Gemahls nicht das volle Liebesglück gefunden«.[3)]

Ohr ohne Hand und Aug': ein Interviewer braucht nicht mehr, Geruch ohn' alles – die Spürnase – würde für einen Schnüfferl hinreichen. Aber wenn Interviewer und Schnüfferl nichts taugen, so müßte wenigstens ein Localredacteur seine fünf Sinne beisammen haben. Bei der ›Zeit‹ ist Urtheilslosigkeit mit Bildungsmangel und Sprachunkenntnis zu einem unvergleichlichen Ganzen vereinigt.
Ja, wo man sie packt, da ist sie interessant, und wie reiche Ausbeute liefert ein einziger Tag, an dem man's über sich bringt, sie zu lesen! Daß man es häufiger thue, verhindert die Furcht, von der Ueberfülle des Gebotenen bewältigt zu werden; denn was bedeutet ein Tag bei der Unermesslichkeit der – ›Zeit‹?[4)]

Ungläubiger Leser: Die ›Zeit‹ schreibt am 25. December: »Aus Dresden liegt uns eine sensationelle Meldung vor, die

die Entfernung der Kronprinzessin vom sächsischen Hof in neuer Beleuchtung zeigt, in einer grellen, missfärbigen: Die Gattin, erkrankt durch die Schuld des Gatten, empört und seelisch vernichtet!« Die ›Zeit‹ schreibt am 27. December: »Die Kronprinzessin ist die schwer beleidigte Frau, die eine hässliche Krankheit, die sie vom Gatten überkommen, in die Flucht treibt.« Die ›Zeit‹ schreibt am 28. December: »Erzherzog Leopold Ferdinand erklärte Ihrem Specialberichterstatter in bestimmter Weise die Nachricht, daß seine Schwester, Kronprinzessin Louise, leidend aus ihrer Ehe gegangen sei, für unwahr.« Die ›Zeit‹ schreibt am 30. December: »Aus all dem geht hervor, daß die Berichte über die ansteckende Krankheit des Kronprinzen vollständig aus der Luft gegriffen sind... Diese Darstellung ist, da ihre Glaubwürdigkeit über jeden Zweifel erhaben ist, von entscheidendem Interesse, weil sich von jetzt ab eine neue Perspective eröffnet.« (Die Zusammenstellung war in der ›Arbeiter-Zeitung‹ enthalten).[5)]

Nicht einmal um den Preis des Verzichts auf fürstliche Würden hat sich Herr Leopold Wölfling von der Journaille das Recht auf ein Privatleben erkaufen können.[6)]

Wirtschafts-Ehemoral.

Ich erhalte die folgende Zuschrift:
Täglich laufen die Nachrichten von den Stationen ein, in denen der »Zug des Herzens« hält. Von Dresden über Salzburg nach Genf, von da nach Mentone verfolgen die Gedanken von Millionen den Weg, auf dem eine Kronprinzessin zur Madame Giron werden soll. Und Millionen fällen das Verdammungsurtheil über die »Verirrte«, die so unstät ostwestwärts und südwärts irrt, vom Elterzorn aus dem Vaterhause, vom sittlichen Bürgerzorn aus der Stadt getrieben, deren Gesetze dem Ehebruch eine Zufluchtsstätte gewähren, deren Mädchenpensionats-Vorsteherinnen aber den Anblick der Ehebrecher nicht ertragen. Da klagen rings in

deutschen Landen die Biederen, des deutschen Weibes Treue sei gebrochen, da jammern die Schmöcke um herzlos verlassene Prinzchen und Prinzesslein, die – ach! – vergebens sich nach Muttern sehnen. Und die »freien« Geister? Von dem Glauben an die Heiligkeit einer Ehe, in der dem Concurrenztüchtigsten jene ins Bett gelegt wird, nach der die stärkste Nachfrage auf dem Heiratsmarkt herrscht, haben sie sich längst losgerungen, aber ohne Heiligthümer möchte keiner leben, und der Cult der Persönlichkeit ist der Religionen modernste. Ja, wenn Louise von Sachsen eine goetheische Individualität wäre, »allen Gewalten zum Trotz sich erhalten« wollte; wenn sie Nietzsche gelesen hätte – »wohl brach ich die Ehe, aber zuerst brach die Ehe mich!« – und die letzte ungebrochene Kraft zur Freiheit zusammenraffte; wenn sie wie Ibsen's Nora Mann und Kinder verlassen hätte, der »Pflichten gegen sich selbst« bewusst: »Ich muß mich selbst zu erziehen suchen. Dabei vermagst du mir nicht zu helfen. Ich muß mich allein damit befassen«! Aber Louise von Sachsen sei kein goetheisch, kein Nietzsche-Weib, und sie warte nicht wie Nora, daß »das Wunderbare« komme, sondern habe, da sie in die Winternacht hinauszog, Herrn Giron zum Stelldichein bestellt. Wohl habe sie später, den Zeitungsmännern zu imponieren, vom Rechte der Persönlichkeit geschwatzt. Doch da zeigte es sich, daß sie bloß an den einst verbotenen Lesefrüchten sich übernommen hatte: nichts war verdaut, organisch einverleibt. So sei sie dreimal verdammt!

Aber wenn schon die Heilslehre von der Gleichheit von Mann und Weib, die dem modernen Geschlecht erklungen ist, plötzlich zur leeren Phrase geworden scheint, – wie kommt es denn, daß die Anschauung des deutschen Rechts, das längst den Ehebruch des Mannes gleich dem des Weibes bestrafte, auch heute noch nicht in unser moralisches Bewusstsein sich eingelebt hat und daß, weil eine Fürstin die Ehe bricht, Alle empört sind, denen die Kunde, ein Fürst habe die Ehe gebrochen, Fürsten brächen täglich in allen

Ländern der Welt die Ehe, wie das Selbstverständlichste klänge? Nicht nur Fürstin und Fürst; neben der Monogamie, die das Gesetz schützt, duldet die Sitte überall und in allen Ständen, daß der Mann nach seinen polygamen Neigungen lebe. Und was immer in bürgerlichen Gesetzbüchern stehe, der Moral gilt einzig das römische Recht, das nur den Ehebruch der Frau und den Geschlechtsverkehr des verheirateten Mannes mit der verheirateten Frau ahndet. Als das römische Recht über die Alpen gedrungen war, da wurde die ehebrecherische Frau mit der Einsperrung ins Kloster bestraft. Hat Louise von Sachsen grundlos das Kloster – oder das Irrenhaus, dessen Mauern moderne Menschen klösterlich von der Welt absperren – gefürchtet?

Der flachste Spießbürger, über den Grund der Unterscheidung befragt, die er wie unsere feinsten Geister zwischen dem Ehebruch der Frau und dem Ehebruch des Mannes macht, würde der Wahrheit am nächsten kommen. Die Frau kriegt Kinder, würde seine Antwort lauten, der Mann nicht. Und ist es denn nicht wahr, daß die Weisheit, die unsere Institutionen schuf und erhält, sich niemals menschlicher gezeigt hat, als da sie dem polygamen Trieb des in die monogame Ehe gesperrten Mannes das Ventil der Prostitution öffnete? Aber der Mann bricht doch nicht nur mit Prostituierten die Ehe, und im Beischlaf mit Ehegatten empfangen täglich unberührte Mädchen – und gebären! Gebären Kinder? Bastarde – das ist die große Spießbürgerweisheit – sind keine Kinder! Und jene, die in der wirtschaftlichen Entwicklung die Ursprünge aller Ideologie finden wollen, hätte bei der »Affaire« der Kronprinzessin von Sachsen nichts anderes reizen dürfen als die Gelegenheit, jene Spießbürgerweisheit zu erläutern und unsere Ehemoral als das Product des wirtschaftlichen Charakters unserer Ehe aufzuzeigen.

Bastarde sind keine Kinder, das bedeutet: Die Sprossen, die der Mann außer der Ehe zeugt, sind keine Erben. Unbesorgt mag der Gatte sich fremden Frauen nähern; an wie viele er auch die Liebeskraft zersplittert, das Familienvermögen wird darum nicht zersplittert werden. Aber der Gattin zeugt der Ehebrecher, den sie in das eheliche Bett aufnimmt, Kinder, die den Gatten beerben. Und der Gatte sollte dulden, daß ihm ein Fremder durch seine künstlichsten Plane tölple, müßte alle Opfer an Gesundheit und Behagen, die ihm sein »System« – von zwei, drei, vier Kindern, je nach den Vermögensverhältnissen – kostet, umsonst gebracht haben? Weil der Fremde, aller wirtschaftlichen Bedenknisse ledig, das Vergnügen des Augenblicks ohne den Gedanken an neun Zukunftsmonate bis zur Neige erschöpft? Alle wirtschaftliche Moral muß sich bei solcher Vorstellung empören. Der Gatte mag seine uneheliche Nachkommenschaft nach Dutzenden zählen; von seinem Verdienst würde er immer noch das meiste heimtragen, und die Alimente, um die das Wirtschaftsgeld der Gattin gekürzt wird, kann er sich so gut wie Cigarren und Wein gönnen und mit demselben Recht, mit dem die Frau ein Präcipuum für ihre Toilettenkosten beansprucht. Aber Pflicht der Frau ist's, das Verdiente zusammenzuhalten. Eine arge Pflichtvergessenheit wäre schon die Verschleuderung des Einkommens, die ärgste, strafwürdigste wäre es, wenn sie in den Armen des Geliebten vergäße, daß das Vermögen für die Mitgift einer weiteren Tochter, zur Begründung der Existenz eines weiteren Sohnes nicht ausreicht. Wirtschaft, einfach Wirtschaft! Man gebe den unehelichen Kindern das Erbrecht, – und der Ehebruch des Mannes wird plötzlich die unmoralischeste Handlung sein. Oder man wisse ein Mittel, durch das sich die Frau mit unverbrüchlicher Sicherheit davor bewahrt, zu empfangen: wie lange wird dann noch ihr Ehebruch strenge sittliche Richter finden?

Und der Spießbürger hat auch recht, den Ehebruch der Fürstin strenger zu richten als die Verirrung der Frau in seinem eigenen Kreise. Der Glaube an die Heiligkeit des Eigenthums hat nicht den ganzen Fond von Ehrfurcht in seiner Brust erschöpft, und für das Princip der Legitimität ist noch Begeisterungsfähigkeit übrig. Sicher fühlt man, daß der

Ehebruch einer Fürstin mehr als bloß wirtschaftliche Verhätlnisse zerrüttet. Und wo die Störung des Vermögenserbganges kaum empfunden würde, droht die unvergleichliche Gefahr der Störung der Succession. Die Alimente des Kindes, das der Fürst mit der Geliebten zeugt, sind nicht gegen die Apanage abzuwägen, die der vom Geliebten empfangene Sohn der Fürstin dereinst beziehen wird; sondern die bürgerliche Stellung jenes Kindes ist der Aussicht entgegenzuhalten, daß dieses einmal einen Thron besteigt.
Louise von Sachsen wird vergebens das Geschick der Frau an der Seite des ungeliebten Mannes schildern; vergebens wird sie vom unerträglichen Zwang des Hofes erzählen; und wennn sie Allen, die ihren Anspruch auf das Recht der Persönlichkeit bestreiten, zuschriee: so verlange sie nichts als das Recht der Person, des Geschlechtswesens, das, ob Weib oder Mann, nicht anders kann, als der eingebornen sexuellen Moral nachleben – es würde ihr nichts nützen. Unsere Wirtschaftsmoral verdammt sie. Sexuelle Moral? In der capitalistischen Wirtschaftsordnung darf es nur monogame Frauen geben. Und die Frage, ob es, wie polygame Männer, auch polygame Weibnaturen gibt, ist heute noch eine Frage der Psychopathologie (das polygame Weib als Degenerierte) – oder, welcher Spießbürger zweifelt daran, die Frage eines Psychopathen. J. F.[7)]

Psychiater: Die ›Zeit‹ schreibt am 9. Januar: »In der Angelegenheit des Erzherzogs Leopold Ferinand ebenso wie in der Affaire der Kronprinzessin von Sachsen ist eine entscheidende Wendung seit dem Tage eingetreten, an dem wir eine authentische Darstellung der Begebenheiten veröffentlichten. ... Unsere mit wichtigen Documenten belegte Darstellung hat zur Folge gehabt, daß man sich an den entscheidenden Stellen mit dem Gedanken einer möglichst raschen und lautlosen Abwicklung der beiden peinlichen Affairen beschäftigt.«[8)]

Neugieriger: Wer eigentlich Herrn Giron an den sächsischen Hof gebracht hat? Die Gottesleugner und die Frommen streiten noch immer darüber. Aber beide Parteien sind überzeugt: Kein blinder Zufall und kein kurzsichtiger Hofmann ist's gewesen und eine Verschwörung war sicherlich dabei. Flinker als die andre, hat die liberale Presse auch diesmal zuerst des Räthsels Lösung gefunden: Die Jesuiten stecken dahinter. Die haben nicht locker gelassen, bis sie eine freisinnige Tugend zu Falle brachten. Aber Herr Giron hat heftig protestiert; niemals sei er in die Schule der Jesuiten gegangen, nie als Werkzeug ihrer Pläne erkoren worden. Und jetzt trumpfen die Frommen auf: Eine Teufelsverschwörung ist es gewesen, und der Teufel hat ja zu allen Zeiten am liebsten die Sprache der Galanterie, das Französische, gesprochen. Kann man noch zweifeln, wer Louise von Sachsen zuerst durch verderbliche Lectüre und dann durch einen verderbten Lector verführt hat? Die Freimaurer, so verkünden clericale Blätter, sind die Schuldigen, und der maître Giron wird wohl, wenn er sein Werk gethan, zum Meister vom Stuhl avancieren. So reißen sich um einen Ehebruch die politischen Parteien.[9)]

Und wieder einmal zerbrach sich – am 30. Jänner – der Börsenwöchner den Kopf über das Schicksal der Exkronprinzessin Louise, und wieder einmal constatierte er: »Auch auf den Thronen rühren sich die mächtigen Instincte, auch unter dem Purpur schlagen fehlbare Herzen, auch unter einer Krone lodern die Leidenschaften«. Nestroy, dessen psychologischer Witz mehr in den Niederungen des Lebens verweilt hat, drückte denselben Gedanken wie folgt aus: »Auch der Commis hat Stunden, wo er sich auf ein Zuckerfaß lahnt und in süße Träumereien versinkt«. Er trifft das Erstaunen des Spießbürgers über das Phänomen, daß Empfindungen keine Standesunterschiede kennen. »Louise von Sachsen, der König Georg einmal einen Band Nietzsche's aus der Hand genommen hat«, rief der liberale Pathetiker,

»sie macht die Öffentlichkeit trotzig zum Zeugen ihrer Wallungen.« Aber warum nicht gar! Sie hat die Reporter in Genf und Mentone hinausgeworfen und wäre zufrieden gewesen, wenn man nie für ihre »Wallungen« eigene Specialberichterstatter designiert hätte. Sie sehnt sich mit den europäischen Zeitungslesern nach der Ruhe über allen Wipfeln des Blätterwaldes. Daß auch unter einer Krone Leidenschaften lodern, haben die Völker längst gewusst, und sie standen sogar theilnahmslos beiseite, als im Vorjahre das große Staunen durch die Zeitungswelt gieng, daß auch ein König einen Blinddarm habe. Wenn aber auch nicht, wie der Leitartikler immer wieder versicherte, Louise von Sachsen »Madame Giron, Madame Giron schlechtweg« wird, so wünschen doch wir, die dabei noch schlechter weggekommen sind, endlich wieder in den Kreis bürgerlicher Erlebnisse einzukehren. »Ehe-Irrungen«, entzogene Apanagen, bedrohtes Prinzip der Legitimität: Wir haben auf allzu noblem Fuß gelebt, und wir verlangen endlich wieder den befreienden Ruf zu hören: »Der Zinsfuß ist mit uns!«, den selbst ein so hoher Herr wie Gottfried von Bouillon einmal in der ›Neuen Freien Presse‹ ausgestoßen hat.

*

8. Februar. Vorläufig noch keine Aussicht auf Stoffwechsel. »Die Mutterliebe hat gesiegt«! Und an diesem in der sächsischen Hofaffaire bisher neuen, aber aus früheren Fällen als höchst ergiebig bekannten Motiv werden wir gewiss mehrere Wochen zu zehren haben. »Im Schlosse zu Dresden liegt ein fiebernder Knabe und sehnt sich nach der Mutter«. Mit dieser einen Vorstellung lässt sich das Colportagegefühlsbedürfnis einer Welt befriedigen. Der Zug des Herzens ist längst zum Stehen gebracht. Alle Reporter sind auf Mutterliebe dressiert.

*

9. Februar: Es ist alles aus. Prinzessin Louise ist von dem

Pöbel der Zeitung und der Gasse ins Irrenhaus gehetzt worden. Sie hat die Nervenheilanstalt »La Métairie« aufgesucht... Also die Mutterliebe hat doch nicht gesiegt, und mit den »verwerflichen Wallungen« ist's auch nichts mehr? Ja, was werden wir denn da beginnen? Nun, wenn auch alles verloren ist, so bleibt uns doch eine Aussicht. Haben sich hinter der armen Prinzessin die Thore eines Schweizer Sanatoriums geschlossen, so machen wir einfach für das Schweizer Sanatorium – Reclame. Eine Geschäftsanzeige, die wie ein Bericht über die sächsische Hofaffaire anfängt, endet in der ›Neuen Freien Presse‹ (9. Februar) mit den folgenden Worten: »Schließlich theilt unser Gewährsmann mit, daß in ›La Métairie‹ auch alle Einrichtungen für Damen, welche entbinden sollen, und für die Wochenbettpflege vorhanden sind«... Nicht die Mutterliebe hat gesiegt, sondern der Inseratenagent. Er bleibt »am Platze«, wenn Criminalisten und Psychiater ihr Werk gethan haben. Er erwartet sich von der sächsischen Hofaffaire noch »entscheidende Wendungen«.[10)]

›Zeit‹-Genosse. In einem Dresdener »Stimmungsbericht« (9. Februar) finden sich die folgenden Sätze: »Es war wieder einer dieser überraschungsreichen... Sonnabende! Fast alle wichtigen Entscheidungen in dieser Angelegenheit fielen auf diesen Tag; selbst der kleine Prinz erkrankte an ihm vor acht Tagen, und während die Jounalisten seinen Abenstunden mit Grauen entgegensehen,... hofft auch die in Erregung versetzte Bevölkerung am Sonntag auf weitere klärende Berichte zumeist fast ganz vergebens.« »Der selber die ganze Zeit über leidende König Georg und der erst durch den Unfall verletzte Prinz, nun mit so vielen Kindern ein verlassener und bloßgestellter Mann...« Die Frauen vergeben selten; »wenn aber an die Kindesliebe und Mutterpflicht appeliert wird, gibt von ihnen jede nach«. Der arme kleine Prinz verlangte in seinen Fieberphantasien nach der Mutter; »und dann kam jene Botschaft aus Mentone und Genf, daß sie nach ihm unterwegs sei.« Das Verhalten der

Kronprinzessin war »im höchsten Maße verdammenswerth und geeignet, unseren Hof zu verschnupfen«. Der Kronprinz ist einer friedlichen Beilegung nicht abgeneigt; es ist »begreiflich, daß ihm wie seinen vielen Kindern jetzt ebenfalls recht sehr die Frau fehlt.«... Was thäte ein Gymnasialprofessor, dem ein Tertianer einen deutschen Aufsatz, der diese Sätze enthielte, vorlegte! –[11)]

Was Lippowitz & Co. alles ausschneiden.

Bekanntlich war das ›Neue Wiener Journal‹ das erste Blatt, das die Geschichte von der Abfindungssumme des Herrn Giron in die Welt gesetzt hat. Am 15. Februar druckt es die folgende in Genf verfasste Betrachtung der F. Z. ab:
»Was die Prinzessin zu ihrer Flucht veranlasst hat, wird bald bekannt werden. Auch die Wahrheit über Giron. Daß die Prinzessin sich durch einen ›Abenteurer‹ oder ›Windbeutel‹ bethören ließ, erscheint ganz unglaubwürdig. Vielleicht war er nur Mittel zum Zweck – der Flucht. Was über ihn gesprochen wird, bewegt sich in ganz allgemeinen Redensarten und ist durch keine Thatsachen erhärtet. Die Zukunft wird sprechen und richten. Sie wird auch richten über die schmähliche Sensationsgier und höfische Liebedienerei, die sich in dem größten Theile der deutschen und österreichischen Presse breitgemacht, und die man gerade hier, in einem Lande, das diese Presse nicht kennt, mit doppeltem Widerwillen empfunden hat. Sie hat jedenfalls unheilvoll gewirkt, nicht bloß, weil sie das Publicum irreführte, sondern weil sie auch in den Gang der Ereignisse sehr störend eingriff. Die Annahme hat viel für sich, daß die Dienstag-Reise Giron's nach Nyon nur erfolgte, weil das zuerst in Wiener Blättern aufgetauchte Gerücht, Giron sei mit einer Geldsumme abgefertigt worden, die Betroffenen zur demonstrativen Widerlegung reizte«.[12)]

Historiker. Das Charakterbild Louisens von Toscana schwankt noch in der Tagesgeschichte. Anfangs habe man sie, so erzählte Herr Felix Salten am 15. Februar in der ›Zeit‹, für »die Erzherzogin aus dem Blute Josefs II., die Bresche legt in alte Vorurtheile«, gehalten. Geschichte: ganz ungenügend. Josefs II. einzige Tochter starb als kleines Kind. Daß Louise von Toscana aus Josefs Blute stamme, hätte Herr Salten, wenn er bis zur vierten Classe der Mittelschule gelangt wäre, keinen Augenblick glauben können. Aber zur Lectüre des Conversationslexikons wär's noch immer nicht zu spät. Dort würde er erfahren, daß Louise in directer Linie von jenem Leopold, Großherzog von Toscana, stammt, der nach seines Bruders Josef Tode als Leopold II. römisch-deutscher Kaiser ward und in den österreichischen Erblanden »bemüht war, den von Josef bekämpften ständischen, nationalen und clericalen Ansprüchen soweit als möglich gerecht zu werden.« Oder – man müßte jeden Habsburger, also auch Franz Ferdinand, als Erzherzog aus dem Blute Josefs II. bezeichnen.[13)]

Liebe Fackel!

Als Louise von Toscana zu ihrer Mutter reiste, ward gemeldet: »Sie nahm keine Bagage mit, um jedes Aufsehen zu vermeiden«. Damit sollte, da eine Prinzessin wohl nicht ohne Koffer reist, offenbar gesagt werden: Sie ließ – anders als bei ihrer ersten, sensationelleren Reise – keine Interviewer einsteigen.[14)]

Culturactuelles.

›Zeit‹, 17. März:

»Eine interessante Darstellung des Verhältnisses zwischen Louise von Toscana und Giron, über welches gegenwärtig in der Presse verschiedene Darstellungen verbreitet sind, gibt uns unser Correspondent aus San Remo. Seine Mittheilungen, deren Verlässlichkeit er verbürgt, lauten: Anlässlich der am 3. Februar erfolgten Abreise der Prinzessin Louise und Giron's von Mentone ließen sie in der Hast den größeren Theil ihres Gepäcks im Hôtel zurück. Alle diese Gepäcksstücke befinden sich noch jetzt im Hôtel d'Angleterre. Herr Arbogast, der Besitzer des Hôtels, hat sich wiederholt an Herrn Giron gewendet, um zu erfahren, was er mit den Effecten beginnen solle... Das Zimmer, in welchem die Gepäcksstücke zurückgelassen wurden, ist ein ganz kleines bescheidenes Gemach, gegen Süden gelegen, mit zwei Fenstern nach dem Meer hinaus. An der Wand stehen zwei Koffer; auf dem Kleiderrechen hängt ein Herrenüberzieher, ein weicher Herrenfilzhut, ein Damenmantel aus Seide und ein Frauenstrohhut. Am Fuße des Bettes stehen drei Paar Damenschuhe. Auf dem Bette liegt ein weißer, sehr einfacher, nicht einmal mit Spitzen besetzter Peignoir. In den Koffern sind die Effecten in bunter Unordnung durcheinandergeworfen; Männer- und Frauenkleider, ein Buch von Heine, ein Roman von Anatole France, allerlei Dessous – so, wie die Gegenstände von den Hôtelangestellten pêlemêle in den Koffer geworfen wurden... Gleichzeitig zeigte mir Herr Arbogast in einem der Koffer eine charmante Babyausstattung, welche die Prinzessin drei Tage vor ihrer überstürzten Abreise gekauft hatte.«[15)]

Höfling. Nachzutragen wäre noch, daß die Schnüffler der Prinzessin Louise bis nach Lindau gefolgt sind. Dort konnten sie freilich nichts erfahren. Der der Prinzessin gesellte Hofrath dürfe nichts sagen, hieß es in allen Wiener Blättern, und der Vertreter der ›Neuen Freien Presse‹ beeilte sich hinzuzusetzen, er »respectiere diese Verpflichtung«. Das ›Neue Wiener Journal‹ brachte damals einen zweispaltigen Artikel, an dessen Spitze die Worte standen: »Von unserem nach Lindau entsandten Specialberichterstatter«. Ein Glück, daß ihn die Fahrt nichts gekostet hat; denn sie trug nicht viel Neuigkeiten ein. Sehr drollig gestand dies der Enttäuschte selbst zu: »Ein geistvoller Franzose hat einmal bemerkt, daß es nichts Interessanteres gebe als eine Mauer, hinter der sich etwas Bedeutendes abspielt.« Er kann im Grunde nichts weiter nach Wien berichten, als daß im Park der Villa Toscana noch vom Herbst her die gelben Blätter auf dem Rasen liegen. Aber »hinter den Fenstern der Villa bewegt sich hie und da ein Schatten; vielleicht geht Jemand durch's Zimmer.« Nicht einmal das ist zu eruieren! »Mutter und Tochter sitzen jetzt beisammen; eine Verzeihende und eine Büßende. Es war kein fremder Zeuge dabei, als sich das Wiedersehen abspielte. Die Thüren schlossen sich, als die Mutter ihr schluchzendes Kind in den Armen hielt«. Wie incoulant gegen den Vertreter des ›Neuen Wiener Journal‹! Zwei Gendarmen sind vor der Villa stationiert. Um den Giron abzuhalten, versichert der Gesandte des Herrn Lippowitz ... »Einer ist da, der viel erzählen könnte: es ist der Hausarzt der Familie Toscana, der alte Hofrath Dr. Bever«. Aber er will nicht. »Er versteht es vortrefflich, jeder verfänglichen Frage auszuweichen; sein Taktgefühl sagt ihm, wie weit er sich in einer Aussprache wagen darf.« Die Zukunft der Prinzessin? »Man hat Fernstehende natürlich nicht eingeweiht« ... Dies alles hatte unser nach Lindau entsandter Specialberichterstatter in Erfahrung gebracht.[16)]

Die schönen Tage der »Hofaffaire« sind nun zu Ende. Die arme Louise hat unter der Assistenz einer hilfreichen Tages-, nein Wochenjournalistik das Kind, auf das der polternde Alte in Dresden schon lauerte, pünktlich geliefert, und die Scheußlichkeit einer Erwartung, die die Mutterschaft zur bestellten Arbeit erniedrigte und deutschem Familiengefühl hundertmal ärgere Schmach anthat als die vielberufene »Eheirrung«, wird von anderen Sensationen abgelöst. Leopold Wölfling ist glücklich abgefunden, und wir freuen uns, die Familienconflicte im Hause Toscana auf eine Auseinandersetzung zwischen den Herren Dr. Bachrach und Dr. Emil Frischauer reduciert zu sehen. Daß die Toscanas »schlicht bürgerlichen Verkehr« lieben, ist die tröstliche Erfahrung, die aus diesen Händeln resultiert, und sie ward uns von der ›Neuen Freien Presse‹, die auch den

Bruder Wölflings verhetzen möchte, erst neulich aufgetischt. Zu spät hat man im Falle Leopold Ferdinand's erfahren, in welche socialen Regionen seine demokratischen Neigungen langten. Sein Geschlechtsleben wurde von Pressbengeln frech beschnüffelt. Aber daß der ehemalige Erzherzog lieb Kind im Hause eines türkisch-jüdischen Großhändlers war, schien ihnen unantastbare Privatsache. Und doch ward seine Entwicklung hier merklicher als durch Liebeleien beeinflußt. In diesem Kreise, in der Vertauschung der spanischen mit der spaniolischen Etiquette fand sein Freiheitsdrang Nahrung, und der revolutionäre Schritt, den er schließlich that, ist gewiss nicht zuletzt aus der Einwirkung Russo'scher Ideen zu erklären.[17)]

Leopold Wölfling und Luise Montignoso haben wieder einmal anders gewollt und die Rücksichten, die sie der Wiener Journalistik schulden, ihren Herzenswünschen geopfert. Der Wiener Journalistik bleibt nun nichts weiter übrig, als den ohne ihr Vorwissen geschlossenen Bündnissen den Segen zu verweigern. Was Herrn Wölfling betrifft, so beklagt die ›Neue Freie Presse‹ einen »Entschluß, der kaum geeignet sein dürfte, die Beziehungen des ehemaligen Erzherzogs zu seinem katholisch strenggläubigen Vaterhaus zu verbessern«. Zwar wird gemeldet, daß der Großherzog von Toskana und sein Sohn einander in den Armen lagen und weinten vor Schmerz und vor Freude, aber die katholische Tradition des Hauses Toskana hätte eben den Stoß nicht vertragen, wenn die Wiener Chefredakteure sie nicht gestützt hätten. Mag der Großherzog verzeihen, Herr Lippowitz bleibt unversöhnt. Und unerbittlich enthüllt er das ihm längst bekannte Vorleben der Braut Wölflings. Sie sei als Dienstmädchen nach Berlin gekommen, »wo sie diesen Beruf mit einem gangbareren vertauschte, der sie alsbald in nähere Beziehungen zur Sittenpolizei brachte«. In München sei sie noch im vorigen Jahre unter sittenpolizeilicher Kontrolle gestanden. Dort machte sie die Bekanntschaft

Wölflings, dessen Heiratsantrag sie zunächst ablehnte, »weil sie einen Bräutigam in Berlin habe, mit dem sie sich erst auseinandersetzen müsse«. Wölfling »verstand den zarten Wink«. Es kam eine Abmachung zustande, »wonach der Berliner Bräutigam dem neuen Reflektanten die Liebste gegen Zahlung von 10000 Mark überließ«. Der Bräutigam habe für diesen Betrag seine Rechte auf die Braut dem ehemaligen Erzherzog abgetreten und für den empfangenen Kaufpreis ein Käsegeschäft aufgemacht. So erzählt Herr Lippowitz nach der Information seines Berliner Korrespondenten, eines Freundes des Herrn Harden, der für die sexuellen Angelegenheiten hochgestellter Personen bekanntlich auch eine feine Witterung hat. Weniger einfach liegt der Fall der Gräfin Montignoso. Die Journalistik tappt im Finstern. »Wie Herr Toselli seine Stellung zur Gräfin zu regeln gedenkt, ist nicht leicht zu sagen«, schreibt die ›Neue Freie Presse‹, »er selbst scheint sich aber darüber die geringsten Sorgen zu machen.« Dagegen sie, nämlich die ›Neue Freie Presse‹. Wird Herr Toselli, fragt sie sich, überhaupt imstande sein, seine Stellung zur Gräfin zu regeln? »Er ist ein mittelgroßer Mann, seine Gesichtszüge sind so nichtssagend als möglich, seine Gestalt ist von einer weiblichen Weichheit, man möchte fast sagen, unmännlich.« Da man ihn nun taktvoller Weise nicht gut fragen kann, wie er seine Stellung zur Gräfin regeln werde, so fragt man ihn einfach, ob die Gräfin schwanger sei. Der diskrete Interviewer läßt die Person des Herrn Toselli hierbei ganz aus dem Spiele und es entwickelt sich ein Gespräch, in dessen Verlauf Herr Toselli die Erklärung abgibt, »die Nachricht, daß die Gräfin in andere Umstände geriet, sei unrichtig und ebensowenig entspreche es den Tatsachen, daß sie ins Ausland gereist sei, um zu entbinden.« Man habe sie bei ihrer Ankunft in Florenz gesehen und »werde sich überzeugt haben, daß diese Nachricht nicht wahr ist«. Der Vertreter der ›Neuen Freien Presse‹ hat sich überzeugt, ist aber doch mißtrauisch. »Ist es wahr«, fragt er, »daß die Gräfin bis im Juni jeden Morgen

Fechtübungen gemacht hat?« (Die Depesche ist offenbar verstümmelt und es muß »jeden Früh« heißen.) Toselli soll geantwortet haben: »Vollkommen wahr. Denken Sie sich also, ob sie Fechtübungen gemacht hätte, wenn sie schwanger wäre«... Aller Voraussicht nach dürfte der Papst Benedikt nicht zu bewegen sein, in diesem Falle den Dispens zu erteilen. Weniger rigoros soll sich Pius verhalten. Er habe, heißt es sogar, der Gräfin Montignoso eine Audienz gewährt. Freilich wird die Nachricht, die »trotz ihrer Absurdität die vatikanische Welt in die größte Aufregung versetzte«, dementiert. Die vatikanische Welt fürchtet nämlich die Gräfin Montignoso wie den leibhaftigen Satan. Aber der kommt nicht nach Rom, seitdem er gehört hat, daß ihm, wenn er sich's einfallen ließe, Herr Lippay etwas malen würde.[18)]

Lebenstafel

1870	2. Dezember: Luise Antonia Maria, kaiserliche Prinzessin und Erzherzogin von Österreich-Toskana in Salzburg geboren. Vater: Großherzog Ferdinand IV. Salvator (1835–1908), Mutter: Alice, geborene Prinzessin von Bourbon-Parma (1849–1935)
1891	21. November: Hochzeit mit Prinz Friedrich August von Sachsen (1865–1932, ab 1904 König Friedrich August III.) in Wien 24. November: Einzug in Dresden
1893	15. Jänner: Geburt des Kronprinzen Georg Ferdinand (*1943) 31. Dezember: Geburt des Prinzen Friedrich Christian (*1968)
1896	9. Dezember: Geburt des Prinzen Ernst Heinrich (*1971)
1898	22. August: Geburt einer Tochter, die jedoch dabei stirbt
1900	24. Jänner: Geburt der Prinzessin Margarete Karola (*1962)
1901	27. September: Geburt der Prinzessin Maria Alix (*1964)
1902	Dezember: Luise verläßt ihre Familie
1903	11. Februar: Scheidung 4. Mai: Geburt der Prinzessin Anna Monika (*1957) 13. Juli: Verleihung des Titels einer Gräfin von Montignoso durch den sächsischen Hof

1906 5. Dezember: Erste Zusammenkunft mit dem Musiker und Komponisten Enrico Toselli (1883–1926) in Florenz
1907 25. September: Hochzeit mit Toselli in London
26. Oktober: Prinzessin Anna Monika verläßt die Mutter und wird an den sächsischen Hof gebracht
1908 7. Mai: Geburt des Sohnes Karl Emanuel Philipp
1912 12. Juni: Scheidung von Toselli
In den Jahren darauf mehrere Reisen, schließlich läßt sich Luise in Brüssel nieder, wo sie
1947 23. März stirbt.

Quellenangabe zum Anhang

1 Die Fackel, hrsg. von Karl Kraus, Nr. 125, Dezember 1902, S. 21/22, in: Die Fackel, hrsg. in 39 Bänden und einem Supplementband vom Kösel-Verlag München, 1968–76
2 ebenda, S. 23
3 ebenda, S. 30
4 ebenda, S. 31
5 Die Fackel, Nr. 126, Januar 1903, S. 24, a. a. O.
6 Die Fackel, Nr. 127, Januar 1903, S. 2, a. a. O.
7 ebenda, S. 11–14
8 ebenda, S. 24
9 Die Fackel, Nr. 128, Januar 1903, S. 21
10 Die Fackel, Nr. 129, Februar 1903, S. 10–12
11 Die Fackel, Nr. 130, Februar 1903, S. 19–20
12 Die Fackel, Nr. 131, Februar 1903, S. 16–17
13 ebenda, S. 22
14 ebenda, S. 18
15 Die Fackel, Nr. 133, März 1903, S. 20–21
16 Die Fackel, Nr. 134, März 1903, S. 31
17 Die Fackel, Nr. 137, Mai 1903, S. 2–3
18 Die Fackel, Nr. 232–233, Oktober 1907, S. 32–34

Der Abdruck dieser Auszüge erfolgt mit freundlicher Genehmigung des Suhrkamp Verlages, Frankfurt Main.

Fotos: Verlagsarchiv und Sächsische Landesbibliothek Dresden